人文学の可能性　言語・歴史・形象

人文学の可能性

――言語・歴史・形象――

村井則夫著

知泉書館

人間たちの彼方に
いまだ歌われるべき歌がある

*

真理そのものが人間たちの内に歩み入った
隠喩《メタファー》たちの吹雪の中に

P・ツェラン

はじめに——人文学のエラボレーション

ルネサンスに「複数形のルネサンス」（E・パノフスキー）が語られるように、「人文学」も多様な意味で語られ、複数の可能性をもっている。十四・十五世紀のイタリア・ルネサンスにおいて促進された「人文学」（studia humanitatis）は、ギリシア・ローマの古典的理念の復興であり、古代・中世以来の「自由学芸」（artes liberales）の学統を近代の学知へと転換するのに多大な役割を果たした。歴史を隔てた古代の文献を読解することで忍耐強く培われた人文学の精神は、言語や歴史に対する感性を磨き、同時期のルネサンス的プラトン主義とは異なった独自の知的な領野を切り開く。修辞学の膨大な伝統を背景とする人文学の運動は、数学的な自然科学が一義的な確実性を目指したのに対して、多義的で流動的な文学的・比喩的言語に親しみ、言語の変幻自在な幻惑に没入しながら、同時に挑発的かつ夢幻的なその効果を冷静に分析するだけの知的水準を保ち続けた。ギリシア・ローマの修辞学に加えて、古典的・キリスト教的解釈学の成果を取り入れることで、人文学は「テクストの擁護者たち」による「テクストの科学」たるべき哲学的・理論的装備を固めていったのである（A・グラフトン『テクストの擁護者たち』）。その活動の内には、人間に固有のもの、狭義の人文的事象だけでなく、自然や歴史を含め、人間に関わるあらゆる事柄が包括される。人文学の活動を広義の意味で捉えるなら、そこには人文学と自然科学とが「二つの文化」（C・P・スノー『二つの文化と科学革命』）として分断される以前の領域が見えてくる。人文学を自然科学と対置し、近代的自然科学の勝利を自明視する歴史観・文化史観は、科学技術《テクノロジー》の圧倒的な成果に惑わされた視野狭窄の結果にすぎない。

ルネサンス人文主義に明確なプログラムとなった「人文学」は、古典古代という異質な時代を呼び戻し、歴史的な越境を果たすことで自らの思想の変貌に賭ける文化的実験であり、知の異境性こそを自らの存在証明とする知的挑戦であった。人文学はそれゆえ、特定の方法や固有の領域をもつことなく、多様な時代状況を背景として、さまざまな文化や学問、あるいは社会集団や組織のあいだの対話を通して、それらの積極的な関係のみならず、相互の複雑な緊張や葛藤をも主題にする。一地域に限定されない闊達さや、何らかの分野に拘束されない自由度こそ人文学の誇りであり、その独自性である。したがってそこでは、各々の領域の内部には還元しえない他在との出会い、およびその出会いが生起する中間領域が、中心的な問題として浮上する。本書でたびたび問題とする「媒介」ないし「媒体」とは、そのような創造的な邂逅と対話の場所を名指している。媒介こそが思想を変成させ、活性化する秘法となり、異質なものとの遭遇こそが、思考の次元の変更を迫り、未知の領域への一歩を促すのである。

十八世紀ドイツにおいて、古典古代の創造的受容といった文化的動機のもとで、カントの批判哲学・超越論的哲学を背景にしながら、人間理性の普遍的構造のみならず、具体的状況や特定の時代を生きる人間を総体として捉えようとしたのが、ドイツ人文主義の運動であった。哲学的反省にもとづいて人間への問いを刷新するこの運動において、自己と他者、個人と社会、人間と環境など、多層的な意味での媒介様式が主題となり、それが人間の理性や世界理解の発生に関わるものと考えられる。理性そのものの成立条件という意味での媒体の現象は、ドイツ人文主義において、言語や歴史、あるいは民族といった理性の具体的な成立条件が積極的に取り上げられることによって、哲学的に有効な問題として前景に現れる。理性の純粋な自己規定を中心としたカントや、絶対精神による現実全体の包摂を目指したヘーゲルとも異なり、ドイツ人文主義では、理性の自立性と条件とが相互関係において捉えられ、さらに理性の成立過程が、具体的で経験的な基盤に即して、その構造に立ち入って吟味されることになった。理性が自己自身を自発的に構成しながら、その構成の成果によって逆に制約されるといった相互運動こそ、文化や歴史を活性化し、それを生きた現実として具体化する。

人間性の形成を目指し、人間観の再定義を試みた人文主義は、言語と歴史の問題に深く入り込むことで、歴史的テクストを読解する文献学の技法を開拓し、時代的な隔たりを意味の創造の契機とみなす歴史理解を獲得する。このような哲学的反省の内には、ルネサンス人文主義の底流となった修辞学的伝統、「言語的人文主義」といった潮流が強く働いており、近代的な意味での文献学の誕生を促すにいたる。十八世紀から十九世紀にかけて成立する近代的文献学とは、ルネサンス期に着手された「テクストの科学」の末裔として、歴史的伝承を実証的に検証しながら、テクストを単なる事実の集積としてではなく、意味の統一体、理念の表現として受け止めようとする。そのため人文学は、時代を貫く人間性の理念とともに、歴史によって変成するその諸相をともに人間形成にとって本質的な契機とみなし、過去の受容と未来の創造を不可分のものと考える。言語や歴史といった媒体が、それ自体を多様化しながら、単純な因果関係や影響関係には解消しえない複雑で入り組んだ意味の構造体を作り上げる。人文学が主題とするのは、そうした意味創造の連続性と非連続性であり、継承と断絶、統一と解体、一言でいえば媒介の内で遂行される差異性である。

したがって人文学の伝統は、それ自体が単線的な連続ではなく、理念的な同一性を目指しながらも、飛躍と亀裂を内に含んだ多様な言語的・歴史的運動である。人文学の内には、そうした統一と解体のふたつの契機が同時に働き、その統一は常に人文学自体の内部から揺さぶられる。かつてトーマス・マンは講演「古典学《フマニオーラ》と人文主義《フマニスムス》」（一九三六年）において、ドイツ人文主義の二つの系統を指摘していた。「われわれは、一方で、ヴィンケルマン、ヴィルヘルム・フォン・フンボルト、シラー、ゲーテ、ヘーゲルをもち、他方で、ヘルダー、ヘルダーリン、ヤーコプ・ブルクハルト、ニーチェをもっている」。つまり、古典的理念を「法則や規範、無時間的なもの、永遠のもの」とみなす傾向と、他方で古典性を「歴史的現象として、流動的に」、「歴史的現実の姿において、過激に、暴力的に、より暗く」受け取る姿勢が、人文主義においてはいつでも拮抗し合っているというのである。そして「この対立はニーチェの『悲劇の誕生』、および彼の批判的著作全体において絶頂を迎える。ドイツ精神史と教養の全体を集約するニーチェの思想的対決の根底には、特殊な意味でのギリシア的・歴史的な問題が、つまりは文献学的解釈の問いと言えるものが浸透しているのはけっして偶然ではない」。

ドイツ人文主義のこうした系譜の中に、補助線として、シュライエルマハーを代表とする神学的な解釈学と、ヴォルフからニーチェにいたる文献学の複雑な関係を想定するなら、ドイツ人文主義、および人文学もまた、穏健な「ヒューマニズム」、あるいは健全な「人間性の顕揚」

という常識的な理解を覆す鮮烈な色彩を帯びるだろう。意味と力、構造と生成、統一化と分極化がせめぎあい、安易な総合を許さない知的実践の振る舞いが立ち現れ、寛容な包容力や情感的な共感を強調する通例のヒューマニズムのイメージから離れた人文学の過激な姿がそこに浮かび出る。意味や歴史はそれ自身の内で多様化し、逸脱と飛躍を怖れず、ときに自らを裏切りながら、新たな境域を切り開いていく。こうした意味での人文学においては、古典を権威主義的に絶対化するのではなく、時代の波を潜った解釈の変容や逸脱をテクストの本質的な一部と受け取る読解や、テクストが発する意味の振動に身をさらす自己解体的な解釈が決定的な役割を果たすだろう。そのときには、意味を意図的に捩じ曲げ、自己自身を宙吊りにするパロディやイロニーといった文体の冒険や、多義性と重層性を本質とする隠喩やアレゴリー、論理の軛への挑戦であるパラドクスなどの言語的実験が、テクストの高度な作法と受け取られ、それに見合った知的な取り組みを要求する。そこには合理的な論理を踏み外す契機が見出され、狭義のロゴスに尽きない多様な方向への豊かな関わりが生み出される。

このように考えるなら、二十世紀以降の現代において、テクストの活動をより根本的に「エクリチュール」と捉え、解釈そのものを「グラマトロジー」（J・デリダ）へと転換していく動きが生じ、解釈の脱構築的なあり方として「読むことのアレゴリー」（P・ド・マン）や「感染するパラドクス」（R・コーリー）が語られるのも、「テクストの擁護者たち」の現代的な帰結であり、ニーチェ的文献学のひとつの継承と思えてくる。二十世紀的な人文学の道具立てを見ても、「作者の死」（R・バルト）や「間テクスト性」（J・クリステヴァ）、「ポリフォニー」（M・バフチン）のように、素朴な古典崇拝や、著者に対する敬意、伝統への信奉といったものに代わって、テクストに対する仮借ない扱いの内に読解の新たな可能性が見出される。論理的で正統的なテクスト理解にとっては寄生的とみなされる隠喩やパロディ、イロニー、あるいは言語の領域に含まれない画像や形象《イメージ》、論理《ロゴス》とは異なった図像《イコン》もまた、現代の人文学に確たる位置を占めつつある。古来の修辞学の重要な一角をなしていたこれらの要素があらためて見直され、文学史や美術史の枠を超えて、人文学の一部となりつつあるのも現代の特徴だろう。

　ルネサンス人文主義に発するこれらの歴史的背景を踏まえるなら、そして現代にいたってはなおさらのこと、「人文学」とはある独立した領域の名称ではないし、定義可能な学的体系を指すものでもない。それは、いわば主題を欠いた変奏曲であり、それ自身の内に変容の契機を内在させた知的活動に付された由緒ある仮称である。あらかじめ決定された形式や厳格な規則に服従するのではなく、自由に変貌を繰り返しながら、徐々に自己自身を形成していく緩やかな運動、その形態変化《メタモルフォーゼ》の中で自己造型の形式や規則を作り出していく創造こそが、人文学の精神にはふさわしい。ここで音楽に比喩を求めるなら、現代の人文学の変革に寄与した一人であるE・サイードが、反復的でありながら自在な変奏を繰り出し続ける音楽の自由度を「音楽のエラボレーション」と呼び、その代表としてR・シュトラウス最晩年の特異な作品『メタモルフォーゼン』を印象的に分析していたのが思い起こされる（E・サイード『音楽のエラボレーション』）。ソナタ形式を代表とする厳密な規則に縛られ、権威主義的で威圧的となったクラシック音楽の中で、過去の桎梏から逃れ、権威の重圧をかわすような音楽こそが、音楽の洗練であると同時に自己形成である「エラボレーション」（洗練・錬成）と呼ばれる。これになぞらえるなら、人文学を真に活力あるものにするのは、何らかの規律的学問《ディシプリン》や制度的範例《パラダイム》への忠誠ではなく、思考の強靭さと可塑性をともに具え、自己自身の変容をかえって自己の生命とするような「人文学のエラボレーション」ではないだろうか。「主題なり旋律なりが、非単線的に、非発展的に利用され、……統合と組織化が攪乱され遅延させられる」、そんなエラボレーションの運動に従って、人文学もまた、いわば「自らを形成する形式」(forma formans) となり、「中心的な権威となるアイデンティティをもたず」、多彩な変容を希求することだろう。

*

「人文学の可能性」を標題に掲げた本書は、副題に添えた「言語・歴史・形象」といった観点から人文学のひとつの問題群を指し示そうとしている。言語・歴史・形象――この組み合わせは、人文学における創造的な媒介を表す主題群であり、カントに即して哲学的に言うなら、構想力や図式論の問題、つまりは媒介と自己形成の規則の探求を示唆している。言語と歴史は、人文学が常に携わってきた領域であり、形象《イメージ》ないし像（Bild; imago; figura）もまた、古代の修辞学や記憶術の内で、文学表現の技法として、あるいは想像力を触発する契機として重要視されてきた。そこで本書第Ⅰ部では、ドイツ人文主義の言語思想の特徴をヴィルヘルム・フォン・フンボルトに即して考察し（第一章）、その二十世紀的展開として、ロマンス語文献学者アウエルバッハと、ルネサンス人文主義およびヴィーコの研究者であるグラッシを論じる（第二章）。言語における世界観の形成といった哲学的問題と、言語と比喩形象《フィグーラ》の修辞学的関係を見極めるのがここでの課題である。これらの論考を通じて、人文主義思想の中で積極的に展開された人間形成（Bildung）の問題と言語という媒体の理解を、フーコー的なエピステーメーの転換とともに描き、また現代における人文学が古典的なヒューマニズムには収まりきらない挑発力をもつことを、ハイデガーのヒューマニズム論も踏まえて示そうとしている。ギリシア・ローマ以来の修辞学や隠喩論は、二十世紀に再評価が進み、人文学の要素として定着してきたが、そのなかでも、独自の隠喩論と歴史論を構想したブルーメンベルクは、現象学や解釈学の展開を含めた二十世紀の哲学的な人文学の好例をなしている（第三章）。こうした多様な動向を考慮に入れ、広義の人文学を視野に収めるなら、そのような人文学の精神は日本の近代哲学にとっても無縁ではないことに気づかされる。西田幾多郎の衣鉢を継いだ京都学派、とりわけ独創的な媒介の理論を推し進めた田辺元は、その思考の多様性と領域横断的な柔軟性ゆえに、現代でもなお魅力な存在である（第四章）。言語と歴史という媒介をめぐるフンボルトの取り組みから、比喩形象をめぐるグラッシの隠喩論とアウエルバッハのリアリズム理解へ、そして「隠喩論」を基盤とするブルーメンベルクの近代論を経て、マラルメやヴァレリーの現代詩の内に「無のメディウム」を見出す田辺元の挑戦に向かう本書の第Ⅰ部は、図らずも「媒介」と「像」の問題をめぐって多くの点で繋がり合っている。「人文学の星 間 譜《コンステラツィオーン》」と一括した第Ⅱ部・第Ⅲ部は、第Ⅰ部の主題を変奏する小論を収め、「言語・歴史・形象」の主題群をまた別の角度から照らし出そうとしている。そこでは、ブルーメンベルクやフンボルト兄弟、そしてルネサンス・バロック期の博物学や現代の形象論の試みを、「百科全書」や「方法」の観点を絡めながら紹介しようとしている。

「百科全書《エンサイクロペディア》」とは、古代・中世の「自由学芸」のギリシア語での呼び名「円環をなす知識《エンキュクリオス・パイデイア》」に由来する学知の全体構想である。それは知の多様化と総合を希求する人文学の理念と方法を表す名称でもある。しかしながらその多様性とは、焦点の定まらない文化多元論や、学知の多様性を装った便宜的な連合である「学際」などではなく、未知なるもの、異他的なものとの遭遇に身をさらしながら、単純な相対主義に稀釈されない思考の強さをもったものでなければならない。本書で取り上げたアウエルバッハの「世界文学の文献学」の思想にも、その点ははっきりと示されている。アウエルバッハが語る「世界文学」は、個性的であることを放棄しない普遍性を希求し、世界に開かれた文学であると同時に、一元的な世界化《グローバリゼーション》に対抗する文学たらんとする。

ドイツ文献学の薫陶を受けたアウエルバッハは、ユダヤ系の出自ゆえにナチス政権下で亡命を余儀なくされたが、その折りに亡命先のイスタンブールから、当時交流のあったパリのベンヤミンに送った五通の手紙が残されている（バルク編「アウエルバッハからパリのベンヤミンに宛てた五通の手紙」『ドイツ学雑誌』第六号〔一九八八年〕）。一九三七年の手紙の中でアウエルバッハは、奇しくも同年生まれで同じくユダヤ系の思想家であるベンヤミンに次のように書き送っている。「細々としたことを挙げれば切りがありませんが、全体をざっくり言うならこんなところです。現在の世界情勢は、摂理の狡知（List der Vorsehung）以外の何ものでもないと私はますます確信するようになりました。それは血塗られて苦難にまみれた道を経て、凡庸なるものの国際化《インターナショナル》と文化のエスペラントへとわれわれを押し流していこうとしているようです」。世界全体を一様に覆う地球規模的《グローバル》な「摂理の狡知」、姿を変えて現代でもなおいっそう力を揮っているその働きに、アウエルバッハは懸念を抱き、暗澹たる未来を危惧しているのであるる（C・ギンズブルグ『糸と痕跡』参照）。「凡庸なるものの国際化と文化のエスペラント」に逆らって、世界の平均化と均質化の流れに対抗するアウエルバッハの「世界文学の文献学」とは、二十世紀の苦難の時代に夢見られた人文学のユートピアであったと言えるかもしれない。世界、い、い、い、とともに、世界に抗して自らを形成する人文学という「エラボレーション」を、われわれはいくらかでも共有し、その願いを引き継ぐことができるだろうか。本書がそのささやかな試みのかたわらで思い描くのは、そんな淡い夢想である。

目次

第Ⅲ部　知の結合術　人文学の星間譜《コンステラツィオーン》 2

人文学の可能性

——言語・歴史・形象

第Ⅰ部　言語・歴史・形象

第一章　起源と歴史
――フンボルトにおける媒体としての言語――

序　起源論の時代

十八世紀の思想は、英・独・仏を問わず、「起源」という「時の暗き深淵」（P・ロッシ）をめぐる言説に溢れかえっている。もとより世界や人間の起源をめぐる議論は古く、キリスト教の文脈においても、世の始まりをめぐる議論は、『創世記』の註解である「創造の六日間《ヘクサエメロン》」が祖型となり、カイサレイアのバシレイオスによる『ヘクサエメロン』やアンブロシウスの同名著作、そしてニュッサのグレゴリオスの『人間創造論』（三七九／八〇年頃）以来、独立したジャンルとして脈々と受け継がれ、近代にいたってもそれらの影響の跡を見出すことができる。しかしながら、十八世紀に流布した多くの起源論は、そうした神学的伝統の流れに棹差しながらも、他方ではそれまでの聖書註解の制約を離れ、神学的前提によらず理性によってのみ説明可能な合理的な理論を展開し始める。地球の生成を論じる宇宙開闢説《コスモゴニー》の議論にしても、十七世紀末、なおも聖書に依拠しながら地球の自然史を物語ったバーネットの『地球の聖なる理論』（一六八〇―八九年）から、経験的知識にもとづいて『地球の理論』（一七八八年）を著したハットン、さらに十九世紀に入ってライエルの『地質学原理』（一八三〇―三三年）にいたるといったように、起源と発生に関する理論はこの時代に徐々に自然科学としての体裁を整え、古生物学をも含む近代的な地質学として確立されつつあった。(1) 起源をめぐる言説は、合理的思考がそれ自身の地歩を固めるときに、まずは神話や宗教からの奪還を目指した領地だったのである。十八世紀は、理性の名のもとに起源をめぐる脱神話化が進行し、まさに合理的宇宙開闢説《コスモゴニー》、理論的・哲学的「創造の六日間《ヘクサエメロン》」が緒に就いた時期であった。(2)

「言語」を操る「理性的動物」たる人間に関しては、理性の起源と言語の起源は不即不離に結びついている主題であった。ここでも、原初の言語は『創世記』における楽園でのアダムの言語になぞらえられ、意思疎通を妨げる要因となる言語の多様性は、バベルの塔建造の「傲慢《ヒュブリス》」によって招来された言語的混乱として、神話的な色調で語られた。(3) そこで十八世紀の言語論においては、このような『創世記』第一章と第一一章で記述された言語の神話をいかに理性的に説明するかということが必須の課題となっていった。こうして、十八世紀から十九世紀初頭にかけて、言語の起源をめぐり、それぞれが「理性的」であることを自負するさまざまな言説が一斉に湧き起こる。フランスでは、コンディヤックの感覚主義的な認識論と言語の起源論、ルソーの『言語起源論』（一七八一年）、イギリスでは、モンボドーを代表とする起源論、アダム・スミスの『言語の起源と形成に関する考察』（一七六一年）、ドイツではジュースミルヒによる言語の神的起源論（言語神授論）、および言語起源に関するヘルダーのベルリン学士院懸賞論文、言語の起源を原初の時代の詩歌に求めたヴィーコの『新しい学』（一七二五年）など、その試みは実に枚挙に暇がないほどである。[4] とりわけ、「原理とは起源と同義である」[5]と言挙げし、「われわれの思考がいかに形成されるか」を第一の課題としたコンディヤックの起源論は一世を風靡し、フランス百科全書派の思想家に浸透して、その思想はディドロ、ルソー、テュルゴーの著作に顕著に反映される。コンディヤックの言語起源論は、モンボドーの浩瀚な『言語の起源と発達について』（全六巻、一七七三—九二年）における原始段階での言語の議論に強い影響を与えるばかりか、その余波はベルリン学士院での懸賞課題の設定にまで及んでいる。[6]サミュエル・ジョンソンは、原始状態の言語を考察したモンボドーの「奇妙な憶測」を無益なものと嘲り、「彼は自分がどれほど莫迦げたことを言っているのかすら気づいていないのではないか」と嗤っているが、[7] 大常識人ジョンソンがいかに嘲笑しようとも、起源をめぐるこれらの「憶測」こそが、カントの『人類の歴史の憶測的起源』（一七八六年）にまで浸透し、十八世紀の言説の特徴をなしていたものなのである。とりわけドイツでは、フランス革命への失望を機に、積極的に未来への展望を開くよりも、自国の過去へと遡行する傾向が強まり、それがF・シュレーゲルなどの成立期の比較言語学に対しても追い風の役割を果たしている。そうした言語学の潮流は、やがてはボップの『ギリシア語・ラテン語・ペルシア語・ゲルマン語との比較におけるサンスクリットの活用体系』（一八一六年）において学問的な成果を獲得する。

こうした時代の中に展開されたフンボルトの言語思想は、時代の空気を十分に呼吸しながらも、その問題設定に微妙な変更を施し、路線の転換を惹き起こすものであった。しかもその転換は、ただ言語論という特殊な分野だけに限定されるものではなく、広く哲学的な世界理解の全体に関わるような大きな変革と呼応するものである。「有機体としての言語」というフンボルトの思想の中には、フーコーが『言葉と物』（一九六六年）で叙述したような十八世紀から十九世紀への転換、つまり言語・生命・歴史をめぐって生じた大規模な変動が見事に映し出されていると考えられる。そこで本章では、そのような大きな文脈での変革を窺わせる特徴を、フンボルトの言語思想の中から取り出し、思考の枠組みの歴史的移行を描いてみたい。フンボルトは、フランス的な感覚主義の表象論の影響を受けながらも、カント＝フィヒテ的な超越論的哲学の構想を取り入れて、言語という問題を哲学的考察の射程の内に収めていった。それによってやがてはカント的意味での超越論的哲学を変質させ、超越論的主観性のア・プリオリな「構造」に解消されえない「媒体」あるいは「中間領域」という独自の言語理解を形成する。そうした言語理解が最終的には、十八世紀的な起源論の問題意識を転換し、「歴史的時間」という新たな時間理解の次元を探り当てることに繋がっていく。それはまた、フンボルトが自らの「比較言語学」と並行して構想していた「比較人間学」が成立する地点、そしてまたその対象である「人間」という存在が浮かび上がる場所でもある。

一　時代と環境

（1）人文主義の系譜

フンボルトに関しては、同時代の多くの思想家・文学者との交流が確認され、おびただしい量の往復書簡が残されているにもかかわらず、その思想、とりわけ言語哲学や歴史理解に関しては、思想的背景を特定することがむずかしい。フンボルト自身、遺された遺稿に比べて生前の公刊著作は目立って少なく、しかもその中でも特定の思想家に関する言及はきわめて稀であることも手伝って、その思想の源泉や着想源を特定することは容易ではないからである。そのため、しばしばハーマン―ヘルダー―フンボルトの系譜として語られるドイツ人文主義の言語哲学の伝統というものも、ことフンボルトに関しては、その思想上の関係はかならずしも自明なものではない[8]。フンボルト自身によるノートの内にその記録が残されているように、ベルリンでの師J・J・エンゲルの講義を通じて、彼が早い時期からヘルダーの言語起源論に触れていたのは確かであり[9]、その言語論の内実の点でも、言語の起源に関して「内省」(Besonnenheit)という自己意識の働きを強調するヘルダーと、意識と言語の関係を重視したフンボルトの言語論のあいだにはある程度の連続性を推測することはできる。しかし、両者の本質的な影響関係という点では、例えばハイムはヘルダーとフンボルトとのあいだに連続的な発展を見るが[10]、シュタインタール[11]やポット[12]はその繋がりを否定し、アースレフにいたっては、むしろフンボルトをヘルダーの敵対者と考えるなど[13]、研究者によってその評価にも大きな幅がある。歴史理解に関しても、フンボルトは、ヘルダーの『人類歴史哲学の理念』(一七八四―九一年、未完)の公刊と同時期に、断章「人間の諸力発展の法則について」[14](一七九一年)を著し、両者の並行関係を窺わせる。それにもかかわらず、一七九一年にヘルダーの『人類歴史哲学の理念』第四部が公刊された際にフンボルトの評価は否定的であった。「歴史の哲学ほど興味深い主題はない」

として、フンボルトは歴史哲学の構想に多大の関心を寄せながらも、「ほとんどは譫言であって、結局のところ、すべての花はやがては萎むという程度の、誰もが知っているところに落ちついている」と評し、ヘルダーにおいて歴史の発展に関する根本的な洞察が欠落している点を批判していたのである。(15)

ドイツ人文主義との直接的な関係を示すのはむずかしいにしても、青年時代のフンボルトが、師エンゲルを介して、当時のドイツ哲学の基本的知見を身につけていたのはもとより疑う余地がない。ライプニッツ＝ヴォルフ哲学やカントの思想が、フンボルトの思想の枠組みを形成する基本的な背景となったのであり、そのことは、フンボルト自身の日記やノートから裏づけることが可能である。しかしこうしたドイツ思想のほかに、フランス思想からの影響も軽視することはできない。何よりも、とりわけアースレフによって強調されたように、若きフンボルトが一七九七年から一八〇一年にかけて革命後のパリに滞在し、コンディヤックを始祖とする「フランス観念学派《イデオローグ》」の思想家たちと交流を結び、そこから多くのことを学び取っているのは重要である。この点は、ハイムらの従来のドイツの古典的な研究者たちによっては見逃されてきた大きな思想的源泉と言えるだろう。

フンボルトは、世紀の変わり目に、『第三階級とは何か』（一七八九年）の著者シエイエスの許に逗留し、「アカデミー・フランセーズ」の継承機関である「フランス学士院」を定期的に訪れるだけでなく、「観念学派のポール＝ロワイヤル」と呼ばれていたオートゥイユのエルヴェシウス夫人邸のサロンや、ディドロの娘のサロンを通じて、観念学派の領袖であるデステュット・ド・トラシーなどと交流をもっている。言語思想という面から見ても、当時のフランス観念学派は、人間の知性の学の分類の中で、「自然学《ピュシケー》」、「倫理学《プラクティケー》」[16]と並ぶ第三部門として「記号学《セメイオティケー》」を提唱したロックの『人間知性論』（一六八九年）の構想を承けて、知識の伝達において記号ないし言語が果たす社会的機能に注目していた。そればかりでなく、観念学派においては、コンディヤックの理論が積極的に継承され、とりわけ観念の形成そのものに際して記号および言語が本質的な役割を果たすとするその理解が発展させられてもいる。コンディヤックの『人間認識起源論』（一七四六年）は、それ自身がロックの理論の継承を自負し、T・ヌージェントによる同書の英訳には「ロック哲学補遺」という副題が添えられたほどだが、言語に対するコンディヤックの記号理解は、ロックに比べてさらに徹底したものであった。コンディヤックは、「観念が何らかの記号と結合していない限り、われわれはその観念を思い浮かべることができない[17]」として、観念と記号との本質的な結びつきを指摘すると同時に、記号ないし言語のもつ感覚的実在としての側面を強調していた。その際にコンディヤックは、生まれながらの聾唖者でありながら、二三歳頃に突如として喋り始めた「シャルトルの聾唖者」の例を引きながら、言語を獲得する以前には、この青年は明確な観念や思考をもつことはなかっただろうと推測している。

こうした動向の中で思考と言語の関係が考察されることによって、思考それ自体が個別の言語の相違によって左右されるとする言語相対主義的な思想は、すでにその素地が作られたことになる。そのため、ヨーロッパ以外の民族や言語に関する知識という点でも観念学派は大きな役割を果たしており、フンボルトと親交のあったドジェランドは『未開民族の観察のための諸方法』（一八〇〇年）を著し、また観念学派の多くの人々は、「人間観察家協会」に関わり、のちの人類学・民俗学に先鞭をつけている。[18] やがてはフンボルト自身の弟アレクサンダーによって、世界周遊の成果としてさまざまな言語的資料が提供され、言語学そのものの経験的裏づけがもたらされる。時はまさに、「博物学の黄金時代」の幕開けであった。自然界の事象や文化現象の博捜が個別の専門分野に分化し尽くすまでの過渡期の時代、万人が自然・文化の観察者として振舞うことのできた好事家《アマチュア》の全盛期である。言語学に関しても、アーデルングとファーターによる『ミトリダテス——約五〇〇の言語・方言における〈主の祈り〉を言語見本として付載した一般言語史』（全四巻、一八〇六—一七年）が公刊され、フンボルトもまたファーター自身の依頼によって、バスク語に関する自らのフィールド・ワークの成果をまとめ、これに寄稿している。[19] こうして、フンボルトはすでに若い頃より、新たな経験的諸学の誕生に立会い、その具体的知見に触れうる環境に身を置いただけでなく、そうした動向の進行を同時進行的に学び知る地の利を得ていたのである。

（2）言語と意識

一七九七年から四年間のパリ滞在を通じて、フンボルトはフランス観念学派との交流の中、その思想的基盤をなしているコンディヤックの感覚論哲学を積極的に吸収していった。この時代の日記には、コンディヤックの著作からの抜粋、とりわけ『人間認識起源論』の要約などが含まれ、その思想を繰り返し検討した跡が残されている。そのなかでも特筆すべきは、観念学派の言語理解に対するフンボルトの積極的な評価である。「彼ら〔コンディヤックとその後継者たち〕は、概念と記号の結合をとりわけ重視し、そのため彼らにとっては、一般文法学が形而上学の本質的部分となっているようである」[20]。つまり、観念学派は記号を観念の二次的表出を超えたものと考えている点で、ロック以上に、認識における言語の積極的役割を認めたものとして高く評価されているのである。コンディヤックの言語論を通じて、若きフンボルトは、

「言語」という主題を哲学の中心問題として受け止める機縁をもったとも言えるだろう。しかしながら、すでにカント哲学の薫陶を受けていたフンボルトにとっては、観念学派の思想の根幹をなす感覚論哲学に対しては違和感を覚え、それをそのまま受容することはできなかった。そのような違和感もまた、この同じ日記からかなり明瞭に窺い知ることができる。「形而上学の不可避的な確実性は何によって成立するのかという問いに関して、いかなるア・プリオリなものをも見抜くことができないというのが、最も顕著で目立つ点である」[21]。この批判からも分かるように、フンボルトが立てた問いは「形而上学」ないし哲学の確実性の成立根拠に関わるものであり、そこには知の確実性とその可能の制約をめぐるカント的な問題意識が見て取れる。

こうした批判に連繫して、フンボルトが何よりも強調するのが、感覚的次元に還元することができない「自己活動性」(Selbstthätigkeit)としての「自己意識」の問題である。フンボルトにとっては、感覚論哲学では「あらゆるものが現象として説明されてしまい、それ以上の説明を受けつけない本来の自己活動性がいたるところで見過ごされる」のが不満だったのであり、「本来そこ〔自己活動性〕から生じるあらゆるものを、いわばより下位の次元へと引き下げている」[22]還元主義は、知の哲学的理解のためには不十分なものと映ったのである。言い換えるなら、コンディヤックないし観念学派が、観念・表象とその結合法則を論じながらも、そうした表象の機構そのものの可能根拠を問うことなく、すべてが表象論の枠内でのみ処理されてしまっている点をこそ、フンボルトは批判していたのである。

感覚論における表象論を批判する際にフンボルトが拠って立っていた理論的支柱が、何よりもカントとフィヒテであったことは、コンディヤックを批判する際の表現からも容易に推察することができる。「彼〔コンディヤック〕は悟性の限界を見究め、その働きを規定し、概念の産出を追跡しようとしているが、彼は一度たりとも本来の産出に触れてはいない。なぜなら彼は、われわれの概念を使うなら、受容されたものと自己活動性と言えるもの、つまり自我と非我との関係を規定しようと試みることがないからである[23]」。「一言で言って、ここには、形而上学の要石、すなわち感情、あるいはより正確には自我の事行（Thathandlung des Ichs）が欠けている[24]」。コンディヤックにおいては、生産的想像力さえも受容的記憶の一種に還元され、感覚的所与の再編成とみなされるため、そこにおいては、新たな創造という意味での「本来の産出」は主題になることがない。これに対してフンボルトは、あくまでも意識のもつ能動的で自発的な活動性を重視し、言語を論じるにあたっても、言語の働きを意識の自己活動性との関係において解明することが課題となる。コンディヤックが認識論の核心部分に言語の問題を導入した功績を十分に認めながらも、フンボルトは、感覚論哲学によっては到達しえない認識論のア・

プリオリな次元を主題とし、「自我と非我との関係」にとって言語が本質的な役割を果たすことを示そうとするのである。

意識論の問題設定にもとづいて言語を解明するフンボルトの構想は、その成立が一七九五／九六年と推定される断章「思考と言語について」[25]においてすでに展開され始めている。この断章は、おそらくはフィヒテが『言語能力と言語の起源について』（一七九四／九五年）を著したのを承けて書かれたと思われる数葉のスケッチである。[26]一六のテーゼからなる小さな断章ではあるが、そこでは、「思考の本質は反省、すなわち思考する者と思考されたものとの区別にある」という第一テーゼから始まって、反省における認識と対象の分節化を出発点としながら、言語と思考の密接な関わりが論じられている。[27]ここでは、主観と客観が無区別の状態からいかにして自己意識が成立するかという問題と、言語の機能の問題が並行して語られる。思考ないし反省は、それ自体として考察されると、一種の客観化の働きとして、表象された内容を定着させながら、同時にそれをより大きな全体の内に位置づけ総合するという意味で、「分離と結合」の機能をもっている。そして続けて、「純粋な思考をも含めて、いかなる思考といえども、われわれの感性の普遍的形式の助けなしには成立しない」（第五テーゼ）と指摘されることで、分離と結合として形式的に規定された思考に対して、「感性の普遍的形式」という経験的な次元との関係が帰せられる。

ここで言われる「感性の普遍的形式」というのは、カント的な用語法を思わせるものではあるが、カントの「感性論」から予想されるような、直観形式としての時間・空間のことではない。むしろここでフンボルトは、すでに純粋にカント的な理解を離れて、あらかじめ思考と言語との何らかの関係を示唆しているものと考えるべきだろう。そのことはこの直後のテーゼにはっきりと提示される。「思考の何らかの分割が諸々の統一へと結合され、その結果、部分はより大きな全体の他の諸部分に対立し、客観として主観に対立することになる。このような諸々の統一の感性的徴表こそが、言葉の最も広い意味での言語である」（第六テーゼ）。ここにおいては、主観・客観図式が思考の反省的働きとともに生じることが示され、さらにそのような事態の内にすでに何らかの仕方で言語が介在していることが主張されている。つまり、主観と客観の分裂に際しては、思考ないし反省と同様に言語が本質的な役割を担っているのであり、その意味では思考と言語は同時に成立するものと考えねばならない。「言語はそれゆえ、反省の最初の活動と同時に、それにともなって生じる。主観が客観に併呑されてしまう欲望の暗闇から人間が抜け出て、自己意識にまで到達するならば、そこに言語が生じるのである。これはいわば、人間が突如として立ち止まり、自分自身を観察し、その歩みの方向を定めることを自らに可能にするような最初の一突きとでも言えるものである」（第七テーゼ）。主客が融合した「欲望の暗闇」の中に初めて自己意識の光が差し込んだとき、その光はすでに言語という媒体を通らざるをえないのである。

（3）意識論と表象論のはざま

自己意識と言語の不可分性を主張し、主観・客観図式の成立をそこに重ね合わせることで、フンボルトは、言語を単に主観の思考の二次的な発露に尽きないものと捉え、いわば言語の世界構成的な機能を認めることになる。一八〇〇年九月初旬のシラー宛書簡では、この点がより明確に記述され始める。「言語は明らかに、われわれの精神活動全体を（われわれの振舞いに即して）主観的に表出するが、それはまた同時に、われわれの思考の対象である限りでの対象を産出する」[28]。慎重にも「われわれの思考の対象である限り」と制限が付加されているように、ここでの主観と対象は、存在論的・形而上学な意味での対立ではなく、そこで言われる「産出」も存在論的な創造ではなく、認識と認識対象の相互関係、つまり「純粋で超越論的な相関関係」[29]と言うべき超越論的な対象構成である[30]。「したがって言語は、人間が自己自らと世界とを同時に形成するような手段、あるいはむしろ、人間が何らかの世界を自身から切り離すことで人間が自らを自覚するような……手段なのである」[31]。こうして、言語は主観と相関的な「世界」を構成する機能をもつとともに、そうした構成を通じて主観が自らを主観として自覚する自己意識の場としても理解されている。したがって、主観と客観、ないし思考と対象は、相互に独立した二領域ではなく、言語という働きによって互いに限定し合い、形成し合うものなのである。そこで、人間の「言語能力」(Sprachfähigkeit)も、「人間の作品にして同時に世界の表現である感覚的媒体によって、内的思考と感情、および外的諸対象を相互に対立させながら産出する能力であり、より正確には、その二つの領域を分割することによって、人間が自らを明確に自覚していく能力である」[32]と規定される。つまり言語の遂行とは、主観・客観のどちらか一方に属すということはなく、人間の作品であると同時に世界の顕現でもある中間領域としての「媒体＝中間項」(Medium)とみなされるのである。

こうしてフンボルトは、コンディヤックにおける「自我の直観」[33]の欠落を批判しながら、カント＝フィヒテ的な問題設定に拠って立ち、言語の問題を自己意識の成立と直結させることになった。ここでは、観念ないし表象の成立とその結合を、それ自身表象の領域の外に出ることなしに記述するフランス観念学派《イデオローグ》から、そうした思考の可能条件そのものを問い直す批判哲学的・超越論的思考への転回が図られていると言ってもよいだろう。表象の体系を、表象そのものに内在する結合規則や発展法則によって説明するのではなく、表象の空間そのものから思考と意識の内へと後退することで表象の限界を見定め、その基礎づけを行うのが、カント＝フィヒテ的な批判的・超越論的哲学の新たな貢献であった。その点で、フーコーも言うように、「〈批判哲学〉は、十八世紀の〔観念学派の〕哲学が表象の分析のみによって消去しようとしていた形而上学的次元を明るみに出した」(34)のである。フンボルトもまた、観念学派に対してその「形而上学」の欠落を指摘することによって、「表象の空間からの知と思考の後退」(35)――フーコーの言う十八世紀後半の動向――に沿いながら、観念学派が固執した表象の空間を迂回し超出する場所を、言語の内に見出しつつあった。

しかしながら、言語を思考の不可欠の媒体とみなすフンボルトの言語理解は、フィヒテその人が『言語能力と言語の起源について』で展開した言語論とは隔たりがあるのも見逃せないところである。フィヒテは、理性に従う別の存在者を自身の外部に見出そうとする理性の本性を出発点として、人間と自然の非対称性と、人間同士の関係の対称性とを区別し、理性同士の相互関係が可能である人間のあいだに言語が生じる「必然性」を示している(36)。理性は自身の外部の存在を理性に適ったものへと仕上げていく要求をもち、自然に対しては、理性的性格を投影し加工することによって、それを合目的的なものへと改変する。これに対して、元来理性的である他の人間とのあいだには、共通の理性的性格にもとづく相互的・対称的な関係が成立し、そのためそこでは、征服や加工ではなく、相互の意思疎通が要求され、そうした意思伝達の欲求にもとづいて言語が成立するとされるのである。ここでのフィヒテの狙いは、論考の冒頭で謳われているように、経験的事実から「憶測的な」言語起源を推定することではなく、理性的本性から言語の成立の必然性を導出するところにある。しかしながら、フィヒテの議論においては、理性の本性によって導出されているのは、人間相互の間主観的な関係の次元までであり、言語そのものの理性的導出がなされているとは言いがたい。なぜなら、意思疎通の衝動そのものの理性的根拠づけと、言語という具体的な現象の成立とは議論の水準としては、そもそも異なった次元に属しているものだからである。それゆえフィヒテは、言語の成立を見届けるために、個々の単語から始まって、主語・述語、動詞の態や時制の成立という段階を理性的に追跡していくが、こうした議論の中では、言語が言語である所以、つまり言語の言語性はあらかじめ前提されざるをえない以上、最初の出発点である理性と言語そのものとのあいだの距離は最終的に埋められることはないのである。

これに対してフンボルトは、むしろ自己意識の成立場面においてただちに言語の活動を見て取り、そこから議論を始めているため、言語の捉え方という面では、フィヒテの議論よりも、より積極的な根拠づけを試みているとみなすことができる。その点は、「言語能力」に関する両者の定義を比べることによってさらに明確になるだろう。フンボルトが「言語能力」を、思考と対象との分割を生起させ、それによって意識の自覚を成立させる能力と見ていたのに対して、フィヒテにおいては、「言語能力は、自らの思考を恣意的な仕方で表示する力量のことである」(37)と定義される。こうしたフィヒテの定義においては、思考の成立と言語性とはあらかじめ異なった次元に設定されているため、言語はあくまでも間主観的な伝達のための「手段」と捉えられ、それゆえ思考の成立場面で働く言語の積極的機能が十分に検討されることはない。むしろフィヒテ自身は、この論考の註において、「言語なしではそもそもいかなる理性使用もなされないであろうとみなすなら、言語はあまりに過大評価されてきたことになる(38)」と記しているように、言語と理性使用とを並行して捉える思考から自覚的に一線を画そうとしているのである(39)。

　言語それ自身がその成立にまで遡って問い直されることがないなら、言語はあらかじめその存立が前提とされた表象の領域に留め置かれてしまい、そうである限り、表象の空間に位置づけられた言語から理性を切り離そうとするフィヒテの態度は、超越論的哲学が取るべき方向を純粋なかたちで示していると見ることができる。言語と思考とを直結せずに、むしろ観念・表象の領域で考えられた言語の領域からさらに降って、知と意識の領域へと最大限に遡行しようとするフィヒテの思考は、批判哲学的・超越論的な思考形態を首尾一貫して追求するものであった。これに対してフンボルトは、フランス観念学派の感覚論的な表象論を批判し、意識の成立次元に立ち返ろうとする点でフィヒテと問題意識を共有しながら、言語の言語性を不問に付すことで言語を表象の次元に置き去りにしたフィヒテとは異なり、言語そのもののありようを問い直し、言語と思考のあいだの距離を埋め、その両者の中間領域を主題にしようとしている。観念学派の感覚論的な認識論と同様に、批判的・超越論的な反省理論もまた、言語という独自の現象を見極めることができなかった。フンボルトにとって、表象論と超越論的な自己意識論のはざまこそが、まさに言語という新たな存在が産声をあげる揺籃だったのである。

二　言語の二義性

(1) 記号と象徴

言語という独自の領域を見出すためには、フンボルトにとって、伝統的な言語理解の批判的考察が不可欠であった。フンボルトは、言語という現象をそれ固有のありさまに即して発見することができなかった伝統的な言語観に抗して、言語という独自の存在を掘り起こさなければならなかった。観念の代理、思考の表現手段、意思疎通の手段という仕方で二次的な位置に置かれ、表象なり伝達意欲など、常に何らかの他のものとの関係によって捉えられてきた言語は、それ自体として無垢な姿のまま、新たに発見される必要があったのである。その際にフンボルトが批判的に対決しなければならなかったのが、「記号」としての言語、および「象徴」としての言語という、共に伝統に深く根ざし、遠くバベルの塔とエデンの園に神話的起源をもつ言語思想であった。

ごく初期の断片「思考と言語について」において、言語が世界と主観とが分岐する次元に遡って理解され、シラー宛書簡ではさらにそれが「感性的媒体」と規定されたが、このような言語観の進展を通じて、フンボルトはそれまでの伝統的な言語理解から徐々に離反することになった。アリストテレス以来、ロック、コンディヤックにいたる伝統においては、「事物-観念-記号」という図式に則って、観念を表出する記号として言語を捉える言語理解が主流であった。そこにおいて言語は記号という仕方で設定され、事象と思考と言語とは相互に独立した領域として前提され、その領域間の連繫が事後的に設定される傾向がある。[40] これはまさに、言葉と事象との直接的な結びつきが失われた「バベルの塔」の災厄が及ぼした哲学的効果とでも言えるものである。事象の錘を解かれて浮遊し散り散りになった言語は、アリストテレスの『命題論』で言われるように「意のままに」(41)(secundum placitum)規約や主観的な意図によって設定されるほかはない。「最も広い意味での言語とは、恣意的な記号によるわれわれの考えの表現である」(42)とするフィヒテの定義もこうした言語観の末裔であるが、フンボルトが否定しようとしたのが、まさにそのような恣意的記号としての言語理解にほかならない(43)。もとより、初期の論考「思考と言語について」ではその区別はいまだかならずしも明確ではない。この断章では、言語と思考との同時成立を確認した直後に、「言語を求める人間は記号を求める」という主張のみを手がかりとして、議論が一挙に記号現象へと移行する流れになっており、その移行の理由が十分に説明されてはいないのである。つまり、「思考と言語について」の段階では、フランス観念学派の影響のもとで言語という主題が導入されており、言語はいまだに表象論の枠内で、観念の代理という仕方で理解される傾向があり、そのため言語と記号との明確な区別が十分に打ち建てられることがなかったとも考えられるだろう。しかし、シラー宛書簡において「感性的媒体」としての言語という理解が確立して以降、記号としての伝統的な言語理解は明確に批判の対象となる。

「言葉はその音によって概念を喚起する限り、記号としての目的を満たしはする。しかし、記号によって表示されるものはその記号から独立した実在を有する点では、言葉は記号の類に収まりきることがない。概念は言葉によって初めてその完成を得るのであり、両者は互いに切り離すことのできないものなのである[44]」。言語は、記号とみなされることは可能であっても、それは言語の機能の一部なのであって、そのすべてではない。何よりも、言語は概念を表現し喚起するだけの記号と異なり、概念の形成にとって構成的な役割を果たすものと考えられねばならない。「人間はある種の純粋な精神として生まれてきて、完成した思考にただ音という衣装をまとわせるわけではない[45]」。言語を、主観・客観図式の成立次元に関わるものと捉えるフンボルトの理解によれば、思考と音声の存立をあらかじめ前提し、その両者を「恣意性」によって事後的に連結する記号的言語観は、とうてい容認することのできないものであった。それは単なる言語観の違いというよりは、言語を考察する際の基本的姿勢に関わる相違である。

フンボルトの試みの独自性は、経験が成立するまさにその場所に言語を位置づけることによって、言語独自の媒介様式を捉えようとするところにあった。これに対して、記号論的な言語理解によれば、言語は何ものかの代理となって思考と事象を繋ぐ第三項であり、あらかじめ自存している思考と事物との中間に入り込み、時として思考の視野を遮りさえするものである。例えば、記号論的言語観を展開するロックの『人間知性論』第三巻において、言語は「可視的事物からの光箭が通過する媒質」とされながら、同時にそれは「私たちの目を雲で覆う」ものと理解されていた。(46) そこで、純粋な認識がなされるためには、この不純な覆いをできる限り取り除き、媒質を透明にすることが望まれる。このような理解とは異なり、フンボルトにとって言語とは、思考と事象の相関関係が成立する場そのものである以上、そのような構想に従うなら、記号としての伝統的な言語理解が前提としている構図は、経験的次元にのみ適用可能なものであり、それゆえ、思考と言語の関係を考察する高次の超越論的解明には到達しえないものと映ったことだろう。

こうして、フンボルトは、記号を中心とする伝統的な言語観から離れることになるが、その一方では、言語を理念それ自体が直接的に顕現する「象徴」とみなす理解からも一線を画している。これはまた、ヨーロッパ言語思想において繰り返し現れる「アダムの言語《リンガ・アダミカ》」の理想に対する反論でもあった。象徴や神聖文字《ヒエログリフ》をモデルに言語を捉える理解は、記号としての言語観の対極にあって、プラトンの『クラチュロス』を介してヨーロッパの言語思想を規定したもうひとつの大きな伝統であるが、フンボルトはこのような言語理解からも批判的に距離を置こうとしている。言語の物質的側面と理念の表示とが不即不離に結びついている「象徴」においては、理念との全面的融合ゆえにある種の硬直化が起こるのであり、それは言語における精神の活動性と相容れないものとされるのである。[47] むしろフンボルトは、言語のもつ恣意性を「未規定性」（Unbestimmtheit）と呼び、「これなくしては思考の自己活動性は不可能であろう」[48]と語り、言語の恣意的記号としての側面を擁護してもいる。つまりフンボルトにとって言語は、主観・客観の成立に先立った次元に関わるという点では記号よりも象徴に近いが、精神の自由な活動性が問題となる限りでは象徴よりも記号に近いのである。

こうして、フンボルトにおいて言語は、記号とも象徴とも単純に同一視することのできない両義的性格を担っている。言語は、思考とともに世界の分節を行うものであり、記号や象徴からは明確に区別されなければならない。これに対して、フィヒテの『言語能力と言語の起源について』では、言語と象徴ないし神聖文字、および恣意的記号との関係はきわめて曖昧である。なぜならフィヒテの場合は、原始言語としての擬音が神聖文字的言語と呼ばれ、それが恣意的な記号による音声言語へと発達する経緯が、習慣づけにもとづく連続的な発展過程として記述されているからである。しかし、自然音の模倣としての象徴的音声をそれ自体として言語とみなすことは、フンボルトにとっては認めがたいことである。なぜならフンボルトにおいては、自然音の模倣が「言語」として成立するためには、分節された言語構造全体が要求されるものと考えられているからである。「人間がひとつの単語をすら、単なる感覚的刺戟としてではなく、分節されたものとして、つまり概念を表示する音声として理解するためには、言語はすでにして完全なもの、つまりその内部に構造をもったものでなければならない。言語においては単独なるものは存在しえない。そのどの要素も、ただある全体の部分として現れる[49]」。このような理解は、言語としての有節音声が成立するためには音韻論的体系全体が前提となると考えるソシュール、および二十世紀の構造主義的言語観にきわめて近いものである。そうした見地に立てば、単独の自然音と言語のあいだには埋めがたい飛躍が存在することになるが、フィヒテの場合はそうした相違はほとんど考慮されずに、両者が段階的な発展過程として記述されている。そのためフィヒテの議論においては、自然音の模倣であるはずの擬音語が、なぜ国語ごとに異なるのかということを説明できないことになるだろう。

フンボルトにおいては、象徴ないし神聖文字の現象は、理念と感覚の未分化という特徴ゆえに、言語学ではなくむしろ美学に属するものとされ、他方で記号としての言語理解は、観念と表示体《シニフィアン》との峻別ゆえに、言語の活動性を十分に記述することができず、むしろ言語研究にとっての大きな障碍とみなされる。象徴と記号という二つの現象から言語を区別する際の観点を見るならば、フンボルトの目指した方向を確認することができる。フンボルトの場合、精神の活動性と言語の機能を分離することなく、かといってその両者を神話的に同一視することもせずに、その「あいだ」で起こっている事態に目を凝らそうとしている。つまりフンボルトの言語論は、徹底して思考の成立場面に定位しようとするのであり、そのために伝統的な言語観を、そうした超越論的次元の記述を妨げるものとして、あくまでも排除しようとしているのである。このような意味でフンボルトの言語論は、経験的事実として成立している事態を相対化しながら、その経験一般の成立根拠にまで遡ろうとしている点で、カントの超越論的哲学の構想ときわめて近いところで展開されていると言ってよいだろう(50)。

(2) 媒体としての言語

フンボルトもカントと同様に、経験の対象となる限りでの世界を主題とし、そうした世界と主観との相関関係を問題としている点で、広い意味で超越論的な問題意識を共有している。それゆえフンボルトの言語論が、大きな意味で「カント派言語学(51)」と呼ばれるのは十分に理由のあることである。しかしながらフンボルトは、そのような経験の可能条件としての言語を論究し、言語を超越論的な機能において考察すると同時に、そこで論じられる言語が同時に経験の対象ともなる具体的な個別言語であるという事実からけっして目を逸らすことがない。『アガメムノン』の翻訳といった文学的活動、自身によるバスク語の実地調査、そして最晩年の『カヴィ語論』(一八三六―三九年)に結実するような個別言語に対する実証的研究を思い併せるなら、フンボルトの関心は、初期の「思考と言語について」に現れる理論的問題を越えて、言語が実際に形を取る具体相を、美学的次元をも含めて博捜するところへと着実に向かっていった。フンボルトは、カント的な問題意識をもって、主観・客観関係の成立という次元を考察し、そこに言語ないし言語性といった条件を見出すことになるが、そこでの言語はカント的な意味での超越論的「形式」ではなく、あくまで現実に存在する個別言語である。つまりフンボルトにおいては、人間の内面的活動としての思考をその可能根拠にいたるまで問い詰める点でカント的な方向性が維持されながらも、そのような経験の可能根拠が、同時に感覚的に知覚しうる実在物として現存するとみなす点で、カント的な理解から逸脱するのである[52]。

「人間の知的活動は、徹底して精神的なものであり、かつまったく内面的なものであって、いわば跡形もなく消えてしまう一過的な性格をもっているが、それを口に出して語ることによって、音声は媒介として外在化され、感覚にとって知覚しうるものとなる[53]」。ここで語られている音声を介する精神の外在化の記述も、思考と音声化された言語との二項的な区別を前提にしているわけではない。すでに「思考と言語について」以来の議論を念頭に置くなら、ここでの言語の記述は、思考の成立場面で働く言語が、経験的に用いられる具体的な言語とけっして別物ではないということを念入りに述べているのである。精神は音声として外化されることによって、音声として再び聴き取られ、精神的活動へと還帰する。「音声は、音声の流れ出る生を、声を受けとめる感覚の中へと息吹として吹き込むものであり、ちょうどそれは、言語が、対象を表現することによって、対象を把握するときの感受を再現し、そうした行為を繰り返し反復しては、世界を人間に結びつけているということ、換言すれば、そのようにして言語が人間の自発性と受容性とを、自らの内に統一し結合しようとしているのと同様である」[54]。ここでは、世界と人間との第一次的な関係が、言語活動と並行関係に置かれたうえで、それがさらに音声の運動と重ね合わせられている。言語は、精神の自発性と受容性を総合し、世界を構成しながら世界を受容するというその運動を形成するものであり、音声表現によって行われる発話と聴取という往復運動はそうした連繋構造を忠実に再現するものとなっている。精神と世界との関係、言語による総合、音声による表現という三位相は、相互に不可分のものであり、一方的な基礎づけの関係にあるわけではない。こうした三位相の関係を語る前述の引用文で、フンボルトが「……と同様である」という表現によってそれらの次元の関係を表現しようとしているのは、基礎づけの関係でも因果的な連関でもない精神・言語・音声の相互成立的な事態を表そうとしているためであろう。

「主観的活動は、思考において客観を形成する。それというのも、いかなる種類の表象であっても、すでに存在している対象となるものを、まったく受動的に観照したものでしかないなどとは、とうてい考えることはできないからである。さまざまな感官のもつ活動性は、精神の内面的な行為と総合的に結びつかなければならず、さらに表象はこうした結合から自らを解き放ち、主観的な力に対抗して対象になりきり、今度は対象として新しく知覚されながら、主観の中へと還帰する。こうした働きのためには、言語が不可欠なのである」(55)。言語は、思考の活動を形成すると同時に、その音声化を通じて主観の外部の感覚的実在物として表現することによって、「感性的媒体」としての二義性のままに機能する。こうしてフンボルトにおける言語は、感覚論に対する批判を通じて、思考の成立場面に関わる超越論的な次元として捉えられると同時に、経験的次元と超越論的次元との二元的峻別を崩すような役割をも果たすことになる。言語の「準超越論的な」性格(K=O・アーペル)として、二十世紀においてあらためて注目された言語の特異性が、すでにここでも積極的に評価されているのである。

媒体としての言語が有する両義性を考えるなら、『カヴィ語論序論』(一八三六年)で提示される「活動《エネルゲイア》」(Energeia)と「成果《エルゴン》」(Ergon)の区別は、まさしくこのような、超越論的な対象構成機能としての言語と、具体的な制度として実現される経験的言語との両義性に相当すると言うこともできるだろう。このような事情を考慮すると、「言語そのものは成果《エルゴン》ではなく活動《エネルゲイア》である」[56]というあまりにも有名な表現も、この一節のみを過度に強調して取り上げることには慎重でなければならない。確かにフンボルトは、記号としての伝統的な言語理解に逆らって言語における意識の自己活動性を強調するために、「活動」と「成果」を区別してはいるものの、これは言語を「活動」にのみ限定することを意味するわけではない。活動として遂行され、思考と音声とを分節する言語の機能と、それが具体的な各国語として存在するという二つの事態は、フンボルトの理解によれば、あくまでも深く絡み合い、相互に切り離すことのできないものなのである。「言語は、まさにそれが主観的で依存的であるかぎりで、客観的にして自立的なのである」[57]と言われるように、活動と成果とを二者択一的に捉えることはできない。むしろ言語は、活動であると同時に成果でもあり、その両者のあいだの絶えざる移行にこそ言語本来の現実があると言うべきなのである。活動と成果について語った直後で、「それゆえ言語の本来の定義は、発生論的（genetisch）でしかありえない」と言われるのは、まさに活動と成果の相互性を語っているものとして理解すべきだろう。

内部と外部との緊張関係を精神の活動性として積極的に捉える思考は、フンボルトの言語思想全体を貫いている基本的構図である。[58]したがって、「活動」の規定と並んで良く知られている「内的言語形式」(innere Sprachform)という術語も、アウグスティヌス的な「内なる言葉」[59](verbum intimum)のように、具体的な言語を可能にしている前言語的な精神の遂行ではなく、あくまでも経験的で個別的な言語として実現される構造を指している。そのため人間の思考は、言語的な構造一般としての言語性によって制約されるだけでなく、個々の言語それぞれのあり方によって左右されることになる。「思考は言語一般によってだけでなく、かなりの程度、個々の言語によっても制約される」[60]ばかりでなく、「どの言語もその内容のきわめて重要な部分は、個々の言語に疑いもなく依存しており、それゆえそれを表す表現はけっしてどうでもよいものではありえない」[61]と語られる所以である。「実際のところ、言語は多様な姿で存在する。言語一般ということが言われる場合、それは悟性による抽象である」[62]。フンボルトは、各言語それぞれの構造を、それらの言語固有の分節の具現化と考えるのであり、そこから、それぞれの言語に特有の世界分節の方式、すなわち「世界観」の多様性が主張される[63]。抽象的な言語構造一般という見解が、経験を透過させる透明な格子として言語を捉えるものであり、また伝統的な記号論的言語観が、認識を曇らせる不純な媒質として言語を理解するものだとしたら、フンボルトにとっての言語は、そこを通ることによって世界との関係が多彩に散乱する「プリズム」なのである。「それというのも、諸々の言語の総体は、その各々の面を通して全体がさまざまな色調で現れるプリズムになぞらえることができるからである」[64]。そのため、言語一般の抽象的構造ではなく、経験的な個々の言語の探求が、「比較言語学」という仕方で、フンボルトの言語研究の中で中心的な位置を占めることになる。例えば、きわめて早い時期の段章「人間の教養・形成について」（一七九三年）においてもすでに世界観の多様性が強調されている。「知性の多様さ、つまり世界が多様な個々人においてどのように映じるかというその仕方の多様性を同時に考慮することなしには、われわれの精神の進展はやはり実現されることがない」[65]。言語がもつ多様性と、各言語がその媒体としての性格に応じて有する独自の屈折率は、けっして認識にとっての障碍ではなく、むしろ人間の世界観の豊かさなのである。バベルの塔の災禍がここで祝福に転じ、言語の多様性はその豊穣さのままに寿がれる。

（3）支配力と抵抗力――有限性の成立

精神は概念を形成することによって、それ自身の活動を言語という仕方で結実させ、自らを外界の実在として現前させながら自らを明確化していく。そこには、各国語としての音韻論的規則や文法体系などの確固たる法則が成立し、それが精神活動の表現を円滑にすると同時に、流動的な活動に具体的な規則を付与することにもなる。「言語は単語の累積、または類比と法則の体系であり、人間にとって異質なものとして人間に対抗する」[66]。言語はプリズムとして、精神の運動に対して言語固有の角度からの偏向を与え、その躍動する状態を固定し、精神の包括的な活動を独自の仕方で縮限させる。ここで精神は、悟性の抽象的な普遍性ではなく、それぞれの言語に固有の世界観を身にまとい、「具体的普遍」という性格を獲得する。言語による具体的普遍の実現は、現実的な個別言語の中で、経験に解消されない理念を具現することである。と同時に、その理念に対して具体的な形姿を与え、現実世界の中に定着させることでもある。

「言語は――意識的、無意識的とにかかわらず――人間と同時に、ある面では自然の所産として徐々に硬直化し、またある面では、時間的存在でありながら時間を超えたより高次のものを予感する。そのようにして言語は、流動的な存在に対して持続をもたらそうとする欲求を通じて、固定化に向かって努力する」[67]。こうして言語は、精神の一過的な閃きに対して、その形態化を助ける実質的な核を与え、知的活動の内実を定着させる際の客観的な支柱となる。その点で言語は、活動的・主観的な精神活動を自立的・客観的な局面へと接続し、精神の活動性を現実的に確かなものにするという役割を果たす。一定の規則に従う表現によって、内面的な知的内容は、間主観的にも伝達可能なものとなる。しかしその一方で、言語があくまでも経験的で固定した存在である以上、精神自身の運動性とのあいだには不断の緊張関係が生じることにもなる。言語は客観的であることによって、逆に躍動する精神の実相を覆い隠すことになるのである。

「言語は、私が産出するものであるがゆえに私のものである。しかし、私が現に行うのと別の仕方で産出できるわけではない以上、言語は私のものではない。このことの根拠は、言語による伝達が人間のあいだで途絶えることなく行われ続けてきた限り、全人類が語り、その語りが聴取されるところにある。そのため、私が経験するそうした制限は、まさに言語そのものに由来するのである(68)」。言語は精神の自由な内的活動の発露でありながら、それが言語として客観化されることによって、逆に精神の自発性に制限を加えることになる。言語の活動においては、「私のものである」という自由の契機と、「私のものでない」という制約の契機とが分かちがたく結びついており、そこに再び言語固有の二義性が現れる。言語は主観と客観とを超越論的な相関項として構成する際に中心的な役割を担うものと考えられており、その意味で主観的でもあり客観的でもあるという二重性を帯びていたが、ここで注目される二重性は、そのような超越論的な条件自体が、経験的な次元との相互関係の内に位置するという意味での二重性である。もとよりこの現象は、媒体としての言語という性格からの帰結であるが、ここの記述においては、「私」という観点が組み込まれていることから端的に窺えるように、媒体としての言語の二重性が、それを語る主体との関係でいま一度捉え直されることになる。そうすることによって、精神との関係で考察されていた言語が、語る主体である人間の条件としてあらためて浮上するのである。超越論的次元と経験的次元のあいだの往還をそれ自身の本質としている言語現象は、そうした言語を現実に話す主体との関係で見直された場合、経験的事実として語り手の自由な活動性を規定し枠づけるものとなる。そのため、言語が客観化して再度語り手の内に再帰するという運動は、まさに人間を事実的に制約する「有限性」という意味をもつようになるのである。

語る主体との関係で理解された言語は、主観と客観とのあいだの運動を通じて、個々の単語として蓄積され、法則として確立されることによって個別言語という制度のかたちで客体化し、主体を制約する。経験の超越論的な条件と見られた言語は、客観化されることで間主観的な伝達の場に置かれ、それ自身が経験的対象として自立することによって、客観的な意味を獲得する一方で、個々の主体の活動を限界づけるのである。超越論的制約が具体的な事実という形を取り、個別言語の法則という仕方で個々人の思考の活動領域を決定する。このようにフンボルトにおいては、カント的な「可能の制約」という意味での言語が事実的な制限と理解されることで、経験の可能条件という以上に、経験を拘束し束縛するものとしても捉えられている。つまりフンボルトの場合、思考は自発的で能動的ではあるが、全面的な自由を享受することはなく、事実的・歴史的言語によって条件づけられた有限なものであるといった理解が現れているのである。カントにおいても人間の認識は、「原型的知性」と異なって、対象そのものを存在論的な意味で創造するものではないがゆえに有限であるとされたが、ここでフンボルトが着目するのはそのような認識能力の有限性ではなく、認識主体そのものの有限性である。こうしてフンボルトは、言語という主題を通じて、カントの超越論的主観性には見られない、人間の有限性といった新たな理解を導入することになった。

語る主体の有限性と自発性といった理解は、フンボルトにおいては、政治的な色彩を帯びた語彙によって、「支配力」（Macht 権力）と「抵抗力」（Gewalt 暴力）とも表現される。「言語の内に取り入れられた思考は、心に対しての客体になり、その限りで、心にとって、そこから生まれたとは思えないほど異質なものとなる」のであり、「多くの語が形成され、まとまった規則ができてくると、言語は千年を以って数える歳月を経るうちに、一個の支配力にまで成長する」[69]。一定の制度として確立された言語は、精神にとって異他的なものとして精神を拘束する。「言語が人間に対して及ぼしている支配力は、生理学的な作用（精神の力に対してこうした表現をあえて用いるとすれば）とも言うことができるだろう」[70]。しかし、言語が及ぼす支配力は、もとより物理的な作用などではなく、あくまでも精神そのものの内部に浸潤しながらその内実を改変していく「権力」という性格をもっている。この権力は、本来の意味での生理学的条件とは異なって、人間自身が生み出したものであり、人間の自由の産物であるため、権力による支配は同時に精神の自己限定という側面をもつ。「私が経験するそうした制限は、まさに言語そのものに由来する」と言われていた通り、主体を拘束する権力は自然現象のように外部から課せられる制限ではなく、まさに言語を語る人間そのものに固有の有限性の表現なのである。そうである以上、そうした権力に対して抵抗し、それを突き破る可能性もまた同じ人間自身の内に秘められている。なぜなら、権力と自由とが発生し相互に拮抗を始めるのは、言語という同じ場所においてのことだからである。

「人間の側から発して言語に向かっていく力は、可能態としての抵抗力（Gewalt）である。人間に対して言語の与える影響として挙げることのできるのは、言語および言語形式の法則性であり、逆に人間の側から言語に及んでいく影響力としては、自由の原理がある」[71]。言語は制度化やイデオロギーを通じて精神をその内部から支配することによって、精神にとっての「鉄の檻」と化す必然性をもつ一方で、人間の側には常にそれを突き抜ける自由が具わっている。「自由というものは、本来、規定することも説明することもできないものではあるが、しかしおそらく、自由のみに許されている一定の領域の範囲の内に、自由の境界が見出されるのではないだろうか[72]」。こうして、権力と抵抗力とがせめぎ合い、制度化と自由とがしのぎを削る言語という運動の只中で、言語を話す主体は、すでに「実存」と呼ぶことすら可能な具体的な内実をまとい始める。権力に翻弄されながら、自由を掲げて抵抗を試みる主体は、世界と積極的に関わりながら、環境によって条件づけられた有限な主体である。そのためフンボルトにとっての言語論とは、世界との関係の中で権力の及ぶ深さと自由の達する射程とを、ふたつながらに測定する「有限性の分析論[73]」であった。

三　起源から歴史へ

(1) 起源論の拒絶

フンボルトは、伝統的な言語論に対して、極端と極端のあいだを擦り抜け、あくまでもその中間に立つことで、両者の立論を相対化し、さらにはその双方の対立の起源にまで遡る議論を展開することになった。その思考は、記号と象徴のあいだを通り、主観と客観の成立次元に遡りながら、その双方の領域の活動的な相互関係のありさまを如実に記述するものとなる。主観と客観、精神と世界とのあいだの不可分の相互関係は、言語の対象構成の機能を示すと同時に、そうした構成それ自体が、純粋な「活動《エネルゲイア》」として、精神の主体的・自発的運動を表現するものである。それと同時に、このような活動は、具体的な個別言語である「所産《エルゴン》」として実現され、この所産が逆に言語の活動自身を制約する仕方で、世界観の形成にとって積極的な役割を果たす。経験の成立次元においては、そのような自由と制限、自発性と受容性の双方が同時に機能するというのが、フンボルトの基本的な洞察であった。こうしてフンボルトは、基本的にはカント的な着想にならって、言語を経験的対象の構成という次元にまで遡って解明する構想と、言語をそれ自体として自立的な経験的領域として分析する言語観とによって、個々の個別言語を経験一般の成立要件として、一種の準超越論的な構造として理解することになったのである。

言語を経験の構成そのものに本質的に関わるものと捉えるフンボルトの構想は、十八世紀を席捲していた言語起源論の着想とは原理的に異質のものであった。フンボルトにおける言語による経験の超越論的基礎づけは、経験の成立に先立つ次元にまで遡源して、経験一般のありようを論理的に問い直すものであるのに対して、言語起源論は、現在の経験を基盤として、時間を遡ることによって現在の経験の要素を段階的に削減していくものだからである。起源論の着想においては、現在の人間の状態を要素主義的に分解することによって、原始状態からの人間の発達をそうした各要素の積み重ねとして考察し、その発展段階を時間系列《クロノロジー》に沿って配列する。その最も代表的な例が、コンディヤックの『感覚論』（一七五四年）における「石像の思考実験」であろう。コンディヤックがそこで展開するのは、感覚を一切持たない石像に嗅覚・聴覚・視覚などの感覚を徐々に付与して、経験の段階的成立を叙述する哲学的ピュグマリオン物語である。(74)『人間認識起源論』における言語起源論も同様の着想にもとづき、言語の生成を自然状態における人間の必要に対応させながら説明している。原始の人間が自らの欠乏を埋め合わせる欲求によって叫び声を上げる場面を言語の最も初歩的な形態とみなし、そこから共感を通じての相互理解などを元にして、記号を用いる言語への歩みが始まるというのが、コンディヤックの起源論の基本的構図であった。このようにして、動物から人間への成長過程と言語の発展とを並行して理解する起源論的構想に対して、フンボルトは「言語はその始まりの段階においてさえ、徹底して人間的なものである」(75)と反論し、人間の成立と言語の成立を相互依存的な循環関係において捉えようとしている。

言語の起源を人間の本質と結びつけるフンボルトの理解は、同じく「言語の発明は、人間にとっては彼が人間であるのと同様に自然なことである」(76)とした『言語起源論』（一七七〇年）におけるヘルダーの議論と同種のものである。ヘルダーもまた、「人間は自らに生得的に具わっている内省（Besonnenheit）の状態に置かれ、その内省を初めて独力で働かせたときに、言語を発明した」と述べて、人間と動物とを連続的に捉えるコンディヤックとも、また言語を人間の本性を超えた次元からの付与とみなす言語神授説からも袂を分かっていた。フンボルトもまた「言語を発明するために、人間はすでに人間でなければならない」(77)と明言するが、その言葉の内には、ヘルダーの議論の谺を聴き取ることができる(78)。

フンボルトをコンディヤックから隔て、ヘルダーに接近させる点は、言語と意識の関係についての捉え方だけでなく、始源のイメージそのものの内にも求めることができる。コンディヤックにおける自然状態の人間は、動物からようやく離脱して、人間固有の道を歩み始めたばかりの存在であり、最初の言語は苦痛や喜びを表すだけの未分節の叫び声である。これに対して、フンボルトにとっては、「いわゆる野生人の言語といえども、あるいはまさにそれこそが、欠乏どころか、ありあまる表現の豊かさと多様さを具えている」(79)ものとされる。フンボルトが注目するのは、世界との創造的な関係を取り結ぶ人間精神の豊かさなのであり、言語はそうした人間の過剰さの表現として理解される。「やむを得ぬからではなく、何らかの目的があるわけでもないのに、いわゆる未開人の胸からは、言葉が滾々と湧き出してくるのであり、僻地の荒野を流浪するいかなる遊牧の民といえども、すでに自らの歌をもたなかったものはない」(80)。

フンボルトにとって、人間は人間である以上、欠乏を嘆く叫び声を上げるだけの存在ではなく、すでに言語を所有し、それによって創造的な可能性を帯びたものである。ヘルダーが原始の人間の詩歌・歌謡の豊かさを讃え、『民族歌謡』(一七七八―七九年)を著したのと同様に、フンボルトにおいても、「人間は本質的に、理念を音と結び合わせつつ歌う存在なのである」[81]。ルソーも含め、感覚論的思考にもとづく言語起源論の多くが、その出発点として自然状態の動物的な叫びを前提としていたのに対して、フンボルトは最初から人間存在の豊かさを強調し、人間の最初の言語を、理念に対する精神の自発的な関係である「歌」として理解しようとしている。反応に対する刺戟という生理的な関係ではなく、あくまでも世界に対する精神の創造的関与と理念に対する自発的関係が重視されている。

(2) 時間的起源論から超越論的発生論へ

コンディヤックに代表される言語起源論は、言語の成立のために必要な能力を要素主義的に分析し、その各々を時間系列の内に配列することによって、言語の段階的な発展を説明するものであった。このような理解においては、各々の能力は単に段階的に追加されるだけであって、総体として機能する言語や認識の全体はあらかじめ前提されてしまっているとも言えるだろう。

そのような意味での起源論は、まずは独立した個々の能力を垂直に積み重ねたうえで、そうした諸能力の梯子を単線的な時間の流れの中にいわば横倒しして、各々の要素を時間の序列の中に位置づけたものにすぎない。そのため、意識の成立や言語による世界構成といった超越論的な議論は、そこにおいてはなんら占めるべき場所をもたなかった。フンボルトが明確に語っているように、「〔言語が成立する〕この過程を、漸進的で段階的で、いわば徐々に起きるものとみなし、すでに発明された言語の個々の要素が付け加わることで人間はますます人間になっていくと想定することは、人間の意識と人間の言語、そして……悟性の活動の本性を見損なっている」[82]。これに対して、フンボルト自身の議論は、言語の問題を意識の活動と不可分なものと捉え、言語現象を主観・客観構造の成立次元にまで引き戻し、言語の世界構成的機能を見届けようとする。それゆえフンボルトにとって、人間精神が世界と関わり、その内実を分節していくことと、その精神が言語を有することとはまさしく同義であった。このように言語の成立と人間の本質とを相互循環的に捉えることによって、フンボルトは言語起源論がもっていた時間的始まりの着想を越えて、言語論を意識の世界構成という構造上の問題として理解することになる。そのためフンボルトにおける言語論は、その構造上の特性を、言語がもつ多様な両義性に即して、通時的な連続性によらずに解明するものとなる。

そのような事態を的確に押さえながら、フンボルトの言語思想の代弁者であったシュタインタールは、古典的な研究書『言語の起源』（一八五一年）の中で次のように語っている。「言語の本質から必然的に生じる矛盾を解決することが、フンボルトにとっては、〈言語の起源を説明する〉ことであった。こうしてフンボルトは、起源を本質と同一視し、〈どこから〉を〈なに〉へと変換したのである」(83)。これはまさしく、カントが「ア・プリオリ」の思考を経験的・自然主義的な時間から切り離し、論理的関係と捉え直した際に生じた思考上の転回に対応する。カントにおいても、「理性の起源という問題は、個別科学的・生成論的観点と超越論的・哲学的〈発出〉へと分岐する」(84)ものとされ、カント自身は、理性の成立を時間的継起の次元にではなく、超越論的な構造を通して解明する途を採った。それと同様に、フンボルトにおいても、言語の起源という問題が、時間的発生の観点を離れて、人間の世界理解の構造上の問題に転換される。そこから、言語の連続的・段階的発生という起源論的着想に対して、フンボルトは言語の瞬間的な誕生を語ることになる。「言語が徐々に形成されるという想定は自然なものではあるが、実のところ〔言語の〕創出はただ一撃のもとにのみ起きる」(85)。もとより、この「一撃のもとに」という表現も、時間内でのある一点を指しているわけではない。「言語が元々段階的に形成されるといった想定は、矛盾に陥ることになる」(86)とも言われるように、フンボルトは、自然主義的・経験的な時間の内で言語の起源を見定めようとする議論そのものがすでに無意味になるような地点に立っていたのである。

しかし、このような自然主義的な起源論の前提となっている時間理解を離れることは、時間的次元を完全に消去してしまうことではない。むしろフンボルトは、言語起源論という問題の次元を無効化することによって、言語と時間の関係に関しても、暗黙のうちにある種の変質を引き起こすことになった。コンディヤック流の起源論にとって、時間は一次元的で単線的な延長であり、実のところそこにおいては、時間そのものは諸能力を配置し整理するための数直線以上の役割を果たすことはない。このように同一の次元の内で諸要素を配列する平面として理解された自然主義的な時間に対して、フンボルトは、それ自身の中で湧きあがり、自らの内に還帰するような独特の時間理解を獲得し始める。それは、世界との関係を構成する言語自身が自らを構成し、構造自体が自らを創造するといったような、動態としての構造理解と不可分のものであった。「言語は、それが存在するどの瞬間にも、それを全体として構成しているものすべてを有する」(87)のであり、「言語の驚嘆すべき起源は、……われわれの目前で日々繰り返されている」(88)。つまり、言語の生成は刻一刻の瞬間ごとに反復されるが、ひとつの創造はその前の創造に対する追加ではなく、一瞬一瞬がそのつど新たな誕生の奇跡なのである。すでに言語を活動《エネルゲイア》として捉える着想の中にも示されていたように、ここにおいては、構造性と矛盾しない時間理解が姿を現しており、言語という構造体は、自然主義的・物理学的な時間の経過とは異なった意味での時間的契機を含み込みながら、どの瞬間にも創造的に自らを全体化するものと考えられているのである。

（3）媒体の生成

言語起源論と一線を画しながら、新たな運動性の理解を導入するこのような理解は、同じく十九世紀の最初の年にベルリンで行われたA・シュレーゲルの『文学・芸術講義』（一八〇一年）においても明確に語られていた。「言語一般の起源は、ある特定の時間に設定できるものとは考えられない。世界の創造がいつ、いかなる瞬間にも新たに行われているように、言語というものは繰り返し成立しているのである」(89)。ここでは、言語そのものが不断に自らを全体として生み出すという事態が、世界の「持続的創造」（creatio continua）になぞらえて語られており、そのイメージはフンボルトによっても共有されている。「言語というものは、全体を一望のもとに見渡すことのできるような、眼前に現として存在する物体でもなければ、次々と伝えて行くことのできる実体でもありえず、実際のところは、自らを生み続けているものとしか考えられない」[90]。「持続的創造」が、時間内での世界の始まりという創世記神話を脱神話化するものであったのと同じように、言語の自己創造という理解は、楽園におけるアダムの言語の誕生に象徴される言語起源論を最終的に否定するものであった。このような理解は、まさにフンボルトにおける起源論の否定と並行するものであり、内在化された持続的創造という思考は、自然主義的な時間理解に尽きない新たな時間理解への転換を促したと言えるだろう。こうしてフンボルトにおいては、トラバントが言うように、「時間的・生成論的問題設定から、超越論的ないし機能的・発生論的問題設定への特徴的な転換」[91]が果たされる。

フンボルトにおいて、言語のもつこのような力動的構造は、言語の外化と内化の相互性、つまり「主観性へ還帰する必然性をもった客観性への移行」[92]というかたちで展開される。言語による音声化によって、表象は精神に対して外在的になりながら、自らの言葉を聴くという再帰性によって、一旦は客観化された表象が再び主観性の内へと還帰する。ここにおいて、媒体としての言語理解は、「媒体」（Medium）という語元来の「中動態」という意味合いを充全に響かせることになる。能動態と受動態のどちらにも属さずに、しかもある種の自己再帰的関係を示す「中動態」は、まさしく「媒体」としての言語の働きを忠実に反映している。フンボルト的な言語は、「人間の作品であるとともに世界の表現であり」、「作為」であると同時に「自然」であり、「自発性」であると同時に「受容性」でもあるが、その両者のあいだを繋ぐ運動が、世界の構成自体を可能にする言語的意識の自己再帰性なのである。言語の媒介性をこのような現象に即して捉えることによって、フンボルトは、言語を介しての世界解釈が自己了解と有機的に連繫する事態を取り押さえることになる。[93] 言語は主観的な内実を客観化しながら、それを再び内面化することで、精神の力動的な活動を支え、精神の時間的発展を可能にするものである以上、ここにはまさに自然主義的な時間理解には尽きることのない、時間における意味内容の解釈学的展開が予想されるのである。ここにいたって、フンボルトの言語理解は、「精神の発展」という「歴史」の問いと結びつくことになる。

フンボルトにおいて言語は、記号論に見られる「代表＝表象」(représentation) の平面を離れ、それ自体としての実在をもつ媒体として、独自のありようを獲得する。言語はもはや、事象や観念を映す透明な鏡ではなく、それ自体としての厚みと運動をもつ不透明な媒体となる。精神の内発的活動の現れとしての言語と、体系として実在する経験的な個別言語との関係を、両者相互の緊張に満ちた移行を捨象することなく記述しようとするとき、その中間領域にこの「媒体」という現象が目撃されるのである。フンボルトが、媒体としての言語を「個体」(Inidividuum) と呼ぶときには、まさしくこのような超越論的次元と経験的次元との入り組んだ関係が念頭に置かれている。なぜなら、この「個体」という術語の内には、自らをそれ自身として完成させる内発的な活動性と、個物として世界の内に拘束される有限性とが同時に籠められているからである。そのためこの「個体」という表現には、制度としての言語の堅牢性と、絶えず自己刷新を続ける創造的進展の二面性が集約され、それによって経験的言語のもつ通時的な流動性すらが示されていると考えるべきであろう。こうして、超越論的次元と経験的次元との絡み合いという場面において、言語という現象と歴史という現象が相携えて姿を顕わにし始める。フーコーが『言葉と物』で記述したように、「十九世紀以降、言語はそれ自身の上に折り重なり、それ固有の厚みを獲得し、言語にのみ属する歴史と諸法則と客体性を展開する」(94)のである(95)。こうした時代精神の大きな節目の只中で、フンボルトは自らの言語思想を展開し、カント的な超越論的哲学の構想を踏まえたうえで、起源論を歴史論へと転換する機縁を摑みつつあった。

四　歴史と有機的発展

（1）歴史理解の成立

言語についてのこうした原理的な考察を踏まえ、カント的な問題設定を的確に取り入れることで、フンボルトは、「個体」として自発的に展開される言語の自立性を認め、それによって経験的な言語研究への道をも拓くことになった。フンボルトが提唱する「比較言語学」とは、まさにそのような諸言語の具体的記述を含むものであった。そうした狙いから、フンボルトは言語学大全『ミトリダテス』を補完し、その不備を匡す新たな言語学的百科事典の計画を抱いてもいた。この「諸言語の体系的百科全書」(96)、あるいは「既知の諸言語の完全にして普遍的な百科全書」(97)の計画そのものは実現にはいたらなかったが、個別的言語に対する経験的・比較的分析というその方向性に関して、フンボルトの言語研究の構想は、まさにF・シュレーゲルが「歴史的・比較言語学」を提唱した当時の情勢に即応するものであった。シュレーゲルもまた十九世紀初頭の一八〇八年に、「言語と精神発達が、世界中どこにおいても同様の仕方で始まったという考え」を「恣意的で誤った憶測」として斥け(98)、言語と精神の個別性と多様性を記述する言語学に先鞭をつけていたのである。しかしシュレーゲルの構想は、フンボルトにまして経験的言語の記述を前面に押し出すものであり、「解剖学」を模範とするその分析的な思考法には、依然として自然主義的な傾向が強く残っており、その着想の内には、「起源」という理解があいかわらず根を張っていたとも言えるだろう。これに対して、フンボルトは、言語を自然主義的な連続的発生としてではなく、あくまでもそれ自体の内に創造的な躍進を含む「歴史」の相のもとで考察しようとするのである。

自然主義的な方向を斥け、歴史的な方法を打ち建てるために、フンボルトは、比較言語学の綱領である『比較言語研究について――言語の多様な発展段階に応じて』（一八二〇年）の中で、言語の発展段階を二つの位相に区別することを試みている。そこで述べられる言語的発展の初発の段階は、言語がまさに言語として成立する時期であり、「有機体の生成期」と呼ばれる。この段階に関しては、恣意的な憶測は可能であっても、経験的に確実な調査は不可能である。言語になりきっていない言語を探求することはできないとされる。「いわゆる素朴で原始的な言語といえども、すでに完全な使用に必要なすべてのものを具えている」のであり、「ある程度完成した文法形態という境界線を越えた彼岸には、いかなる言語も見出されないし、その形式が流動的に生成している言語に出会うこともないというのは、注目すべき現象である」(99)。

こうして言語の起源という問題は、理論的に解消されるのみならず、経験的探求によっても解明することのできない「広大な欠落」(100)（Immenses lacunes）とされるのである。したがって、未開の言語を探求し、形成途上の言語を探求するようなことは、フンボルトの構想する比較言語学から排除される。

言語学が本来の対象とするのは、言語が「有機的構造体」として完成したのちの段階である。言語学は、有機体としての言語が個体として展開される第二段階であるこの「形成期」を扱う。しかし、ここでフンボルトが言語の発展段階を二層に区別しているからといって、その二段階が現実に言語が辿ってきた二つの時期として定立されていると受け取るべきではないだろう。むしろここでフンボルトが行おうとしているのは、自然主義的発生を論じる旧来の言語起源論と、歴史的発展を扱う自らの方法を峻別し、最終的に自然主義的着想を棄却することなのである。そのため、ここで提起される発展の二段階は、事実としての生成過程の区別ではなく、方法論の相違を際立たせるための仮説的想定と理解すべきだろう。

こうしてフンボルトは、物理的な時間理解に拠って立つ起源論という問題設定から、原理的にも方法論的にも異なった場所に立って、自らの内に還帰しながら不断にそれ自身を創造する有機的全体としての言語を、まさしく「歴史」として語ることになる。「言語とは、精神の深み、思考の諸法則、人間の組織化の全体から生じ、個別化された個体において現実のものとされ、そうした個々の現象へと分割されながら自らへと還帰するものとして、適切な方法を導きとしながら、純粋な思考と厳密に歴史的な調査とを併せて適用することを要求する。われわれはこのことを忘れてはならない[101]」。フンボルトにとって言語は、起源からの自然史的な過程に沿って記述されるものではなく、その内で全体と個体、普遍と具体、意味と事実とが相互に絡み合う場として、すなわち「歴史」として探求されるべきものである。言語の探求のためには、精神的内容を意味として把握する「思考」と、具体的事実を記述する「調査」とが同時に要求されているが、この二つの能力の総合こそ、歴史家ドロイゼンがフンボルトを「歴史学のベーコン」と呼んだときに、「事実の把握力と解釈の能力の結合」として、積極的に評価した資質にほかならない[102]。歴史的な考察が対象とするのは、普遍的で抽象的な全体ではなく、また偶然に継起する単なる事実でもない。なぜなら、全体との緊張の中で個別化される個体、全体との関係の中で有意味化された事実をめぐってこそ、歴史という現象は初めて意味をもつからである。『歴史家の課題について』(一八二一年)の中で、フンボルトも、「人間という個体は、現象の内に根づいた理念である[103]」と語り、事実的現象とその内に具現される理念との総合として歴史を捉えようとしている。

フンボルトにおいて歴史は、経験的に拘束された事実の内に理念を具体化することで、有限な主体としての人間自身の解釈学的な自己省察の場とみなされ、それ独自の意味を獲得する。(104)「ある一つの所与の事実は、別の事実を生み出し、それぞれの作用の程度と性質はその原因によって与えられ、さらに自由と思われる人間の意志ですら、その誕生のはるか以前に……変えがたいものとして植えつけられた状況の中で規定されている」(105)。十八世紀の起源論が想定したのとは異なり、フンボルトにとって人間の意志と能力は、それぞれが独立したかたちで並列しているのではなく、与えられた状況の只中で全体として機能することによって、環境との応答を通じて創造的に変貌していくものである。所与の状況を経由しながら自己と再帰的に関わることで、人間は自らを時間的・歴史的存在として、そして理念と時間との緊張が繰り広げられる有限な場として再発見するのである。(106)言語研究と並行するかたちでフンボルトが構想した「比較人間学」とは、そのような歴史的存在としての人間についての思弁的・経験的考察であった。

(2) 有機体と創造的発展

十八世紀の自然主義的な起源論とは異なり、創造的な発展を遂げる言語の歴史的な次元を重視するフンボルトにとって、発展の創造性のモデルになっていたのが、有機体としての「生命」の理解である。経験的な言語研究においても、歴史的・経験的な考察の対象とされるのが、「有機的構造体」の「形成期」と呼ばれるように、言語を歴史の相のもとで考察するに際して、以前には存在しなかった新たな要素を次々と生み出していく歴史の創発的な展開は、生ける有機体の活動との類比を通じて理解されている。生命は、環境との相互関係の中で、他の要素を自らの内に取り込みながら成長し、常に全体として完結している。それと同様に、言語もまた、能動性と受容性、自発性と受動性の相互関係を通じて、自らを全体として形成し続けるものである。「言語は、その内部の各々の要素が他の要素によって成立し、全体を貫く一なる力によってのみ、そのすべてが成立するという点で、有機体の性質を共有する」(107)。フンボルトの言語理解を終始変わらず導いている有機体的自然観は、部分同士の緊張と合一の繰り返しの中で、絶えざる発展を継続しているものである。自然における生命と環境との相互関係は、言語における自由と拘束、主体の自発性と言語的制度による制限、換言すれば「抵抗力」と「支配力」といった理解と重なり、主体の有限性の概念を形成する。

フンボルトにとって、有機的自然は、能動性と受容性を原型とする二極対立と、その緊張の超克による発展を基礎としている。そして自然の発展の根幹をなす分極化とその総合というこの関係を、興味深いことに、若きフンボルトは「性」の現象の内に認めていた。シラー主幹の雑誌『ホーレン』に掲載された「性の区別、および有機的自然に対するその影響」（一七九四年）、および「男性的形式と女性的形式について」（一七九五年）において、フンボルトは、自然界と精神的領域を共に支配する性の意義に関して論じていたのである。「自然は、性なくしては自然ではありえないし、区別に代わって退屈で弛緩させる平等が現れるなら、自然の歯車は止まったままとなるだろう[108]」。有機的自然の活動性は、相互に異なった要素同士が競合し、そこに緊張と対立が生じることで、新たな発展へと繋がっていく。したがって、そうした対立は抽象的な力一般ではなく、それ自身が物体的・身体的現象として現れるものでなければならない。「あらゆる有機的な存在に活力を与える生きた力は、物体〔身体〕を必要とする。この物体とかの力は、互いに作用と反作用を行うことによって、止むことなく共働している。そのため、いかなる有機的存在に関しても、作用と反作用は結びついているのである[109]」。性の区別とそれにもとづく両性の合一こそが、自然の発展を生み出す創造力の源泉なのである。性の区別は、両性の役割分化を産むと同時に、双方が互いに求め合い、新たな生を産み出す命の発展力となる。「ここに性の区別が始まる。産出を行う力は、より多く作用へと定められており、受容する力は、より多く反作用に定められている。前者によって活力を与えられるものをわれわれは男性的と呼び、後者が活性化するものを女性的と呼ぶ。あらゆる男性的なものはより多くの自己活動性を示し、あらゆる女性的なものはより多くの受動的受容性を示す」[110]。フンボルトの言語論にとっては一見すると異質であるかに見える「性」という主題が、こうした「自己活動性」といった概念を介して、論考「思考と言語について」の問題意識と接続していることが窺える。フンボルトにとって、性の問題は、単なる生物学上の問題に限定されることなく、むしろ自然と精神とを統一して理解するための基本的な枠組みを提供するものであった。

「相互的な産出と受容は、ただ物質界に属するものの継承にのみ当てはまるわけではない。最も精妙にして精神的な感受も同様の仕方で生じるのであり、感性の最も精妙にして最後の産物である思考といえども、こうした起源を否定することはできない」[111]。こうして、精神の領域に関しても性の原理を認めようとするフンボルトの着想は、言語の世界構成における能動性と受動性の相互性、有機体として自己創造を続ける言語、主体の有限性と歴史との関連など、のちに展開される多様な主題群を貫いて、彼の思想の基本的動機となっている。フンボルトにとって、その思想全体を支える基本的構想となった「性」という主題は、直接にはアッカーマンの『男性と女性の身体的相違』（一七八八年）などの比較解剖学上の展開と対応するものであったが[112]、フンボルトにとっては男性と女性の解剖学上の相違そのものよりも、両性の差異が自然全体を活性化するという点が問題である以上、その関心はさらに大きな文脈に接続する。その背景となっていたのは、近代生物学における「発生」の議論である。

（3）前成説と後成説

起源をめぐる言説は生命や有機体に関する議論の内にも浸透しており、それは生物学において、近代発生学の議論、とりわけ「前成説」と「後成説」の対立・抗争というかたちを取って繰り広げられた。「前成」（preformatio）とは、生物の発生に関して、後代の発展のすべてがそれに先行する段階の内に潜在しているとみなすものであり、ライプニッツ、ハラー、ボネに代表される。これに対して、生物の発展過程において新たな要素の出現を認める「後成」（epigenesis）の思想は、用語としてもハーヴェイを嚆矢とするように、時代的には遅れて十七世紀に出現し、前成説の側からの強力な抵抗の中で展開された。「後成は絶対に不可能である」とするハラーの言葉に端的に見られるように、後成説は当初劣勢に立たされ、十七・十八世紀は前成説が圧倒的な優位を誇った時代であった。前成説は、生物の先在の座を精虫に求める精子論と、卵子に求める卵子論の二類型が存在するが、いずれの説においても前成説である以上、生物の発展の可能性は胚の内にすべて含まれており、自然の発展はそうした可能性の顕在化にすぎないものとみなされる。「有機体は発展によって成長する。有機体が目に見えるようになり始めるとき、あとになって大規模に展開されるその同じ本質的要素が、きわめて微小な形で目に触れることになるのである。……そこで、いま現在存在している有機体は、その誕生以前に、胚あるいは有機的粒子の中に潜在していたと考えざるをえない」[113]。このような前成説を採る限り、自然は断絶のない連続的な持続であり、その内には新しいものは何も生まれない。そのため前成説においては、「進化」(evolutio)の語に対しても、潜在的なものの顕在化という程度の意味合いしか認めることがなかった。ここにも、すべての生物は現在あるがままの姿で創造されたとする「創世記」における創造の六日間の神学的伝統が強く働いていたと言えるだろう。

前成説においては、有機体の発展は「未展開の原基」(rudimenta inexplicata)の内に、その後の可能性のすべてを先取りするかたちで含まれているため、個体の小進化はありえても、のちの進化論の意味での種の境界を越えた大進化はありえない。新たな展開を認める後成説は、ヴォルフ、ブルーメンバッハを代表とし、カントの支持をも得ながら、やがて前成説に取って代わることになるが、そうした逆転の起こり始めたのが、まさに十八世紀末、つまりフンボルトの青年時代だったのである。そしてとりわけブルーメンバッハにおいては、前成説の場合に個々の生物の活動にのみ認められる力動的発展が、種の枠を越えたある種の進化を可能にする力として一般化され、その発展力が、「形成衝動」と呼ばれている。「有機体のもつ一般的な物理的諸力である他の生命力（収縮性、器官の被刺激性、感覚性）とは明確に異なる衝動――あらゆる産出・育成・生産にとって最も重要であると思われる第一の力……は、〈形成衝動〉と呼ばれる[114]」。

前成説から後成説への移行は、性という現象の理解にとっても大きな意味をもっている。なぜならば、前の世代からの連続的発展のみを考える前成説においては、生物の発生において新たな発展を生み出す契機となる性の区別も、その意義が十分に認められることはありえなかったからである。「一貫した性の哲学は、前成説の陣営からは生じることはなかった。後世の〈古典的な〉性の哲学は、後成説の前提と切っても切れないものなのである[115]」。生命の進化が胚や前の世代の内に含まれている可能性の単なる顕在化ではなく、まったく新たなものの出現であるということ、そしてそのような非連続的な飛躍をもたらす要因として性の現象が本質的な意義をもつということが、後成説によってもたらされた新たな知見であった。一七九〇年代に性の区別についての論考を著した若きフンボルトは、世紀の変わり目にかけて起こった生物学上の進展を敏感に察知し、それに応じるものであったと考えられる。のちにその言語論の中でもふんだんに活かされる有機体の理解の進展は、同時期の生物学全体の変動と見事に雁行するものであった。

現代の進化論の先駆けとなった後成説、そしてそれに応じたフンボルトの積極的な有機体理解とともに、生命にとっての進化の意味が変貌する。それと同時に、進化そのものにとっての時間の位置づけもまた大きな変化を遂げることになる。前成説においては、生命の発展にとっての時間は、潜在的な可能性を繰り広げ、種の多様性の一覧を延べ拡げる連続的な平面でしかなかったが、後成説における創造的な進化は、種の一覧が展示されていた滑らかな時間に亀裂を走らせ、そこに歪みと非連続を招き入れる。前成説において単調で線状の流れにすぎなかった水平的な時間が、後成説においては、予測不能で多重的な空間として、生命の創造と謎とをその内部に抱え込む。ここにおいて生命は奥行きと厚みのある時間を生き始め、「博物誌〔自然史〕」(Naturgeschichte) は「自然の歴史」(Geschichte der Natur) となる。これはまさしく十八世紀的な起源論が終焉し、無機的時間が人間によって生きられる歴史的時間へと姿を変えた際に起きたのと同じ思考の転換であった。言語・生命・歴史がここでこぞってその独自のありようを鮮明に表し、それまでの思考にとっては考えられなかったほどの重みと輝きを獲得する。こうした思考の劇的な転換こそ、フーコーが『言葉と物』において、十八世紀の古典主義的思考から十九世紀の近代的思考への変化として叙述したものにほかならない。「十八世紀の思考にとって、継起的時系列《クロノロジー》は、諸存在の秩序の一つの特性にすぎず、多少とも混乱したその顕現にほかならなかった。十九世紀以降、継起する事物の時間の系列は、程度の差こそあれ直接的な仕方で、しかもその中断においてさえも、物と人間に関わる根本的に歴史的な存在様態を表現するのである(116)」。

結語　歴史的時間と人間の誕生

フランス観念学派《イデオローグ》における言語論に触発されることで言語という主題に取り組み始めたフンボルトは、思考と言語との関係を徹底して反省することを通じて、コンディヤック的な表象論を離れ、カント＝フィヒテ的な超越論的な着想を組み入れ、言語論に新たな局面を切り開いた。言語は世界を構成する超越論的な機能を果たすと同時に、それ自体が経験的対象として、世界内部にそれぞれの個別言語として存在する。思考の可能条件となる超越論的次元の内に経験的な個別言語の関与を認めることによって、フンボルトは一方では自然主義的な言語起源論と訣別し、他方では純粋にカント的な超越論的な構成からも距離を置くことになった。フンボルトにとって何よりも問われるべきであったのは、経験的言語が同時に超越論的な対象構成の場面において積極的な働きをするというその両義的なありようであり、超越論的次元と経験的次元のあいだの「捩れ」そのものであった。そのような捩れの場に発生する媒体としての言語は、それぞれ独自の屈折率をもち、世界理解の光を多様に散乱させ、それぞれの「世界観」を産出する。

媒体としての言語は、精神的内容の音声としての発話とその聴取を原型として、それ自身の内で内面的な自発性を保ちながら、同時に制度として外化され、さらにその外的な構成物が再び内面的運動を拘束する。つまりフンボルトにおける言語は、自発性と受容性の相互関係をそれ自身の内で繰り広げると同時に、自らの内に畳み込まれ、それ自身の活動性を通じて自らを拘束し制約する。そのような相互運動は、言語を語る主体それ自身にとっては「支配力」と「抵抗力」という仕方で経験されるものであり、そのような自己関係的な両義性は、特定の世界の中で具体的な言語を語る人間自身の有限性の顕現でもあった。具体的状況によって条件づけられながら、自由に自らを表出する言語的主体は、世界との循環的関係をそれ自身の自己理解の内に積極的に取り込んでいく。そのような遂行の中で、時間理解そのものが、十八世紀的な起源論には見られなかった積極的な意味を帯び、精神の発展が、起源から継起する自然史的記述とは異なった次元で展開され始める。そして、そのような発展過程がいまや「歴史」と呼ばれるのである。

このような歴史の運動性は、言語を有機体として捉える着想とともに、生物学における進化の理解と並行したものであった。性の区別に関する若きフンボルトの論考は、十八世紀末における生物学上の転換を端的に反映したものであるばかりか、そこに萌芽として含まれる生命理解は、その後の言語研究の思考の原型ともなっている。前成説から後成説への移行という仕方で現れた生物学上の革新は、生物にとっての時間を「歴史」と呼ぶに値するものへと転換する条件でもあった。このような一切を考慮するなら、フンボルトが言語を「有機体」として捉えたときには、十八世紀から十九世紀への移り変わりに起きた思考の大規模な組み替え全体がその視野に収められていたと言っても過言ではない。

言語論と生命論とが結び合い、歴史と呼ばれる時間の深みの中で、それぞれ新たな位相を切り開くとき、十八世紀の起源論においてはいまだ朧げにしか見えていなかった独自の存在が徐々にその姿を浮かび上がらせてくる。言語をまとい、身体をともない、歴史の中に生き続ける有限な「人間」の登場である。カントの超越論的主観性が占めていた場所に、「比較人間学」の対象である人間がその座を得て、個別の言語を語る民族に属し、性別をもち、独自の歴史を生きることになる。フンボルトにおいて、「有機体」という比喩の中で、ともすると無関係に並列しているかに映る諸々の現象は、思考の枠組みの根本的な変貌に照らすなら、それら自身が有機的に繋がり合った一連の主題群であったことが明らかになってくる。

一見緩やかに見える類比の網の繋ぎ目に、歴史をもち言語を語り身体を具えた有限な人間が成立する。言語、歴史、有限性、生命といった主題をまとめあげ、それらを括り込む議論の場の輪郭線上に、「人間」と呼ばれる領域がゆっくりと立ちあがる。経験的な言語をもたない純粋な超越論的主観性でもなければ、楽園にあって唯一無比の言語を語っていたアダムでもない稀有な現象としての「人間」が呱々の声をあげるのである。「それ〔人間学の研究〕に独自のことは、それが経験的な素材を思弁的な仕方で、歴史的対象を哲学的に、人間の現実的性質をその可能な発展という見地から取り扱うというところにある(117)」。経験と思弁、歴史と哲学、本質と発展といった、相互に相反する要素によってかろうじて囲い込まれる現象として人間なるものが誕生する、その時代の証言という点で、フンボルトの言語論は、「人間」の領域の誕生についての貴重な記録《ドキュメント》となっている。

註

(1) Th. Burnet, *Tulluris theoria sacra*, 1680-89; J. Hutton, *Theory of the Earth*,1788; Ch. Lyell, *Principles of*

Geology, Being an Attempt to Explain the Former Changes of the Earth's Surface by Reference to Causes Now in Operation, 1830-33.

（2）Cf. P. Rossi, *The Dark Abyss of Time. The History of the Earth and the History of Nations from Hooke to Vico*, tr. by L. G. Cochrane, Chicago/London 1984; S. J. Gould, *Time's Arrow, Time's Cycle*, 1987.〔グールド『時間の矢、時間の環――地質学的時間をめぐる神話と隠喩』渡辺政隆訳、工作舎、一九九〇年〕

（3）言語起源論の通史に関してはボルストの浩瀚な著作『バベルの塔』を参照。A. Borst, *Der Turmbau von Babel. Geschichte der Meinungen über Ursprung und Vielfalt der Sprachen und Völker*, München 1995 (1. Aufl. Stuttgart 1957-1963). さらに以下を参照。互盛央『言語起源論の系譜』講談社、二〇一四年。

（4）Lord Monboddo, *Of the Origin and Progress of Language*, 6 vol., 1773-1792; J. P. Süssmilch, *Versuch eines Beweises, dass die erste Sprache ihren Ursprung nicht von Menschen, sondern allein von Schöpfer erhalten habe*, 1766; A. Smith, *Considerations concerning the first formation of Languages, and the different genius of original and compounded Languages*, 1761; J.-J. Rousseau, *Essai sur l'origine des langues* 1781. Cf. H. Aarsleff, The Tradition of Condillac: The Problem of the Origin of Language in the Eighteenth Century and the Debate in the Berlin Academy before Herder, in: id., *From Locke to Saussure. Essays on the Study of Language and Intellectual History*, Minnealpolis 1981, pp. 146-209.

（5）E. Condillac, *Logique* II, vi, Œuvres philosophiques de Condillac, t. 2, Paris 1947, p. 403b.

（6）H. Aarsleff, An Outline of Language-Origins Theory since the Renaissance, in: id., *op. cit.*, p. 285; J. Trabant, Humboldt zum Ursprung der Sprache. Ein Nachtrag zum Problem des Sprachursprungs in der Geschichte der Akademie, *Zeitschrift für Phonetik, Sprachwissenschaft und Kommunikationsforschung* 38 (1985), S. 576-589.

（7）J. Boswell, *The Life of Samuel Johnson*, ed. A. Napier, London 1884, vol. 2, p. 82 (1796: Age 60).〔ボズウェル『サミュエル・ジョンソン伝』中野好之訳、みすず書房、一九八一―八三年〕

（8）H. Gipper, P. Schmitter, *Sprachwissenschaft und Sprachphilosophie im Zeitalter der Romantik*, 2. verbesserte

Aufl., Tübingen 1985, S. 62; H. Gipper, Schwierigkeiten beim Schreiben der Wahrheit in der Geschichte der Sprachwissenschaft. Zum Streit um das Verhältnis Wilhelm von Humboldts zu Herder, in: J. Trabant (ed.), *Logos semantikos. Studia linguistica in honorem Eugenio Coseriu 1921-1981*, Bd. 1: *Geschichte der Sprachphilosophie und Sprachwissenschaft*, Berlin/New York 1981 (in: H. Gipper, *Theorie und Praxis inhaltbezogener Sprachforschung. Aufsätze und Vorträge 1953-1990*, Bd. 1: *Wilhelm von Humboldts Bedeutung für Theorie und Praxis moderner Sprachforschung*, Münster 1992). フンボルトの言語論全体の邦語での概観として以下を参照。泉井久之助『言語研究とフンボルト』弘文堂、一九七六年。

（9） W. von. Humboldt, Aus Engels philosophischen Vorträgen (1785-1786), Wilhelm von Humbodts Werke, hg. von Königlich Preussischen Akademie der Wissenschaften, hg. A. Leitzmann, Berlin 1903 (Nachdruck 1968) (= AA), Bd. 7, S. 372. フンボルトの代表的な伝記的記述として以下を参照。 R. Haym, *Wilhelm von Humboldt. Lebensbild und Charakteristik*, Berlin 1856 (Nachdruck: Osnabrück 1965); P. R. Sweet, *Wilhelm von Humboldt. A Biography,* Volume One: *1767-1808*; Volume Two: *1808-1835*, Columbus, Ohio 1978. 亀山健吉『フンボルト――文人・政治家・言語学者』中央公論社、一九七八年。

（10） R. Haym, *Herder nach seinem Leben und seinem Werken*, hg. W. Harich, Bd. 1, Berlin 1880 (Nachdruck: Darmstadt 1954), S. 436; id., *Wilhelm von Humboldt,* S. 494.

（11） H. Steinthal, *Der Ursprung der Sprache in Zusammenhang mit den letzten Fragen des Wissens. Eine Darstellung der Ansicht W. v. Humboldts verglichen mit denen Herders und Hamanns*, Berlin 1858 (4. Aufl.: *Der Ursprung der Sprache in Zusammenhang mit den letzten Fragen des Wissens. Eine Darstellung, Kritik und Fortentwicklung der vorzüglichsten Ansichten*, Berlin 1888), S. 10.

（12） A. F. Pott, *Wilhelm von Humboldt und die Sprachwissenschaft*, Berlin 1876.

（13） H. Aarsleff, Wilhelm von Humboldt and the Linguistic Thought of the French *Idéologues*, in: id., *op. cit.,* pp. 335-355 (Guillaume de Humboldt et la pensée linguistique des Idéologues, in: A. Joly, J. Stéfanini (éds.), *La*

Grammaire générale: de Modiste aux Idéologue, Villeneuve-d'Ascq 1977, pp. 217-241).

(14) W. v. Humboldt, Über die Gesetze der Entwicklung der menschlichen Kräfte, Bruchstück (1791), AA 1, S. 86-96.〔「人間諸力発展の法則について」『フムボルト　歴史哲学論文集』西村貞二訳、創元社、一九四八年、所収〕

(15) P. R. Sweet, *Wilhelm von Humboldt. A Biography, Volume One: 1767-1808*, p. 143.

(16) J. Locke, *An essay concerning human understanding*, IV, 21, 4, The Works of John Locke, 11th. ed., London 1812, vol. 3, p. 160.〔ロック『人間知性論』大槻春彦訳、岩波書店、一九七六年〕

(17) E. de Condillac, *Essai sur l'origine des connaissances humaines*, IV, 2, 22.〔コンディヤック『人間認識起源論』小茂田宏訳、岩波書店、一九九四年〕

(18) J.-M. Degérando, *Considération sur les diverses méthodes à suivre dans l'observation des peuples sauvages*, 1800. Cf. S. Moravia, *Beobachtende Vernunft. Philosophie und Anthropologie in der Aufklärung*, hg. W. Lepenis, H. Ritter, Frankfurt a.M./Wien 1977.

(19) J. S. Vater, J. Ch. Adelung, *Mithridates oder allgemeine Sprachkunde mit dem Vater Unser als Sprachprobe in beynahe fünfhundert Sprachen und Mundarten*, 2. Teil, Berlin 1809, xvi.

(20) W. v. Humboldt, *Pariser Tagebuch*, AA 14, S. 449.

(21) *Ibid.*, AA 14, S. 445f.

(22) *Ibid.*, AA 14, S. 446.

(23) *Ibid.*, AA 14, S. 445.

(24) *Ibid.*, AA 14, S. 479.

(25) Id., Über Denken und Sprechen, AA 7, S. 581-583.

(26) G. Ramišvili, Die erste theoretische Arbeit Wilhelm v. Humboldts und die philosophische Tradition, in: *Zeitschrift für Phonetik, Sprachwissenschaft und Kommunikationsforschung* 32, 5 (1979), S. 608-612. アースレ

フは、観念学派からの影響を重視し、この断章をパリ滞在の後に成立したものとしている。
(27) この断章についての立ち入った考察として、以下を参照。H. Gipper, Sprache und Denken in der Sicht Wilhelm von Humboldts, in: id., *Wilhelm von Humboldts Bedeutung für Theorie und Praxis moderner Sprachforschung*, 2. Aufl., Münster 1994, S. 745-98.
(28) *Der Briefwechsel zwischen Friedrich Schiller und Wilhelm von Humboldt* , Bd. 2, S. 206.
(29) E. Cassirer, *Philosophie der symbolischen Formen*, Bd. 1: Sprache, Darmstadt 1994, S. 102.〔カッシーラー『シンボル形式の哲学　第一巻　言語』生松敬三・木田元訳、岩波書店、一九八九年〕
(30) E. Heintel, Gegenstandkonstitution und sprachliches Weltbild, in: id., *Gesammelte Abhandlungen*, Bd. 1: Zur *Fundamentalphilosophie I*, Stuttgart-Bad Cannstatt 1988, S. 252-261; B. Liebrucks, Über das Wesen der Sprache. Vorbereitende Betrachtungen, in: id., *Erkenntnis und Dialektik. Zur Einführung in eine Philosophie von der Sprache her. Aufsätze aus den Jahren 1949 bis 1971*, Den Haag 1971, S. 14ff.
(31) *Der Briefwechsel zwischen Friedrich Schiller und Wilhelm von Humboldt*, Bd. 2, S. 207.
(32) *Ibid.*, S. 209.
(33) W. v. Humboldt, *Pariser Tagebuch*, AA 14, S. 486.
(34) Cf. M. Foucault, *Les mots et les choses. Une archéologie des sciences humaines*, Paris 1966, p. 256.〔フーコー『言葉と物』渡辺一民・佐々木明訳、新潮社、一九七四年〕
(35) *Ibid.*, p. 255.
(36) J. G. Fichte, *Von der Sprachfähigkeit und dem Ursprung der Sprache*, Sämtliche Werke, Bd. 8, Berlin 1846, S. 301.〔フィヒテ「言語能力と言語の起源」藤澤賢一郎訳、『東京経済大学　人文自然科学論集』第六八号、一六三―一九九頁。「言語能力と言語の起源について」三重野清顕訳『フィヒテ全集』第五巻「言語論・解釈学・文学作品・道徳論講義」哲書房、二〇一四年〕
(37) *Ibid.*, S. 303.

（38）　*Ibid*., S. 309.
（39）　フィヒテのこの註については、以下の考察を参照。J. P. Surber, *Language and German Idealism: Fichte's Linguistic Philosophy*, New Jersey 1996, pp. 50s.
（40）　フンボルトの言語哲学の「反記号論」としての性格について、以下を参照。J. Trabant, *Apeliotes oder Der Sinn der Sprache*, München 1986, S. 67-98.〔トラバント『フンボルトの言語思想』村井則夫訳、平凡社、二〇〇一年〕
（41）　アリストテレス『命題論』第二章における「約束によって」(κατὰσυνθήκην) が、ボエティウスによってこのように訳されることで、記号の恣意性がより鮮明になっている。Aristoteles, *De interpretatione*, 16b19. Cf. J. Trabant, Immer weniger als willkürliches Zeichen: Europäische Sprach-Semiotik von Dante bis Humboldt, in: id., *Traditionen Humboldts*, S. 13.
（42）　J. G. Fichte, *op. cit*., S. 302.
（43）　フィヒテは、この定義によって、ロック、コンディヤックなどに見られる、音声言語と書記言語の単純な区分を乗り越えているとも言える。Cf. J. P. Surber, Fichtes Sprachphilosophie und der Begriff einer Wissenschaftslehre, in: *Fichte-Studien: Beiträge zur Geschichte und Systematik der Transzendentalphilosophie*, Bd. 10, Leiden 1997, S. 38. しかし記号理解という点においては、フィヒテのこの定義はいまだに十分に伝統的である。
（44）　W. v. Humboldt, Grundzüge des allgemeinen Sprachtypus (1824-1826), AA 5, S. 428.
（45）　Id., Über die Verschiedenheiten des menschlichen Sprachbaues (1827-1829), AA 6, S. 120.〔フンボルト「人間の言語構造の相違について」(抄訳)、『双数について』村岡晋一訳、新書館、二〇〇六年、所収〕
（46）　J. Locke, *An essay concerning human understanding*, III, ix, 21, pp. 247s.; cf. G. W. Leibniz, *Nouveaux essais sur l'entendement humain*, III, ix, 21, Die philosophischen Schriften von Gottfried Wilhelm Leibniz, hg. C. J. Gerhardt, Berlin 1882, Bd. 5, S. 333f.〔ライプニッツ『人間知性新論』米山優訳、みすず書房、一九八七

年〕

(47) W. v. Humboldt, Grundzüge des allgemeinen Sprachtypus, AA 5, S. 430.「象徴化は、そこから輝き出る理念を知覚するためには突き破られなければならない殻をもつ個的な対象へと沈潜させる。これに対して言語感覚は、精神を停滞することのない躍動的な運動へと引きさらっていく。なぜなら精神は思考の流動性を追い求め、その無限性を希求するからである」。

(48) Id., Latium und Hellas oder Betrachtungen über das klassische Altertum (1806), AA 3, S. 169.〔フンボルト「ローマとギリシア、別題、古典的古代の考察」『フンボルト 人間の諸問題』西村貞二訳、創元社、一九五〇年、所収〕

(49) Id., Über das vergleichende Sprachstudium in Beziehung auf die verschiedenen Epochen der Sprachentwicklung (1820), AA 4, S. 14.

(50) R. Haym, *Wilhelm von Humboldt. Lebensbild und Charakteristik*, S. 446-452. Cf. G. Wohlfart, *Denken der Sprache. Sprache und Kunst bei Vico, Hamann, Humboldt und Hegel*, Freiburg/München 1984, S. 167-207. これに対する批判として、T. Borsche, Die innere Form der Sprache, in: R. Hoberg (Hg.), *Sprache und Bildung. Beiträge zum 150. Todestag Wilhelm von Humboldt*, Darmstadt 1987, S. 200f. を参照。

(51) 黒崎政男「カントと言語哲学」、『カント――現代思想としての批判哲学』情況出版、一九九四年、所収。

(52) H.-W. Scharf, Das Verfahren der Sprache. Ein Nachtrag zu Chomskys Humboldt-Reklamation, in: A. Eschbach, J. Trabant (eds.), *History of Semiotics*, Amsterdam/Philadelphia 1983, p. 219; B. Liebrucks, Der dialektische Charakter der transzendentalen Sprachbetrachtung, in: id., *Erkenntnis und Dialektik. Zur Einführung in eine Philosophie von der Sprache her*, S. 305f.

(53) W. v. Humboldt, *Über die Verschiedenheit des menschlichen Sprachbaues und ihres Einfluß auf die geistige Entwicklung des Menschengeschlechts* (1830-1836), AA 7, S. 53.〔フンボルト『言語と精神――カヴィ語研究

序説』亀山健吉訳、法政大学出版局、一九八四年〕

(54) *Ibid.*, 55

(55) *Ibid.*

(56) *Ibid.*, S. 46.

(57) Id., Über die Verschiedenheiten des menschlichen Sprachbaues (1827-1829), AA. 6, S. 181.

(58) そのために、シュタインタール以来、フンボルトとヘーゲルとの類同性がしばしば指摘される。Cf. H. Steinthal, *Die Sprachwissenschaft Wilhelm v. Humboldt's und die Hegel'sche Philosophie*, Berlin 1848 (Nachdruck: Hildesheim/Zürich/New York 1985).

(59) Augustinus, *De trinitate*, XV, 11, 20: sed transeunda sunt haec, ut ad illud perveniatur hominis verbum; nam quando per sonum dicitur, vel per aliquod corporale signum, non dicitur sicut est, sed sicut potest videri audirive per corpus.〔アウグスティヌス『三位一体』泉治典訳「アウグスティヌス著作集」第二八巻、教文館、二〇〇四年〕

(60) W. v. Humboldt, Über das vergleichende Sprachstudium in Beziehung auf die verschiedenen Epochen der Sprachentwicklung , AA 4, S. 21.

(61) *Ibid.*, AA 4, S. 22f.

(62) Id., Über die Verschiedenheiten des menschlichen Sprachbaues, AA 6, S. 240f.

(63) フンボルトにおける「言語相対主義」が語られる所以である。Cf. R. L. Brown, *Wilhelm von Humboldt's Conception of Liguistic Relativity*, The Hague/ Paris 1967, p. 114.

(64) W. v. Humboldt, Essai sur les langues du nouveau continent (1812), AA 3, S. 321.

(65) Id., Theorie der Bildung des Menschen, Bruchstück (1793), AA 1, S. 286f.〔フンボルト「人間育成論」『人間の諸問題』所収〕

(66) Id., Über die Verschiedenheiten des menschlichen Sprachbaues, AA 6, S. 128.

（67） *Ibid*., S. 122.

（68） Id., *Grundzüge des allgemeinen Sprachtypus*, AA 5, S. 389.

（69） W. v. Humboldt, *Über die Verschiedenheit des menschlichen Sprachbaues und ihres Einfluß auf die geistige Entwicklung des Menschengeschlechts*, AA 7, S. 63.

（70） *Ibid*., S. 65.

（71） *Ibid*., S. 65.

（72） *Ibid*., S. 65.

（73） M. Foucault, *op.cit*., Ch. IX, iii: L'analytique de la finitude, pp. 323-329. トラバントは、支配力と抵抗力に関するフンボルトの論述を、「転覆の研究、ないし諸体系に対する反抗（暴力）の研究」と呼んでいる。Cf. J. Trabant, *Apeliotes oder Der Sinn der Sprache*, S. 203f.

（74） E. de Condillac, *Traité des sensations*, Œuvres complètes, t. 3, Paris 1821.

（75） W. v. Humboldt, Grundzüge des allgemeinen Sprachtypus, AA 5, S. 378; cf. AA 7, S. 61.

（76） J. G. Herder, *Abhandlung über den Ursprung der Sprache*, in: id., *Sprachphilosophische Schriften, Aus dem Gesamtwerk ausgewählt, mit einer Einleitung, Anmerkungen und Registern versehen von E. Heintel*,Hamburg 1975 (1. Aufl. 1960), S. 23f.〔ヘルダー『言語起源論』大阪大学ドイツ近代文学研究会訳、法政大学出版局、一九七二年。木村直司訳、大修館書店、一九七二年〕

（77） W. v. Humboldt, Über das vergleichende Sprachstudium in Beziehung auf die verschiedenen Epochen der Sprachentwicklung, AA 4, S. 15.

（78） R. Haym, *Wilhelm von Humboldt. Lebensbild und Charakteristik*, S. 436.

（79） W. v. Humboldt, Über das vergleichende Sprachstudium in Beziehung auf die verschiedenen Epochen der Sprachentwicklung, AA 4, S. 15.

（80） Id., *Über die Verschiedenheit des menschlichen Sprachbaues und ihres Einfluß auf die geistige Entwicklung des Menschengeschlechts*, AA 7, 61.

（81） Id., Grundzüge des allgemeinen Sprachtypus, AA 5, S. 378; cf. *Über die Verschiedenheit des menschlichen Sprachbaues und ihres Einfluß auf die geistige Entwicklung des Menschengeschlechts*, AA 7, S. 61.

（82） Id., Über das vergleichende Sprachstudium in Beziehung auf die verschiedenen Epochen der Sprachentwicklung, AA 4, S. 15.

（83） H. Steinthal, *Ursprung der Sprache im Zusammenhange mit den letzten Fragen alles Wissens*, S. 68.

（84） E. Heintel, Herder und die Sprache, in: J. G. Herder, *Sprachphilosophische Schriften,* XXI.

（85） W. v. Humboldt, Über das vergleichende Sprachstudium in Beziehung auf die verschiedenen Epochen der Sprachentwicklung, AA 4, S. 15.

（86） 前掲個所の加筆以前の手稿における表現。*Ibid.*, AA 4, S. 15, Anm. 2.

（87） Id., Über das vergleichende Sprachstudium in Beziehung auf die verschiedenen Epochen der Sprachentwicklung , AA 4, S. 3.

（88） Id., Essai sur les langues du nouveau continent , AA 3, S. 324.

（89） A. Schlegel, Von der Sprache, in: id., Kritische Schriften und Briefe, Bd. 2, Die Kunstlehre, hg. E. Lohmer, Stuttgart 1963, S. 235.

（90） W. v. Humboldt, *Über die Verschiedenheit des menschlichen Sprachbaues und ihres Einfluß auf die geistige Entwicklung des Menschengeschlechts*, AA 7.（強調は筆者）

（91） J. Trabant, Jenseits der Grenzlinie: Der Ursprung der Sprache, in: id., *Traditionen Humboldts*, Frankfurt a. M. 1990, S. 106.

（92） W. v. Humboldt, *Über die Verschiedenheit des menschlichen Sprachbaues und ihren Einfluß auf die geistige Entwicklung des Menschengeschlechts*, AA 7, S. 55.

（93） 中動態としての言語という理解は、ガダマーの哲学的解釈学が言語を「遊動」（Spiel）として捉えたときにもその背景に働いていた着想である。Cf. J. Grondin, *Hermeneutische Wahrheit? Zum Wahrheitsbegriff Hans-Georg Gadamers*, Königstein/Ts. 1982, S. 104.

（94） M. Foucault, *Les mots et les choses. Une archéologie des sciences humaines*, p. 309.

（95） フーコーの立論とフンボルトの言語論との対比として、以下を参照。C. Behler, Humboldts „radikale Reflexion über die Sprache“ im Lichte der Foucaultschen Diskursanalyse, in: *Deutsche Vierteljahrsschrift für Literaturwissenschaft und Geistesgeschichte* 1/1989, S. 1-24.

（96） W. v. Humboldt, Fragmente der Monographie über die Basken, AA 7, S. 598.

（97） Id., Essai sur les languesdu nouveau continent (1812), AA 3, S. 327.

（98） Fr. Schlegel, *Über die Sprache und Weisheit der Indier*, Kritische Schriften, hg. W. Rasch, München 1970, S. 587 (Kritische Friedrich-Schlegel-Ausgabe, Bd. 8: Studien zur Phiosophie und Theologie, München et al. 1975, S. 167).

（99） W. v. Humboldt, *Über das vergleichende Sprachstudium in Beziehung auf die verschiedenen Epochen der Sprachentwicklung*, AA 4, S. 3.

（100） Id., *Essai sur les langues du nouveau continent*, AA 3, S. 322.

（101） W. v. Humboldt, *Über den Dualis*, AA 6, S. 5.〔フンボルト「双数について」『双数について』所収〕

（102） J. G. Droysen, *Grundriß der Historik*, hg. E. Rothacker, Halle/Saale 1925, S. 6.

（103） W. v. Humboldt, *Über die Aufgabe des Geschichtschreibers* (1821), AA 4, S. 54.〔フンボルト「歴史家の課題について」『フムボルト　歴史哲学論文集』所収〕

（104） M. Riedel, Historische, philologische und philosophische Erkenntnis. Wilhelm von Humboldt und die hermeneutische Wende der Philosophie, in: id., *Verstehen oder Erklären? Zur Theorie und Geschichte der hermeneutischen Wissenschaften*, Stuttgart 1978, S. 142.

（105） W. v. Humboldt, Über die Aufgabe des Geschichtschreibers, AA 4, S. 48.

（106）W. Schultz, Das Problem der historischen Zeit bei Wilhlem v. Humboldt, in: *Deutsche Vierteljahrsschrift*, VI, 2, 1928, S. 293-316.

（107）W. v. Humboldt, Über das vergleichende Sprachstudium in Beziehung auf die verschiedenen Epochen der Sprachentwicklung, AA 4, S. 3.

（108）Id., *Über den Geschlechtsunterschied und dessen Einfluß auf die organische Natur* (1794), AA 1, S. 311.〔フンボルト「両性の区別とその有機的自然に及ぼす影響について」『人間の諸問題』所収〕

（109）*Ibid.*

（110）*Ibid.*, S. 319.

（111）*Ibid.*, S. 316.

（112）C. Honneger, *Die Ordnung der Geschlechter. Die Wissenschaften von Menschen und das Weib 1750-1850*, München 1996 (1.Aufl.: Frankfurt a. M. 1991).

（113）Ch. Bonnet, *Considérations sur les corps organisés*, Paris 1985 (Genève 1762), 29f.; cf. H. Müller-Sievers, *Epigenesis, Naturphilosophie im Sprachdenken Wilhelm von Humboldts*, Paderborn 1993, S. 39f.

（114）J. B. Blumenbach, *Über den Bildungstrieb und das Zeugungskräfte*, Göttingen 1781, S. 31f.; cf. H. Müller-Sievers, *op.cit.*, S. 47f.

（115）H. Müller-Sievers, *op. cit.*, S. 33.

（116）M. Foucault, *op. cit.*, p. 289.

（117）W. v. Humboldt, Plan einer vergleichenden Anthropologie (1795), AA 1, S. 390.〔フンボルト「比較人間学草案」『フムボルト 歴史哲学論文集』所収〕

第二章　可能性としての人文主義
——グラッシとアウエルバッハの文献学的思考——

一　装置としての「人文主義」

（1）人間性の形成と文献学

十八世紀のヘルダーが『人間性《フマニテート》の促進に関する書簡』（一七九三—九七年）を公刊して以来、ドイツ語の「フマニテート」（Humanität）の語は、「人間性」、「人間愛」、「人間の尊厳」といった、「人間」にまつわるさまざまな語を包括する語として広く認知されるようになった。(1) この概念は、それまでドイツ語で「人間性」を指す一般的な語であった Menschlichkeit に代わって、人間の全体的特性に関わるより包括的な名称として流布していった。(2) もとより「人間性」をめぐる思考そのものは、十八世紀ドイツ思想全体を蔽うばかりか、中世文化から近代への移行期である十六世紀のルネサンス人文主義にまで遡る。すでにヘルダー自身も、「人間性《フマニテート》」概念の普及に先立って、『人間性形成のための歴史哲学異説』（一七七四年）では、「人間性の形成」（Menschheit zu bilden）を「われわれの世紀の誇り」[3]とみなし、啓蒙運動と結びついた人間形成の理想を掲げていた。そして『人間性の促進に関する書簡』第一集（一七九三年）の冒頭では、テレンティウスの「私は一個の人間である、そしていかなる人間的なものも私には無縁とは思えない」の語が引用されているように[4]、ラテン語の「人間らしさ」（humanitas）に由来し、「人間らしい人間」（homo humanum）を含意する「人間性《フマニテート》」の内には、古典古代における人間の理念、とりわけキケロ的な人間と教養の理想、およびその復興であるルネサンス人文主義の響きを聴き取ることができる[5]。

古典古代における「人間らしさ《フマニタス》」が、善意や友誼や礼儀といった広義の社会性に重点を置きながら、人間の倫理的陶冶や教育を意味するものであったのを承け、ヘルダーは自己形成の運動を前面に押し出し、その能動的生成や自己超越の側面をさらに強調することになる。ギリシア語の「人間」（ἄνθρωπος）の語を参照し、それを語源的に「高みを目指す者」（Aufwärtsblickender）と解釈するなど[6]、そこでは自己を絶えず超克していく人間の精神性こそが「人間性《フマニテート》」の核心と理解される。「人間は意志を有し、法〔法則〕を担う。理性こそが人間における法なのである。……人間は自然の連鎖の中での機械的な部品などではない。人間の内には、自然を支配する精神が宿っているのだ」[7]。「動物性一般」（Brutalität）と区別された人間性の内には、自然をも貫き支配する広義の精神性が見出される。しかもその人間性ないし精神は、けっして生まれながらに完成しているものではなく、向上を目指す不断の努力を要求するのであり、そうした自己超越の過程こそが、人間性と呼ばれるものの精髄にほかならない。「人間性を目指す形成こそ、したがってわれわれの種族における神的なものなのである」[8]。そのため十八世紀のドイツにおける「人間性」の理解は、「魂の形成はいわば人間性の形成である」[9]といったかたちで教育と結びついていたキケロ的な「人間らしさ」の理念と多分に重なり合う側面をもつものの、人間における「神的なもの」をとりわけ強調する点で、超越的理念を追求する理想主義的な性格をもつものとなった[10]。もとよりその「神的なもの」とは、伝統的なキリスト教の価値観をそのまま受け継ぐものではなく、あくまでも人間における神的なものであり、人間自身が自発的に遂行する自己昂揚を指している。例えばW・v・フンボルトが、断章「人間の教養・形成について」（一七九三年）において、「自己形成者は、神の像を実現することを目指すというよりは、自らの造形的な構想力をその姿において表現し、定着させようとする」[11]と述べているように、人間性の形成とは、あくまでも人間自身の想像力によって理念を打ち立て、それにもとづいて自己を実現するという創造的な自己造形の営みであった。

人間性をその自己形成と不可分のものと捉える理解とともに、その形成を担う「教養」が、とりわけ「人文学」（studia humanitatis）との関連において、重要な位置を占めることになる。フンボルトの綱領的論考「古代、とりわけギリシア古代の研究について」（一七九三年）などを機縁として、古典古代の言語的・文献学的研究と「人間性」の形成とを並行して理解する流れが生じる。「ギリシア的性格の内には、人間一般の根源的性格が現れている」ため、「ギリシア人の研究は、一定の体系的順序に従って、〔人間探究という〕目的を目指して試みられなければならない」[12]。それにともない、人間一般の探求手段として、古典作品の現代語への組織的な翻訳などが推奨される。古典語の習熟を奨めるこうした流れと並んで、古典古代においては言語論の集大成であった「修辞学」（rhetorica）が再び注目され、F・A・ヴォルフによる文献学の形成、あるいはホメロス研究や古典語教育の復権に繋がっていく。フンボルトが古典研究とともに展開し、後年『言語構造の相違と、人間精神の発展に対するその影響について』（いわゆる『カヴィ語論序論』一八三六年）に集約される言語論なども、精神性と言語との相互性を積極的に主張する点で、「人文学」ないし文献学・修辞学の復権の一環と考えることができるだろう[13]。こうした動向にあっては、人間の言語活動のみならず、「認識されたものの認識」（ベーク）としての解釈学、あるいは言語作品の文献学的理解が、人間の知的営為の中心として評価されることにもなる。修辞学・文献学への注目は、文学的関心と相俟って、初期ロマン派においてさらに強化され、例えばF・シュレーゲルの断章「文献学について」（一七九七年）においては、詩学と文献学、あるいは解釈学と批判とが、文化と学芸の中枢に位置づけられる。「文献学とは諸学の寄せ集めではなく、その全体である。ただし、それは論理学的なものではなく、技術的なものである」[14]。ここで語られる「技術」とは、方法化された手順というより、ギリシア語「テクネー」に遡り、人間の活動全体に根差した努力を指していると考えられる。それゆえ、「哲学すること（Philosophiren）と同じように、文献学すること（Philologiren）が必要なのだ」[15]とも言われ、文献学と哲学の相関関係が認められるばかりか、「哲学する」と「文献学する」という動詞的表現を通じて、既成の学問的知識の習得を踏み越えて、人間の自己超越の諸様相が主張されるのである。

（2）人文主義と人間の問い

「人間性《フマニテート》」の概念においては、人間の自己超越的な「形成」（Bildung）の理解と言語的・文学的「教養」（Bildung）とが一体のものと捉えられる。こうしたドイツ的な「人間性」理解を背景に、「人文主義《フマニスムス》〔人間主義〕」（Humanismus）の名称が流布するのは、ニートハンマー『現代の教育教授論における博愛主義と人文主義の対立』（一八〇八年）によるところが大きい[16]。また、「新人文主義」（Neuhumanismus）の語は、パウルゼン『中世ドイツから現代ドイツにおける教養育成の歴史』（一八八五年）によって、古典学・古典語教育の指導理念として用いられたのが最初とされる[17]。いずれにしても、すでにニートハンマーによって、ギュムナジウムの教育改革の理念としての「人間性《フマニテート》」が顕彰されて以来、「人文主義」は、古典語教育に支えられた全人的陶冶の理想という意味合いで一般的な概念となっていたと言えるだろう。その重点はあくまでも、「動物一般」（Animalität）と区別される人間の精神性、しかも「博愛主義」（Philanthropinismus）が主張する「市民」の教育とは一線を画した、人間性全体の涵養に置かれていた[18]。加えてドイツの人文主義は、古典教育を推進する一方で、敬虔主義の伝統を継承する面で、やはり人間性を超越的な自己超克と捉える方向を明確に示している。そのため二十世紀に入って「人文主義」の概括を行ったコルフなども、「人間性とは崇高な人間性の全体系である。しかしその中心は、精神的関心の陶冶、換言すれば、精神的、いやまさに文学的教養である[19]」と語り、ドイツ人文主義独自の特質をその精神性の内に見出している。そしてこの規定の内には、言語や歴史といった人間の現実的側面を踏まえながら、「崇高」というかたちで超越的理念との関わりが示唆され、いわば「内在的超越」とでも言える傾向が的確に表現されていることが分かるだろう。

ドイツ人文主義的な「人間性」に含まれる崇高性は、内在と超越との緊張といった独自の関係性を表現している。コルフが語るように、それは「霊と肉とのキリスト教的二元論でも、理性と非理性的衝動との啓蒙主義的二元論にもとづくものでもなく[20]」、むしろ人間固有の有限性と、それが探求する無限性、あるいは人間の個体性と世界性とのあいだの葛藤に由来する。人文主義的な人間形成は、有機的で連続的な持続的成長というよりは、その時々の局面に応じた断絶と飛躍が起こる非連続の連続とも言うべきものなのである。そこでの「人間性」は、伝統的な価値観の中での人間の規定を疑問視し、そこから逸脱するような創造性をも含んでいる。人文主義とは、人間の自己反省を通じて、既成の人間観を解体し、それを新たな可能性に向けて解放していく運動なのである。「人文主義の問題群《プロブレマティーク》とは、換言すれば、人間存在を問うこと(Fragwürdigkeit)なのであり、……その問いの根底は生そのものの本質の内に感じ取られる[21]」。ここには、「人文主義」が単なる「人間主義《ヒューマニズム》」や、特定の教育・教養の理念に限定されるものではなく、むしろ未定の存在としての「人間」に対する開かれた問いであることが示されている。フンボルトも人間の究極的な課題を、「人間性の概念に対して、一個の人格として――生きている限りのそのあり方に応じて、また同時にそれを超え出て、われわれが過去に残した生の作用力の痕跡に即して――できる限り豊かな内容を与えること」と規定し、その課題は「われわれの自我と世界とのあいだの、最も普遍的で活動的かつ自由な相互作用」によってのみ達成される旨を語っている[22]。したがって、ここで問われ、再定義されるべき人間とは、自己自身の現在を超出した可能性と過去を有し、個人と世界との相互遂行の中で、有限性と無限性の緊張にさらされながら自己自身を変革していく存在である。シュレーゲルが語るように、「われわれの自我における独特の矛盾は、われわれが自我を同時に有限であり無限であると感じるところにある[23]」。人文主義とは、まさにこうした自我の同一性における矛盾によって、常に変貌し続ける問いの総体、つまり一種の「問題群」を意味するのである。

人文主義、ないしドイツ人文主義は、歴史的概念として捉えた場合、それが指す範囲はかならずしも明確ではない。十九世紀に本格化する教育・教養の文教政策としての「新人文主義」を中心に据えるか、その起源を十八世紀に遡り、疾風怒濤《シュトゥルム・ウント・ドラング》時代からゲーテ時代を経てロマン主義に及ぶ精神史的潮流を含めて考えるかによっても[24]、その視点と問題意識はおのずと変わってくるだろう。しかし、それらを一連の「問題群」として捉え返すなら、人文主義とは、古典人文学に根差す文献学的・言語的考察を通じて人間存在を問い直そうとするさまざまな試みの総体と理解される。それは、特定の人間観を前提することなく、むしろ人間を生の運動と把握し、その全体的な活動を言語や歴史といった具体性の諸相とともに考察することを意味する。したがって人文主義とは、「人間の尊厳」を謳う「人間中心主義《ヒューマニズム》」に限定されることはなく、(25)むしろそのときどきで人間に対する新たな考察を迫り、人間性の再考を余儀なくさせる、そうした一連の思考にほかならない。フーコーにならって、多様な領域を貫通して潜在的に機能する「非等質的な集合」を「装置《ディスポジティフ》」と呼ぶとするなら、(26)人文主義とはまさしく、人間性に関する哲学的・倫理学的・美学的な再定義を目指す一種の「装置」と言うこともできるだろう。一個の「装置」とみなされた人文主義は、さまざまな教育制度や言説を貫いて機能するイデオロギー的な力関係の表現になることもあれば、そうした力関係そのものを流動化させる多様な言説の渦として、そのイデオロギーを内部から揺さぶる衝撃を秘めたものともなるに違いない。現代において、人文主義の可能性が見出されるとしたら、それは人文主義という言説装置のもつそのような両義性の只中においてでしかありえないだろう。

(3) 第三人文主義と二十世紀の人文主義

二十世紀に入ると、豊かな言語生活を基盤にして、公的生活に奉仕しながら精神の陶冶に努めるといった人文主義の人間像は、「第三人文主義」(Dritter Humanismus) の呼称のもと、ギリシア学の興隆を追い風にしてさらに展開される。ベルリン大学における文献学の泰斗ヴィラモーヴィッツ＝メレンドルフの後継者W・イェーガーが、「詩人（ποιητής）[27]、政治家（πολιτικός）、賢者（σοφός）のギリシア的な三重性《トリアス》が国家を最高の意味で指導する」という構想に従って、ギリシアの「教養《パイデイア》」理念の復権を試みた大著『パイデイア』（全三巻、一九三四―四四年）を著すことによって、ギリシア回帰への流れが加速する[28]。「将来の人文主義はその根本において、本質的にギリシアの教育に従わなければならない。なぜならギリシア人こそ、人間性、すなわち〈人間存在〉を、社会的《ポリス》存在としての人間の特性に結びつけたからである[29]」。こうしてイェーガーにおいては、古代ギリシア的な「教養」理解を範例として、二十世紀の文化・政治に再び古典的かつ人文主義的な人間理解を復興する路線が選び取られる。

　イェーガーは、「古代文化のある不朽普遍の価値を理解する[30]」ところに文献学の中心的意義を認めており、「第三人文主義」の構想は、基本的に古代ギリシアの歴史学的・思想史的研究と切り離せないものであった。しかし同じ二十世紀初頭には、こうした動向と並んで、時代概念としての「人文主義」に制約されることなく、人文主義をまさに「問題群」と理解し、歴史的制約から解き放とうとする試みも存在していた。つまり二十世紀においても、歴史的概念としての人文主義という路線と、人間についての思考一般としての人文主義とは、相互に縺れ合いながら進行するのであり、その葛藤の中で、人間に関する開かれた哲学的・歴史的問いという広義の人文主義の新たな可能性が探求されていくのである。そのような意味での人文主義の実践者としては、ロマンス語文学者でラテン中世文学の泰斗クルティウス、同じくロマンス語文献学者で『ミメーシス』（一九四六年）の著者アウエルバッハ、そして古代とルネサンスの研究者である思想家グラッシなどを代表者に挙げることができるだろう。例えばクルティウスは、「人文主義的ギュムナジウムの生存競争を人文主義そのものの運命と同一視することは誤っている」[31]と述べるように、学校教育の理想としての新人文主義や第三人文主義から距離を置き、またグラッシやアウエルバッハも、狭義の人文主義に限定されない「教養」や「文献学」の理念を構想し、歴史的意味での人文主義の枠組みや制度を超え出たところに、自由で徹底した思考の展開としての人文主義の可能性を見出していく。とりわけ、グラッシとアウエルバッハの二人は、それぞれの活動の分野は異なるにしても、修辞学や文献学、そして何よりも近代の修辞学者ヴィーコという共通の思想家に依拠しながら、きわめて似た思考法と用語法をもって、二十世紀の人文主義的思考を展開している点で注目に値する。

イタリア人グラッシ（一九〇二―九一年）は、ドイツでの研究生活・出版活動を通して、ドイツ語で大半の主要著作の執筆を行いながら、南米チリでも教育・出版に従事するなど、複数の言語的・文化的環境を生きたが、それと同じく、ベンヤミンと同年の生まれであるユダヤ人アウエルバッハ（一八九二―一九五七年）も、ドイツ・マールブルクで文献学の研究生活を始めながら、ナチス政権下で亡命を余儀なくされ、トルコのイスタンブールに移住し、「完備した図書館もない環境で」[32]主著『ミメーシス』を執筆する。つまり二十世紀のこの「ドイツ人文主義者」たちは、ドイツ語を著作のための言語として選びながらも、「母国語外生活《エクソフォニー》」の環境を生きると同時に、ドイツという言語・文化に自身を同一化することのできなかった「脱領域の知性」（スタイナー）でもある。[33]

この二人の思想家・文献学者は、既成の制度化された文化の圏外で、「装置」としての人文主義の力関係からおのずと逸脱し、それでもなお伝統と歴史から最良の遺産を汲み取り、それを飛躍的な創造へと転じうる可能性を信じて疑わなかった。グラッシにとっては――後年の著作『終わることなき旅』（一九五五年）において描写されるように――南米での異質な文化経験は、「世界喪失」（Weltlosigkeit）ないし「脱世界化」（Entweltung）という不安感と解放感を通じて、ヨーロッパ文化の中では覆い隠されている世界経験の根源的領域を開くものとなった。[34]アウエルバッハの場合もまた、自身の故国と文化から遠く離れたイスラーム圏への亡命という状況にあって、「西洋文化の壮大な再確認であるばかりか、その文化的伝統から危機的なほど決定的に疎外された状況に立脚した著作[35]」とされる畢生の書『ミメーシス』を著した。つまりグラッシとアウエルバッハは、人文主義的ヨーロッパという限定された制度や文化から離れ、異文化での生活や亡命の環境の中に、自身の文化が反転して映り込む像を探り当て、その歪められ引き裂かれた自己経験から自身の姿を新たに復元し、再創造していくすべを鍛えていったのである[36]。流謫の文献学とでも言えるその道筋は、グラッシの表現では「終わることなき旅」であり、アウエルバッハに言わせれば、「見知らぬ土地《テラ・アリエーナ》」の受容、つまりある種の「異邦性」の経験であった。アウエルバッハは晩年の論考「世界文学の文献学」（一九五二年）の掉尾で、サン＝ヴィクトルのフーゴーの『ディダスカリコン〔学習論〕』（一一二三／二四年頃）での言葉を印象的に引用しているのも、そうした「異邦性」の経験に連なるものである。「祖国が心地よいと思う人はいまだ軟弱な人にすぎない。すべての地が祖国であると思う人はすでに力強い人である。しかし、全世界が流謫の地であると思う人こそが完徳者である[37]」。アウエルバッハにとって「世界文学の文献学」とは、このような異邦性を「世界に対する正しい愛」として肯定する技法を練り上げる道でもあった。

　さまざまな文化が混淆する二十世紀以降、思想的にも不可欠の問題となった「疎外」と「母国語外生活《エクソフォニー》」という状況が、グラッシとアウエルバッハの人文主義にとって本質的な役割を果たしたとするなら、この二人の活動はおそらく、現代における人文主義を考えるうえでも大きな意味をもつことだろう。こうした人文主義の創造的な展開を目的として、以下ではまずグラッシの思想を人文主義や「教養」の概念を中心に概観し、二人を繋ぐ共通の源泉であるヴィーコを転換点としてアウエルバッハを取り上げ、その「世界文学」の構想や、「リアリズム」の理解を吟味する。そのうえで最後に、グラッシとアウエルバッハに共通する思想を「像」という修辞学的・文献学的概念に即して考察し、二十世紀の哲学的解釈学との関係をも踏まえながら、彼らの展開する人文主義の独自性、およびそこに含まれる現実理解の創造性を取り出すことにしたい。

二　グラッシと人文主義的教養

（1）グラッシとハイデガー

古代ギリシア研究から出発したグラッシは、主題としてはイェーガー『パイデイア』に代表される二十世紀のギリシア復興と重なる点があるにしても、歴史的な一時代としての古代ギリシアを過度に特権視するイェーガーの姿勢には抵抗を覚え、第三人文主義の方向とは一線を画そうとしていた。グラッシは古代ギリシアの問いを、特定の時代に現れた理想に限定されるものではなく、むしろ人間一般に対する哲学的問題として展開することを目指すのである。(38)そのためグラッシの狙いは、狭義の「人文主義」概念に拘束されることなく、人間や言語に関する哲学的思考の運動を実現するところにあった。こうした問題意識を獲得するにあたって、グラッシにとって最大の動機づけとなったのが、アリストテレス読解をはじめとするハイデガーの古代ギリシア解釈であった。(39)ハイデガーが行っていた、前ソクラテス期からの古代哲学の存在論的・現象学的読解、そしてそれにともなう哲学史の大胆な書き換えである「存在論史の解体」が、グラッシにとって「まったく新たな啓示」(40)となったというのである。マールブルク時代以来ハイデガーの講義は、哲学史についての従来の既成解釈を踏み越えて、「事象そのもの」の解明とともに解釈の深度と光景を一変させる遡行的で創造的な思考を展開するものであった。そうした哲学理解から影響を受けたグラッシにとっても、古代ギリシアへの「回帰」(ritorno)は、既定の理念の追認や再現ではなく、それ自体が新たな思考の展開であり、のちにハイデガーが「歩み戻り」(Schritt zurück)と呼ぶ問題意識にも通じる。ハイデガーの「歩み戻り」は、過去の特定の歴史観や人間観を回顧するどころか、歴史や人間に関する諸観念を存在論的な根底にまで遡ることによって、その内容や領域そのものを大胆に組み替えていく。それと同様に、グラッシにとっても古代ギリシア研究は、歴史的研究に依拠しながらも、人間の本質やその世界性・歴史性の構造を根底的に捉え返すことで、歴史観そのものに変更を迫り、完結した体系に収まり切らない思考の展開を求めるものでもあった。

ハイデガーの哲学史理解、あるいは歴史一般の理解が、現存在の時間性の分析と不可分のかたちで結びついていたのと同じく、グラッシはハイデガーの古代哲学解釈、および『存在と時間』(一九二七年)に結実する現存在の実存論的分析に影響を受けながら、歴史理解と人間存在への問いを繋ぎ合わせ、そこから広義の人文主義の思考を展開していく[41]。それは同時に、ハイデガーの現存在分析の成果を人文主義特有の語彙と問題に変換し、それによって人文主義理解の拡充を図ることでもあった。その際、グラッシによって試みられたのが、「教養」(Bildung)理解の存在論的転換である。「哲学的伝承としての人文学(studia humanitatis)」の副題をもつ『個的生の擁護』(一九四六年)においては、「教養」概念がハイデガー的な理解のもとで、「全体における超越(Transzendenz)の経験と遂行[42]」と定義されている。「われわれは、主観の領域を超出する能力を〈教養・形成〉と呼ぶ」。「われわれが自己を形成する(bilden)のは、超越〈によって〉、および超越〈において〉である。超越〈によって〉われわれはそのつど新たなものへと向上するが、しかもそれは同時に超越〈において〉でもある。なぜなら、われわれは、自身を凌駕する強制のもとで、物事を成し遂げたり断念したりするからである」[43]。ここで語られる「新たなもの」と「自身を凌駕する強制」との並列は、自由な可能性として開かれる意味の領域と、人間が帰属する歴史的状況との関係、つまりハイデガーが語る了解（投企）と情態性（被投性）の等根源的な関係として理解できる。人間の自己形成とは、可能性の自発的な投企であり、その投企は同時に具体的・事実的な条件のもとで遂行され、個別的に現実化される。こうしてグラッシは、ハイデガーの実存論的分析を自己形成としての教養の問題系の内に導入することで、社会的習慣や美風の修得といったキケロ的な教育の理解を大幅に拡張し、歴史的・社会的な制約の中での自己創造という人間の構造そのものに即して「教養」を定義し直すことになる。

グラッシにとって「教養」とは、何らかの知識や技倆の獲得ではなく、むしろ人間存在に根差した生の運動性であり、ハイデガー的意味での「超越」ないし「脱自」に相当するものと理解される。そこにはさらに、十八世紀人文主義における人間の「崇高」、あるいは有限性と無限性との緊張という問題群をも踏まえながら、その緊張関係を生の活動性、ひいては人間の時間性・歴史性へと結びつける思考を窺うことができる。「人間的なものは、歴史的現存在として最も深い次元において証しされる。人間は、所与として与えられる存在者から何らかの仕方で歩み出て、〈新たなもの〉へと手を延ばす。これによって初めて、既存のもの（Gewesenes）といまだ生じていないもの（Noch-nicht-Eingetretenes）とが人間に対して開示される。それゆえ現存在のいかなる形態も、独自の時間経験を有するのである。歴史は出来事の連鎖によって成立するのではなく、新たなものの経験に際して、新たなものから既存のものを回顧しうるようになることで成立する」(44)。将来的な「新たなもの」という可能性と既存の事実的なものとの相互返照といったこの事態は、まさにハイデガーが『存在と時間』の時間性の分析で示した自己理解の実存論的構造にほかならない。そのため、現存在の時間性の構造にもとづくグラッシの「教養」概念は、可能性の開示と歴史的・事実的状況との相互関係を踏まえた人文主義の歴史的伝承——つまり、歴史を受容すると同時に、自ら歴史を形成するといったハイデガー的意味での「反復」（Wieder-holung 取り戻し）——の意味をもっているのである。

このような存在論的な教養概念は、グラッシにとって執筆活動と並んで大きな位置を占めていた編集・出版活動によっても具体化されている。なかでも、哲学・芸術・科学を網羅する全七五巻に及ぶローヴォルト社の叢書、「ドイツ百科全書」（一九五五–五八年）の編纂にあたっては、グラッシ自身が主監を務め(45)、自らこの企画全体の目的を記した綱領的論考『第一の啓蒙』を著している。そこにおいてもハイデガーの「世界–内–存在」の分析や、その発想源となったユクスキュルの「環世界論」を踏まえながら、「実存主義的教養概念」が提示される。「ここで言う教養とは、観念論が語るような、意識における、あるいは意識による変化ではなく、非合理的な力が大きな力を揮う自身の具体的な歴史的条件（情態性 Befindlichkeit）にもとづいて、それと関わり合いながら始まるものである」(46)。二十世紀初頭から進行している諸学問の劇的な変革を受け止めながら、グラッシは、時代に応じた教養理解を提示し、それにふさわしい新たな「百科全書」を提案するのである。そこでグラッシは「百科全書」の伝統を簡潔に素描し、古代のプリニウス『博物誌』（全三七巻、七七年）やマルティアヌス・カペラ『文献学とメルクリウスの結婚』（全九巻、五世紀）から始まり、中世におけるボーヴェのウィンケンティウス『大いなる鏡』（全四部、一二五七年）などを経て、近代の「百科全書」、とりわけ十八世紀のディドロとダランベールによるフランス『百科全書』（一七五一―七八年）にいたるその歴史を辿ることで、「百科全書」概念の歴史的変遷を強調する。「実存主義的教養」の概念が示すように、知の全体性への衝動は、まさに歴史的状況によって異なった形態をとるのであり、二十世紀にはそれ独自の時代的要求に応じた新たな「百科全書」が要求されるというわけである(47)。なぜなら十八世紀啓蒙主義の時代とは異なり、二十世紀にあっては、「学問を利用可能な知識の完結した体系と捉えることはもはや不可能なのであり、それはむしろけっして完結することのない持続的な過程であって、諸学問の進歩がただちに人類の進歩を意味するわけではない(48)」という新たな局面が生じているからである。学知の総合的体系化が期待され、学知の進歩がそのまま人類の未来への躍進に繋がるという楽観的な希望を抱いた十八世紀啓蒙主義に対して、グラッシが二十世紀における「第二の啓蒙」を語り、「学問の生動性(49)」(Lebendigkeit einer Wissenschaft)を強調する所以である。グラッシはこの「第二の啓蒙」を、「次々と自らを解体し、乗り越えていくような発見の潮流(50)」に参与することと理解し、そうした開かれた知の遂行過程を、ハイデガー的に読み替えられた教養概念に繋ぎ合わせる。こうして現存在の存在遂行としての「教養」理解と、個別領域の学知を含む知の未完結の運動としての「第二の啓蒙」とを統合することによって、「単に知識の実現だけではなく、超越の総体的形成における人間の形成を目指すもの(51)」という、グラッシにとっての「人文主義」ないし「人文学」の理念が構築されることになる。

(2) 反ヒューマニズムと人文主義

グラッシにおいて、「人文学」が開かれた知の実存的遂行として存在論的に捉えられることによって、「人間性《フマニタス》」の理解にもおのずと変更が生じることになる。そこには、『存在と時間』以降、ハイデガーがさらにその思考の深まりを見せた論考『ヒューマニズムについて』（一九四七年）の議論が密接に関わっている。この論考の出版にあたっては、ほかならぬグラッシ自身がハイデガーから直接にその原稿を預かり、スイス・ベルンのフランケ書店で自ら企画した叢書「伝統と課題」の一巻として世に送り出したという経緯もあって、グラッシはそこでのハイデガーの議論を最も近いところで受け取ることになった[52]。「ヒューマニズムに対して、どのような新たな意味を認めるべきか」というボーフレの問いに対する応答として書かれたこの論考で、ハイデガーは『存在と時間』の現存在分析を踏まえながら、「人間」ないし「人間主義《ヒューマニズム》」の語の再考を試み、当時のサルトル的な実存主義的ヒューマニズムのみならず、西欧の「人間主義」の伝統全体に対する自らの立場を鮮明にしている。ハイデガーの解答は、「この〔ヒューマニズムという〕言葉に意味を認めるには、その語の意味を規定し直すほかはない」というものであり、そのために「人間の本質をいっそう原初的に経験すること、そしてこの人間の本質がいかなる点でそのあり方において歴運に応じるものとなるかを示す」ことが必須であるというものであった[53]。ハイデガーは「ヒューマニズム」の概念が、古代ローマにおける「野蛮人」とは異なる「人間らしい人間」、あるいは「動物一般」と異なる「理性的動物」という人間理解にもとづいている点を指摘し、そうである以上、このローマ的人間観、およびその復興としてのルネサンスの人間観は、あくまでも「野蛮人」や「動物一般」との対概念に限定されており、人間の尊厳を認めるどころか、逆に人間存在の本質の原初的経験を隠蔽しているにすぎないと指弾する。

ハイデガーの見るところ、「理性的動物」（animal rationale）というローマ的人間理解は、人間の存在論的規定の点では、ギリシアにおける根源的な存在理解を形而上学的に限定し歪曲するばかりか、根源的な存在了解へ向かう通路を塞いでしまうものである。こうした存在論的歴史観に照らして、西洋的伝統におけるルネサンス「人文主義」、および現代の「人間主義《ヒューマニズム》」は、形而上学的人間理解の末裔とみなされる。そのため『ヒューマニズムについて』では、存在論的に不徹底な「人間主義」に疑念を呈し、「世界‐内‐存在」あるいは「脱存〔実存〕」としての開示性を有する「現存在」を新たに問い直すことが試みられていた。ハイデガーがここで目指したのは、まさしく開かれた人間性の再定義であり、人間観の解体的遡行の実現であった。「ヒューマニズムについて（*über* den Humanismus）」は同時に「ヒューマニズムを超えて（*über* den Humanismus）」という二義性に即して正確に読まれるべきものである。しかもそれは、けっして反人間的・非人間的な価値観の容認や人間性の破壊ということではなく、既存の人間観を前提する伝統的なヒューマニズムよりもはるかに深く人間の本質を捉え直すという要求であった。

「教養」概念の存在論的転換を通じて人間理解を刷新しようとしていたグラッシは、もとより伝統的人間観の解体を目指すハイデガーの「反ヒューマニズムの姿勢」(Anti-Humanistic Attitude)、すなわち人間性の再定義という問題意識に共鳴している。(54) しかしながらグラッシは、イェーガー流の第三人文主義とは異なる路線ではあるにしても、広義の人文主義の問題意識を堅持しようとしていたため、ラテンの伝統およびルネサンス人文主義に対するハイデガーの過小評価は、「人文主義者の著者の詳細を実際には知らない」ところからくる、人文主義の本質に対する「誤認」と映ったのも確かである。(55) そこでグラッシが試みたのは、ハイデガーの存在論的な問題を引き継ぎながらも、人文主義に対するハイデガーの不当な評価に逆らって、古代ギリシア的な人間理解のみならず、ローマ的・ルネサンス的人文主義をも射程に収めうる「人間主義《フマニスムス》〔人文主義〕」概念を提起することであった。この場合「人間主義〔人文主義〕」の概念は、ハイデガーが批判する意味での「人間主義《ヒューマニズム》」と、脱歴史化され存在論化された「人文主義」という両義性をもたざるをえない。歴史的意味での人文主義の核心を保持しながら、同時にそれを現代性と普遍性に向けて開いていくという困難な課題がそこに立ち現れる。そこでグラッシは、ハイデガー的な「反人間主義」に共鳴しながら、同時に新たな「人文主義」を構築するという意味で、いわば「人間主義《ヒューマニズム》」に反対する人文主義《フマニスムス》」というような、語義的に矛盾した尖鋭なテーゼを主張する必要に迫られる。ここで主張されるのが、「人間」を前提としない「人間主義〔人文主義〕」というきわめて逆説的な事態である。

「人文主義の最も中心的な問題は、けっして人間などではない。本来の文脈から考えるなら、問題とすべきは、人間とその世界とが現出する地平、ないし〈開かれ〉(Openness 開き) である。人文主義に関してこうした問題を考えるには、伝統的形而上学との論理的・思弁的取り組みでは不十分であり、言語、とりわけ詩的言語の分析と解釈とが必要とされるはずだが、この点が従来見落とされてきたのは不思議である」[56]。こうしてグラッシは、ハイデガーが提示した現存在の開示性を基礎として、人間を含め一切の存在者が現出する「開かれ」という構造から、人間を「現-存在」として規定し直す方向に就く。しかもその開示性の特権的な場を言語の内に見ることで、言語的文化を中心とする「人文主義」と存在論との接合を図るのである。

(3) ルネサンスとヴィーコ

グラッシのルネサンス理解の独自性は、二十世紀前半にカッシーラーやガレンを代表として展開された新プラトン主義的なルネサンス理解に異を唱え、むしろ「言語」や「修辞学」に定位した人文主義者たちを再評価する点にあった。グラッシのルネサンス解釈では、フィチーノやピコ・デラ・ミランドラを主導者とするフィレンツェのプラトン・アカデミーではなく、ダンテ、ムッサート、サルターティ、ブルーニといった、非哲学的で、いわば修辞学的人文主義者とでも言える思想家・芸術家が前面に押し出される。グラッシのルネサンス解釈では、一切を「一者」に還元する一元論的な新プラトン主義的形而上学の体系に代わり、言語の存在論的理解を背景として、文献学・修辞学の中心的主題であった言語の創造性・多様性こそが、ルネサンス人文主義者の核心と認められる。例えば、ムッサートの詩的言語論において、詩作が「神的技、別種の哲学、世俗の神学」と呼ばれるように、ルネサンス人文主義においては、豊饒な詩的言語が思弁的・哲学的論証に優る高次の技能とみなされ、「象《かたど》る」（fingere）の語に由来する「形象〔仮象〕」（figmentum）を主要概念として、隠喩論・形象論が展開されていく。この形象論においては、詩的形象が自身の外部を言語的に指示することでそれ自身を相対化し、当の有限な言語を超えた「聖性」（sacrum）の次元を開くことが主張される。(57) そこでは、字義通りの意味以外のものを指示する隠喩の多義性が、論理的一義性や客観的真理とは異なる領域を発見する技法として活用される。グラッシは、ルネサンス人文主義の修辞学的伝統における詩的言語のこうした存在論的理解に着目し、プラトン哲学を中心としたルネサンス理解では陰に隠れてしまう言語理解を救い出そうとする。そうした理解によってこそ、現存在の開示性や脱自と重ね合わせられた「教養」概念の具体的実現が可能になるものとみなされる(58)。

こうして、二十世紀における「教養」や「第二の啓蒙」と、ルネサンス人文主義における修辞学とを結合させようとする際に、グラッシにとって格好の導きとなったのが、十八世紀イタリアの思想家ヴィーコであった。十八世紀の修辞学教授という「反時代的」な存在として、ルネサンスの残光とも言える人文主義的思考を展開したヴィーコを、グラッシはむしろ「時代を画する思想家」とみなし、その独自性を現代に甦らせようとする。しかもグラッシはヴィーコを、ハイデガーの枠組みに従いながら存在論的に読解することで、ルネサンスと現代とに通底する広義の人文主義理解を掘り起こそうとする。グラッシにとってヴィーコは、デカルト的な厳密に論理的な思考が規範とされる近代に属しながら、なおも歴史と言語にもとづく人文主義の思考の可能性を探り、近代の只中にありながら近代主義《モダニズム》批判を行った先駆者でもある。「哲学はア・プリオリな概念にもとづくのではなく、具体的な歴史性における現実の表現にもとづくとみなす点で、この思想家〔ヴィーコ〕は際立った特徴をもっている。この要素によってヴィーコは、旧来の伝統的な形而上学や中世の思弁から区別されるだけでなく、デカルトとともに始まった近代思想とも袂を分かつのである(59)」。

グラッシが何よりも注目するのが、ヴィーコが自然科学を範例とするデカルトの合理性を拒絶し、ローマ的・ルネサンス的修辞学を継承した点、そして言語を理性の道具とみなすのではなく、むしろ人間が逆に言語によって形成されるという側面を強調した点である。ヴィーコにおいて、言語こそが人間の歴史性を開示しうる唯一の契機である以上、具体性と歴史性にもとづく人間理解そのものも、言語を通じて初めて獲得されることになる。社会的・政治的背景をもった弁論の術である修辞学（rhetorica 雄弁術）に立脚することで、ヴィーコは理性的な第一原理からの論理的演繹ではなく、「賢慮」（prudentia）や「共通感覚」（sensus communis）と呼ばれる言語的・歴史的世界との親密な関わりの内に、人間理解の本来の場を見出していく。そこでヴィーコは、永遠不変の「第一真理」のみを追求したデカルトの思考（「クリティカ」critica）に対抗し、その「幾何学的方法」からは脱落する「第二真理」としての「蓋然性（真実らしさ）」（verisimilia）こそを、言語によって開かれる具体的・歴史的思考（「トピカ」topica）の特徴とみなす(60)。

グラッシはいくつものヴィーコ論の大半において、ヴィーコをデカルトとの対比で捉え、「クリティカ」とは異なる「トピカ」の領域こそを、思考の新たな次元として強調している。クリティカとトピカの対立は同時に、自然科学の客観的「真理」と修辞学的な「蓋然性」という、真理規範のあいだの争いでもあった。修辞学がモデルを提供する「蓋然性」とは、唯一の原理や規範によって真理を判定するものではなく、むしろそのつどの個別的状況に応じて変容する可変的で多様な規範を具現する。それは唯一の真理規範にもとづいて誤謬を除外する排他的思考ではなく、歴史的・具体的状況の多様性に巻き込まれながら、その時々での最善の選択を行う柔軟な思考を意味する。その点で「蓋然性」とは、いわば真理の複数性を認め、可能な真理同士の比較を可能にする発想であり、グラッシの表現によれば、「純粋な諸可能性の領域の肯定」(61)でもある。こうしたヴィーコの着想に拠りながらグラッシは、新プラトン主義の「一者」の形而上学とは異なり、また「第一原理」にもとづくデカルトの体系とも一線を画す言語的・歴史的思考を提唱し、複数的で多元的な世界開示の可能性を「人文主義」の名のもとに強調するのである。(62)

キケロが規定した修辞学の体系的区別で見るなら、「発見・判断・美辞・記憶・演示」の五分野のうちの第一段階「発見」(inventio)に対応する「トピカ」は、演説の主題や独創的な表現法を発見する想像力の技法である。(63)そこで必要とされるのは、論理的・科学的な帰納や演繹ではなく、「メタバシス〔移行〕」とも言うべき、異なった領域への発想の転換、あるいは着想の飛躍である。(64)予想外のところに類似を見出し、新たな議論の主題を発掘する「機知」こそが、修辞学的弁論に光彩陸離たる輝きを与えるのであり、グラッシもまた、想像力のそうした行使にこそ、論理的思考力とは異なった世界開示の豊かさを認めている。修辞学や詩論においては、古代修辞学のキケロやクィンティリアヌスの時代から、「類似」（analogia）の発見としての「才気」や「詩的隠喩」（tropus）の理論が展開されており、そこには例えば、ペレグリーニの「妙技」（acutezze）論やテサウロの「機知」（argutezze）論、そしてヴィーコの「才知」（ingenium）論など、バロック期に向かってますます亢進していく構想力論の系譜を確認することもできる[65]。グラッシにとって、まさにこうした修辞学的構想力こそ、現実的で具体的な言語が、それ自身の論理的能力を超えて、自身とは異なった次元へと一挙に飛躍し、「聖性」とすら呼ばれる超越の次元を切り開くことを可能にするものであった。歴史的・社会的に条件づけられているはずの言語が、「形象」として現実を象《かたど》りつつ現実を超えていくその言語的構造に、グラッシは一種の内在的超越の場を見て取り、その開示性の内に、伝統的な「人間」を前提とせずに、むしろそれを拡張し深化させる言語的・修辞学的人文主義の可能性を探っていった。

三　アウエルバッハと日常性の解釈学

（1）「人文科学のコペルニクス的発見」

グラッシが依拠したヴィーコは、デカルトの哲学とは別の学的理念を追求し、自らの営為を名指すために、独自の「文献学」概念を提起していた。そのためヴィーコの「文献学者」の理解は、『新しい学』（一七二五年）に記されているようなきわめて外延の広いものである。「哲学は理性を探求し、そこから真理の学が成立する。文献学は、人間の意向が鍵を握っている領域を考察するのであり、そこから確実性の意識が生じてくる。この公理の後半からして、諸民族の言語と行為の認識を行う文法学者、歴史学者、批評家の一切が、文献学者と呼ばれる」(66)。こうしたヴィーコの文献学の理念をグラッシとも共有し、しかもグラッシよりも時期的にやや先にヴィーコに関心を寄せたのが、のちにフォスラー、クルティウス、シュピッツァーとともに二十世紀のロマンス語文献学を代表することになるアウエルバッハである(67)。アウエルバッハはその研究生活の初期の段階で、ヴィーコの主著『新しい学』独訳（一九二五年）とクローチェ『ヴィーコの哲学』独訳（一九二七年）を公にして(68)、ドイツにおけるヴィーコ再考の魁《さきがけ》になり、ヴィーコの創造的読解を通じて自らの文献学の思考と方法を構築していった。アウエルバッハにおいてヴィーコの『新しい学』は、「文献学の哲学的批判」であり、「哲学的文献学」ないし「解釈学的文献学」の綱領とみなされる。その場合、ヴィーコの「解釈学的文献学」の対象と考えられるのが「確実性」の探求である。ただしヴィーコの語る「確実性」とは、方法的懐疑によって獲得されるデカルトの「絶対に疑いえないもの」ではなく、「歴史的に与えられたもの」[69]であり、「定立」（Thesis）の意味で人間によって作られたもの、つまり端的に社会や制度といった「人間的事象」にほかならない。そのためアウエルバッハのヴィーコ解釈においては、「蓋然性」概念を強調するグラッシの解釈と異なり、真理基準の取り方という認識論的問題よりも、人間が制度や歴史を形成するという文化的実践の側面により重きが置かれることになる。混沌とした原始的起源の状況の中から、人間がいかにして自らの生と文化の実現のために、何らかの「確実なもの」を形成し、かつまたそれを変形していくかという問題が、ここでは主要な課題となる。この点でアウエルバッハは、グラッシにもまして人間の歴史性や言語性・社会性を重視し、「人文学」の具体的な領域に踏み込んでいく方策をヴィーコの文献学の内に見出そうとしていたのである。

ヴィーコを理論的背景とする「解釈学的文献学」には、「言語活動をあらゆる角度から、地理的・社会的広がり全体において検討すること、しかも言語活動を、人間と共に活動し、それを常に創造する人間と共に生起し、したがって結果的には永続的に進展する持続的創造(création perpétuelle)として考察する」[70]言語学的構想が含まれる。それはすなわち、人間本性の全体を、言語活動の出来事、および「持続的創造」に喩えられる人間の創発性との相関関係にもとづきながら考察するものである。解釈学的文献学にとっては、人間によって定立された「確実性」——人間によって作られた制度や文化——こそが対象である以上、そこには絶えず自らを作り替えながら変化する人間の姿が的確に描写されることになる。同時にこの文化形成の生産的活動には、人間が環境や社会を創造しつつ、逆にそれによって自身が影響を受け変化していくという一種の循環が認められる。創造することによって創造されるというこの両義性が、人間の本性を創造的で発展可能なものとする。そのためヴィーコの語法では、人間の「本性〔自然〕」(natura)が「生成・誕生」(nascimento)と同一視されるのであり、その点はアウエルバッハも、「人間本性」の根本的な歴史性の思想として強調するところでもある。ヴィーコにとっての「本性」とは、「絶対不変の人間本性」などではなく、むしろ端的に「歴史的発展」を意味する。「人間的事象の本性」とは、「歴史的発展の本質」と同義であるというのが、まさにアウエルバッハがヴィーコから引き出す洞察なのである[71]。したがって、「文献学は、人間が歴史的存在である限り、人間の学問の総体である」[72]。つまり「文献学的解釈学」は、人間の創造物・制作物（「確実なもの」）の理解という点では、「認識されたものの認識」という意味での解釈学であり、しかもその歴史的思考は、「ヘルダーからシュレーゲル兄弟を経てJ・グリムにいたる運動、つまり歴史的発展と、それが実現される時代ごとの民族精神の思考を、文献学の包括的な統制理念にまで高める運動」[73]に根差している。つまりアウエルバッハの「文献学的解釈学」とは、ドイツ人文主義的な歴史意識に依拠しながら、それをヴィーコの文献学によって補強することで、歴史理解と言語理解との結合を目指すものであった[74]。

「人間の本性」を「歴史の機能」[75]とみなすヴィーコの思考、およびそこに見られる「歴史的本性」とでも言うべき発想を、アウエルバッハは「人文科学のコペルニクス的発見」と呼ぶ[76]。人間についての思考を、永遠不変の「本質」という理解から解き放ち、歴史的に変遷する可変的・可塑的存在として人間を捉える点で、アウエルバッハにおいても、「人間の本性」の転換、「人間性」の再考が試みられているのである。グラッシが、形而上学的な「本質」概念を解体するハイデガーの「ヒューマニズム」論に刺激され、なおかつヴィーコの認識論に依拠することで、「教養」概念の存在論的な再構築とともに、脱人間中心主義《ヒューマニズム》的な人間の再定義を進めていたのと同じように、アウエルバッハはヴィーコの「歴史的本性」の理解をさらに強調して、人間性の再構成の場を歴史的表現の次元に求めようとする。ヨーロッパの文学作品の文献学的解釈を通じて、歴史意識をますます先鋭化させたアウエルバッハは、解釈学的な歴史理解をもとに、とりわけ主著『ミメーシス』に代表される一種の哲学的文献学を実践していくのである。

また、『ミメーシス』についての理論的補遺といった性格をもつ最後の著作『中世の言語と読者』（一九五八年）の序論「目的と方法」や、論考「世界文学の文献学」（一九五二年）などでは、歴史認識にともなう「歴史的相対主義」（historischer Relativismus）ないし「歴史的遠近法主義」（historischer Perspektivismus）といった理論的な問題にも積極的に取り組み、「理解を遂行する者と同様に、理解されるべき事象に関わる」「二重の歴史的相対主義」(77)が反省的に論じられる。そこでは、歴史認識の主体そのものが、同時に歴史認識の客体にもなるという二重性が示され、歴史の認識主体そのものの歴史的形成という解釈学的な問題意識が明確に表現されている。これらを通じて示されるアウエルバッハの解釈学的文献学は、歴史を考察する視点そのものを歴史内部に組み込むという徹底した歴史的相対主義にもとづき、恣意的で歴史外在的な基準を一切容認することなく、人間の本性を歴史的に多様な実現形態の内でその動態のままに取り出すことを目指すことになる。

（2）「永遠の理念史」

人間の本性が根本的に歴史的であり、時代を超えた絶対的な規範や観点が存在しえない以上、そこには同時に、一切を平準化し無効化する虚無的な相対主義――アウエルバッハの言葉では「折衷主義」（Eklektizismus）――の危険がつきまとう。多様な価値の承認は、底なしの未決定や観点の乱立を招き、真理の理念を脅かしかねない。そこでアウエルバッハは、ヴィーコの「永遠の理念史」（storia ideale eterna）という構想を、歴史認識の本質に関わる洞察として引き合いに出し、歴史的相対主義と歴史の法則性との緊張関係をあらためて主題とする。そうした方法論的考察を展開した『中世の言語と読者』の「目的と方法」、あるいは一連のヴィーコ論において、アウエルバッハが特に重視するのが、ヴィーコ『新しい学』の「原則一四」である。「（人間的・社会的）事象の本性は、特定の時代において、特定の様式のもとでのその事象の具現化の過程にほかならない。時代と様式が一定であるなら、そこから具現する事象も一定であり、別様に起こることはありえない」。ヴィーコのこの一節に拠りながら、アウエルバッハは、この原則の前半で叙述される歴史的相対主義と、後半に述べられる歴史の「法則性」への洞察との相関関係を積極的に示していく(78)。

アウエルバッハの見るところ、ヴィーコにとって問題となるのは、人間本性の歴史的生成と同時に、その生成を全体として考察する際の「法則性と一般性」[79]である。そうした歴史の発展法則は、神話時代・英雄時代・理性的時代といった三段階に定式化され、それに応じて、人間の本性も「詩的ないし創造的本性」「英雄的本性」「人間的本性」という三様式で記述される。しかもその系列は、絶えず循環し反復される「回帰」(ricorso) として生起するため、文明の歴史には常に発展と退行の両者の契機が認められ、それらの反復が一定の定型的なパターンになっている。そのような歴史的定型を考察する「歴史の形態学」[80](Morphologie der Geschichte) は、ともすると一般的な循環史観とも見えるが、ヴィーコにおいて重要なのは、この「永遠の理念史」の思想も、歴史にとって外在的な客観的視点から語られるのではなく、「人間精神の潜在的諸能力」[81]の内に見出せるという点である。そこには、人間が作ったものを認識できるのはひとり人間のみであるという見解、すなわちヴィーコ独自の「真なるものは、作られたものである」(verum factum) の原則が前提とされている。この原則の内には、人間的事象に関する認識は同時にその事象の意味の創造であり、了解可能性は同時に構成可能性であるといった超越論的着想が含まれる[82]。そのため、歴史の法則性が語られる場合も、それはあくまでも人間の創造的な理解能力との関係で提示されなければならない[83]。こうして、文化の発展と循環の図式は、人間の「形成能力〔諸様態〕」(Gestaltungskräfte; modificazioni)、ないし「共通感覚」

(senso comune) と呼ばれる主観的で多様な様式を通じて発見される。それゆえ、「永遠の理念史」という法則性も、歴史を整理する外在的図式ではなく、あくまでも解釈学的原則に貫かれた歴史理解の構造性と言うべきものなのである。[84] つまり、人間の「形成能力」という概念の内には、認識主体と認識対象との相関関係が想定され、そこからはまた、歴史全体の精神的・解釈学的な理解——アウエルバッハが語る「精神史」[85] (Geistesgeschichte) ——への展望が開かれるのである。

「歴史的本性」と「永遠の理念史」という、一見矛盾するかに思えるヴィーコの二つの根本思想が、その内実において緊張をはらみながらも、本質的にはいかに一体をなすものであるかを洞察することが、アウエルバッハの精神史的な文献学にとっては重要であった。それはつまり、歴史における特殊性や一回性を単に経験的な事実と捉えるのではなく、そこに理念性との関係を洞察するという発想である。特殊的・具体的なものと理念的なもの、ヴィーコ的に言えば、人間的事象の「確実性」(certum) と神的・理念的な「真理性」(verum) とのあいだには原理的な差異が存在するが、その差異においては同時に「代理＝表象」(Repräsentation) の関係が成立するという思考こそが、アウエルバッハの文献学の鍵となっている。[86] 人間の歴史性と矛盾しない理念性の理解という、理論的にはきわめて困難な隘路を、アウエルバッハはヴィーコを先導者として歩もうとするのである。

（3）「世界文学の文献学」

アウエルバッハがヴィーコから汲み取ったのは、人間の歴史的・具体的現実にどこまでも肉薄することによって、その多様な現実の内に理念の具現化を見抜くという思考であった。その際に、具体的現象と理念、有限性と無限性との緊張関係を媒介するものとして、アウエルバッハが注目したのが、ヴィーコの言う「想像的普遍」（universale fantastico）、すなわち想像力にもとづく詩的言語である。修辞学の伝統にもとづきながらヴィーコが提示するこの「想像的普遍」とは、とりわけ古代民族の「崇高で隠喩的な言語の具体的実念論《リアリズム》」において働く象徴的・隠喩的語法を指している(87)。古代民族の神話において最も顕著に示されるこの思考形態は、「〈名前〉（nomen）と〈自然〉（natura）の同一視(88)」を前提として、実在と一致する根源的な言語のモデルを提供する一方で、経験的な現実の内に理念が具現化する媒介のあり方を示すものでもあった。「人間言語の実在性‐共通性‐自然性は、歴史的変化の中でのみ、それゆえ多様性の中でのみ現実化する(89)」。アウエルバッハがこう語るように、ヴィーコの「想像的普遍」の思考は、言語性と歴史性との交錯のもとで、個別的具体性と全体的理念性の両項を類比によって媒介していくアナロジーの思考と理解される。[90] そのためアウエルバッハの文献学の目的は、言語的に表現された歴史的作品を通じて、具体性と理念性の関係を、両者の緊張を保ちつつ媒介することであった。

文献学者アウエルバッハにとって、優れた作品の価値とは、確かな現実描写の内に含まれる理念性の表出にある。もとより個々の作品や描写は具体的で個別的なものであるため、そこに理念が全体として顕現することはない。ヴィーコにとっても、アウエルバッハにとっても、歴史や言語は人間の有限性を意味するのであり、そこに何らかの啓示や神秘的象徴といった理念の直接的な顕現が生起することはありえないからである。「プラトン的な真理は、歴史の中のあらゆる時代にもその様相のひとつが実現されるが、それらのどれも真理を全体として含んでいるわけではない。歴史の流れを見渡す構想、ないしは歴史全体の中にのみ真理は存在する。そして歴史全体の流れを理解することによってのみ、真理は認識されうる」[91]。そのためアウエルバッハの文献学的解釈では、歴史的に多様な形態をとる文学作品の個々の描写に即しつつ、その具体的描写を通じて、世界や人間、あるいは思想や文学に対する総体的な理念を喚起することが目指される。その点でアウエルバッハは、読解の対象とする個々の作品や表現を、いわばヴィーコの意味での「想像的普遍」とみなしているのである。ヴィーコにおいて「想像的普遍」は、それ自体があくまでも具体的で個別的な形象や表現でありながら、普遍的内実を具現するものであったのと同様に、アウエルバッハにおいては文学作品の個々の描写こそが、具体性から理念性へと突破するための起爆剤であり、現象と理念を架橋する媒介となる。

歴史上の個別的な文学表現に立脚しながら、理念的に構想された歴史全体を人間の統一的表現と理解する文献学を、アウエルバッハは、ゲーテ時代の人文主義を念頭に置きながら、「世界文学の文献学」（Philologie der Weltliteratur）と呼ぶ。「単に資料の発見やその研究方法の育成に関わるだけでなく、さらに進んで人類の精神上の歴史や、その多様さの内に潜む人間の統一的な観念を獲得する」ことこそ「ヴィーコとヘルダー以来、文献学本来の意図であった」ことを想起しながら、それをゲーテ時代とは歴史的条件の異なった現代において再構築することが、アウエルバッハの言う「世界文学の文献学」の狙いである(92)。諸民族の多様性が顕著であったゲーテ時代とは異なり、「世界全体化《グローバリゼーション》」が加速する現代では、精神的交流や諸民族の宥和といった十八世紀的人文主義の理想を、そのままのかたちで継承するわけにはいかない。実際に地球規模で世界が統合される二十世紀以降の現実の前では、「人間の統一的な観念」、あるいはそもそも「ヨーロッパ」なり「世界」なりといった名称さえも、いよいよ空虚で便宜的な集合名詞となりつつあるからである。

そのため「世界文学の文献学」にとっては、十八世紀人文主義のように、理論的な統一として「人類」といった概念を構想するのでもなく、また実践的・政治的に世界の宥和を説くのでもなく、もろもろの民族や時代の相違を際立たせながら、理念的統一としての歴史全体との緊張の内でそれらを新たに捉え返すことが必要となる。そうすることによって初めて、単なる名目上の統一にまで薄められた現代の唯名論的な「人間」理解に再び新たな意味を吹き込み、「人間」の概念にその内実を取り戻させることができるはずなのである。「われわれの世界文学の文献学という考えは、かつての文献学に劣らずに人間的であり、人文主義的なのである[93]」。

一切を歴史的相対主義の内に解消するのでもなければ、論理的・抽象的に理念を考察するのでもなく、まさに歴史感覚と理念的憧憬とが交叉する地点に「世界文学の文献学」の構想が成立する。歴史を客観的な視点から総括するのではなく、歴史の内部にとどまりながら、なおかつその全体性を理念的に見届けようとする意味で[94]、この「世界文学の文献学」の構想には、ヴィーコの「永遠の理念史」の思想が確かに反響している。それはまさしく、ヴィーコにおいて示されていた「生成」としての「人間本性」の理解であり、歴史的現実にもとづいた人間性の再定義という意味で、人文主義的な問題提起なのである。

（4）人文主義の世俗性とリアリズムの理念性

アウエルバッハの言う「人文主義」を理解するにあたって、十五世紀のイタリア・ルネサンスでは、世俗的な「人文学〔人間性の研究〕」（studia humanitatis）の名称は元来、宗教的な「神性の研究」（studia divinitatis）の対義語であったことを、ここで思い起こすのも無駄ではないだろう。(95)「世界文学の文献学」は、具体的現実に踏みとどまりつつ人間を考察するという点で、まさしく現実的であり、世俗的なのであり、けっして現実から遊離した超越的・抽象的なものではない。「世界文学の文献学」の具体化である主著『ミメーシス』が、「ヨーロッパ文学における現実描写」という副題をもっているように、アウエルバッハは現実の具体性に密着した個々の表現を重視し、作品の中で描写される「現実」に定位する。しかもそこで語られる「現実」は、けっして特権的な出来事や特異な事件を指すわけではなく、むしろ人間がありのままの姿で生きている「日常」を意味している。(96)そのため、旧約聖書やホメロスから二十世紀のヴァージニア・ウルフの『灯台へ』（一九二七年）にいたるまでのヨーロッパの多様な文学表現を分析する壮大な『ミメーシス』が、その個々の分析で取り上げるテクストは、対象作品の山場《クライマックス》なり大団円などではなく、むしろごくありふれた日常を記した単純な描写であり、通常の読書では特に立ち止まることもないまま読み流されてしまう一節なのである。このような対象テクストの選択の内にも、アウエルバッハの作品理解、あるいは現実理解のあり方が示されている。文学的表現は「日常」の現実を映し取り、人間の具体的生を損なわずに描写することによって、その具体性の内に理念性や全体性への眼差しを開くといった洞察こそが、アウエルバッハにとって決定的であった。その点で、アウエルバッハは、「事実的な日常性の中で生きている人間を、同時にその内的人間性の十全の充実と深みにおいて示そうとしている」[97]文学作品を重視し、スタンダールやバルザックの「リアリズム」の内に、ヨーロッパ文学における現実理解と現実描写の転換点を見出す[98]。フローベール『ボヴァリー夫人』（一八五七年）に託して語られるように、ごくありふれた市井の生活を通じて人間の情念や欲望を描き出す「日常性の真摯な模倣《ミメーシス》」こそが、事実の忠実な描写である以上に、その内に人間の全体性を宿らせるものであり、いわばヴィーコ的な「想像的普遍」の役割を果たすものと理解されている[99]。

『ミメーシス』は、「人間の自己理解（Selbstanschauung）の変遷の表現としての西洋リアリズムの歴史」と規定されているが、ここでの「リアリズム」は、十九世紀の文学様式である自然主義や写実主義のみを指すわけではない。アウエルバッハにとって「リアリズム」が重要であるのは、それが文学史上の概念を超えて、日常的現実の描写全般、あるいは世俗性・日常性一般を意味するためである。世俗性・日常性としてのリアリズムに寄せる関心は、アウエルバッハがヴィーコの翻訳に続いて公刊した初めての研究書『地上世界の詩人ダンテ』(一九二九年)にも顕著に示されている。この標題での「地上〔世俗〕世界」(irdische Welt)とは、「天上世界」(himmlische Welt)ないし「神的世界」(göttliche Welt)と区別された「世俗」を意味すると同時に、「大地」(Erde)に由来する「地上」の確たる実在をも含意している。ダンテの『神曲』では、地獄・煉獄・天国という彼岸的世界が舞台であるにもかかわらず、中世的な幻視文学とは異なり、そこに描かれる人間が生身の世俗性と実在性《リアリティ》をもって、いわばその日常性と現実性において叙述されているという点が、アウエルバッハのダンテ解釈の中心的論点をなす。「彼岸にある人間が地上での人間像の統一性(irdische Gestalteinheit)を失わず、最終的に確定している点にこそ、『神曲』をそれ以前のあらゆる幻視文学から根本的に分け隔てている相違である。そのため、『神曲』の演じられる舞台から、詩的な意味が汲み取られ、強烈な現実感覚が示される。……『神曲』の彼岸世界には、地上世界が含まれているのだ(100)」。

ここから理解されるように、アウエルバッハがダンテの内に読み取る「現実感覚」とは、地上的現実の内に彼岸的世界を呼び込もうとする強烈な理念性の感覚であり、内在の内に超越の痕跡を読み取る越境的な感性である。『ミメーシス』において詳細に取り上げられ、繊細な読解の眼差しのもとに読み解かれるように、例えば『神曲』「地獄篇」第一〇歌にあって、横たわった棺の中から荘重に身を起こすファリナータは、地獄という裁きの場においてもなお、ゲルフ党とギベリン党の政争といった地上の俗事に心奪われており、同様に棺から現れるカヴァルカンテは、彼岸世界での場所を神によって定められながらも、なお地上に残した息子グイドの身を案じ、友人であったダンテにその消息を尋ねるのである。(101)「ダンテは地上の歴史性を自らの想像した彼岸へと導入した」のであり、「変転のない永劫に投影されたリアリズム」を実現している。(102)アウエルバッハのこうしたダンテ読解は、『神曲』の内に、歴史的な現実と理念的な運命との唯一的な合致、個人的な生と普遍的理念との融合を読み取ったシェリングやヘーゲルのダンテ解釈に大きな影響を受けている。(103)ヘーゲルは『美学講義』において、『神曲』の特異性を、まさしく永遠性と歴史性の緊張と合一の内に見ている。(104)「〔『神曲』では〕個別的な事実に代わって、永遠の行為、絶対的な究極目的、神的愛といったものが、永遠の現象が生起する不変の三つの圏域たる地獄・煉獄・天国に住まう者に象られて現れるが、人間の行為と苦悩、さらに個々人の活動や運命に満ちた精気溢れる世界は、変転なき存在の内に沈められる」。(105)永遠性と理念が現実の姿と肉声をともなって生々しく現れる一方で、現世的な地上の活動はすでに決済され、固定された神の摂理のもとに存在するといった特異なリアリズムが、ヘーゲルによって洞察されている。アウエルバッハがダンテに託して語る「リアリズム」もまた、文学史的意味での写実主義をはるかに超えて、むしろその言葉のきわめて根源的な意味で、スコラ学的な「実念論《リアリズム》」の意味合いを響かせている。それゆえアウエルバッハが構想する文献学とは、バルザック的意味での「人間喜劇」(Comédie humaine)が、ダンテ的意味での「神的喜劇〔神曲〕」(La divina commedia)と触れ合う地点を探り当てること、そして「リアリズム」の内に実念論を読み取る視点を確保することにほかならない。

四　形象《フィグーラ》の文献学

(1)解釈学と文献学

思想家グラッシと文献学者アウエルバッハは、歴史的意味での人文主義に依拠しながらも、その内容を現代にとって有意味な仕方で革新していくところに、「人文主義」の本義を見ていた点で、二十世紀における人文主義の創造的展開を考えるにあたって大きな意味をもっている。グラッシとアウエルバッハのあいだには現実的な交流は認められないながらも[106]、ヴィーコへの関心を共にしていることもあって、二人の着想や思考にはきわめて多くの類似を見出すことができる。グラッシはハイデガーに依拠して、存在論的な人間理解をヴィーコ的な人文主義に接合し、アウエルバッハは同じくヴィーコに拠りながら、歴史の理念的統合としての解釈学的文献学を構想する。もとより、グラッシの思考と表現にはきわめて哲学的な色彩が強いのに対して、アウエルバッハは人文学の具体的実践として、個々のテクスト解釈に専心するなど、各々の学問上のスタイルには顕著な相違があるのは事実である。しかし、言語と歴史の捉え方、人間本性の発生論的理解、経験と超越の宥和、知の全体性の復権、「百科全書」（グラッシ）と「世界文学」（アウエルバッハ）など、目的とする理念に関しては、両者ともに共通する方向が窺えるのである。

グラッシとアウエルバッハに共通する関心は、広い意味では、十八世紀末から二十世紀初頭にかけての解釈学の潮流に属するものとみなすことができる。しかし彼らの試みをより正確に理解するためには、この解釈学の伝統の内に、古典文献の精査を目指すF・A・ヴォルフから始まる文献学の方向と、シュライエルマハーによって神学と結びつけられた解釈学の二系列、つまりは古典文献学と聖書解釈学の二系統が複雑に絡み合いながら存在することを確認しておく必要がある。ヴォルフの『ホメロス叙説』（一七九五年）においては、ホメロスの『イーリアス』と『オデュッセイア』が、一人の著者によって一貫して書かれた統一的な作品ではなく、さまざまな時代に由来するテクストの総体と理解され、それぞれのテクスト層の文献学的分析が企てられた。そのためヴォルフの構想する文献学とは、ホメロスという「著者」の意図や「作品」の意味を同定することではなく、むしろ「著者ホメロス」を解体し、それを多様なテクスト層へと解消する作業を徹底して行うものであった。ヴォルフの文献学はそれゆえ、「著者」概念を宙吊りにし、「作品」を未完結で開かれたテクストと捉える方向をとる点で、二十世紀以降のテクスト論とも親和性のあるものと理解できる。それはまさに、理解されるべき意味を前提することなく、「非理解」（難解さ Unverständlichkeit）の状態にとどまりながら、テクストと意味の生成に注目する文献学であった。

これに対してシュライエルマハーは、ホメロスなどの古典解釈よりも、聖書解釈学や神学を模範とすることで、意味の全体性や完結性を目指す傾向を強めていく。シュライエルマハーは、「意味」の概念を哲学と神学から導入することで、テクストの内在的「意味」を累積的・漸進的に全体化されるものと捉え、その全体的意味に近づくための方法論・技術論を構想する。シュライエルマハーが構想したこの「理解一般の技術論」は、同時に意味に関する哲学的理論としての「一般解釈学」へと展開され、それがやがてはディルタイやガダマーが構築した了解の一般理論としての哲学的解釈学に結実していくのである。ここで企図される解釈学とは、意味全体や了解一般の理論であるため、そこでは、「著者の意図」にしろ、「全体地平の先行投企」にせよ、何らかの全体性が——固定したものとしてではないにしても——想定されることになる。シュライエルマハーにとっての解釈学は、生と言語を精神の概念によって媒介するものであり、解釈学的循環とは、部分と全体の連続的な関係にもとづき、全体的意味を構成する精神の理解構造を端的に表わしている。(107)

その一方で、ヴォルフの文献学を忠実に継承し、文献学の遂行によって意味理解のあり方そのものや、それに対応した哲学理解をも変貌させようとしたのがF・シュレーゲルであった。完結した全体的意味を想定することなく、むしろ理解を留保したまま、テクストの細部とその運動に付き随おうとする文献学が、シュレーゲルにおいては思考の無限性を示唆するものと捉えられ、非体系的で生きた哲学のモデルとされる。すでに見たように、動詞としての「哲学すること」と「文献学すること」とが同一視され、そこに生と思考の動態を見るのが、シュレーゲルの言う文献学の狙いであった。シュレーゲル的文献学にとっては、体系的で包括的な意味の「理解」(Verstehen) ではなく、「非理解〔難解さ〕」(Unverständlichkeit) が主要概念となり、完結した有限な理解の打破と、開かれた思考の限りない展開という点で、この「非理解」が「無限性」と重ね合わせられていく。(108)

ここでの無限の開放性は、解釈学的循環が示唆する意味の創造的拡張との類似性をもちながら、循環が展開される場として何らかの全体地平を想定するのではなく、むしろ循環の根底に、理解を凌駕する無限性の契機を認めるものである。シュレーゲルの語る「非理解」はしたがって、理解と対立するものではないが、循環による意味の拡大という有機的成長のモデルには吸収し切れない飛躍と断絶をはらみ、予測可能な意味地平を攪乱する要因をそれ自体の内に抱え込んでいる。体系的な意味の総合よりも、個別的な具体的現象を、全体的な文脈に解消することなく、その個体性のままに捉えようとする点では、シュレーゲルの構想する文献学は、哲学的解釈学における意味理解とは別種の思考回路を開いていく。ヴォルフから発するこうした「非理解」の文献学の系譜は、のちに「文献学者」ニーチェに継承され、「ホメロスと古典文献学」（一八六九年）においては、ヴォルフ同様にホメロスを対象として、著者や作品といった完結した単位が解体されていく。(109) そこでは、「ホメロス問題」に関する文献学の功績が、「ホメロスの詩を、人格という補助手段をことさらに借りることなく、しかし多くの人物の作品として構成しようとするきわめて周到な実験(110)」とみなされ、著者の「人格」という概念を宙吊りにしたテクスト解釈が提唱され、やがてはそれが『悲劇の誕生』（一八七二年）において、多重的で複合的なギリシア理解へ収斂していくのである。(111)

このような概括的な整理をするなら、二十世紀になってグラッシとアウエルバッハ、あるいはクルティウスが展開した文献学的思考も、まさしくヴォルフ–シュレーゲル–ニーチェの非完結的な文献学の系列に属するものと考えることができる。実際にアウエルバッハは、ヴィーコが『新しい学』の「真のホメロスの発見」において、ヴォルフよりもはるか以前に、著者としてのホメロスの解体を試み、多様なテクスト層への還元を行っていたことを高く評価し、ヴォルフ的意味での文献学の起源をヴィーコの内に求めているほどである。[112] クルティウスもまた、「十九世紀の古典文献学はフリードリヒ・シュレーゲルやニーチェのような人文学の真正の、大胆な人文主義には耐えられなかった」[113] と述べ、人文主義本来の可能性を、シュレーゲルやニーチェの文献学の内に見て取っている。そしてグラッシが、ヴィーコやルネサンス人文主義に依拠することによって、理性論的・近代的な哲学理解の陰に隠れ、哲学の中では軽視されてきた修辞学の伝統を掘り起こし、論証や証明とは別種の詩的言語の可能性、特に「論証的言語」(beweisende Sprache)[114] とは異なった「指示的言語」(zeigende Sprache)や「詩的言語」の役割を強調したとき、あるいは論理的で正調な言説に対して、ルネサンス諷刺文学の「狂気」や「愚者の知」を優先するとき、[115] グラッシもまた、合理的「理解」と一線を画した「非理解」の方向に大きく舵を取ったと言うことができるだろう。

(2)『イオン』の解釈学と像の経験

十九世紀以降の解釈学に見られる文献学的傾向と解釈学的傾向の二系統は、ヴォルフも『ホメロス叙説』で着目していたプラトンの『イオン』に、その最古の表現を見出すことができる。この『イオン』では、ホメロスの作品の内容を理解するために、その「技術と知識」を探求しようとするソクラテスと、ホメロスを単に口伝えに吟誦する吟誦詩人とが対比され、普遍的な全体を理解する哲学的なホメロス像が強く打ち出される。そして、そうした真正な哲学的探求と異なり、内容を理解することのないままホメロスを吟じている吟誦詩人《ラプソドス》は、「神懸かり」による「神々の取り次ぎ人」とみなされ、吟誦詩人の才能は——いささかの皮肉とともに——「神々の麗しい賜物」と呼ばれる。『イオン』におけるこの区別になぞらえるなら、シュライエルマハー以降の哲学的解釈学は、「了解の技術論」として、まさに「技術と知識」を求めるソクラテス的方向を採ったのに対して、ヴォルフ的文献学は吟誦詩人イオンの道を択び、意味の了解という哲学的解釈学とは異なる可能性を模索していったと考えられる。ヴォルフやシュレーゲルに発する文献学は、いわば「神懸かり」という「非理解」の内に、学問的・方法論的な意味理解によっては到達できない次元を見ようとするのである[116]。そしてグラッシもまた自らの修辞学〔雄弁術〕理解の展開に際して、『イオン』の吟誦詩人論を重視し、しかもプラトンの元々の文脈を読み替えることで、哲学者に対する吟誦詩人あるいは雄弁家の優位を繰り返し主張している。グラッシは、ハイデガー的な芸術理解を踏まえながら、プラトンでは「神懸かり」と呼ばれて二次的とみなされる詩的・修辞学的言語が、むしろ「技術と知識」とは異なった仕方で「事物の変容」に寄与し、世界の「異なった秩序」を開示することを主張する。芸術的経験は、普遍的な知へと上昇する「学知」や「技術」とは別の仕方で世界理解に繋がる扉を開くものとみなされる。「〈吟誦詩人と〉詩との関係は、全体性や〈詩の〉総体的本質の知識ではなく、……〈個的なもの〉の開示なのである。……詩的言語は、哲学的言語とはまったく異なった経験に由来する[117]」。

こうしてグラッシは、了解や理性的把握という「意味」のモデルを離れ、個的・具体的表現の個体性・現実性に注目していく。「詩人の個的生は断じて主観的な何ものかなどではない。その逆にそれは客観的な何ものかであり、根源によって占拠された〔besessen 取り憑かれた〕ものなのである。……それは、そうと知ることのないまま、神的なものに取り憑かれることである[118]」。ここでは、意味了解という概念に暗黙の仕方で含まれる理解の主体や主観性の想定が拒絶され、非普遍的で非主観的な次元の内に超越へと繋がる契機が求められる。グラッシにおいては、『イオン』によって「神懸かり」と呼ばれた事態が、実存の脱自構造と重ね合わせられ、吟誦詩人の「熱狂」や「意識喪失」(Bewußtlossein)という「非理解」が、意味の平面を超出する脱自の運動性として非主観的・存在論的に解釈される(119)。そこでは、解釈学的循環によって理解の地平を段階的に拡張していく哲学的解釈学の方法論とは異なり、いわば地平的次元そのものを突破し、新たな世界理解へと超出する根源的な脱自《エクスタシス》(忘我)が問題となる。それは意味を了解する「人間」や「主観性」という発想を打ち破り、言語の具体性・自立性に最大限の役割を認めることでもあった。

グラッシにおいては、「個的なもの」の経験を通じて、その経験を超出する次元を開示すること、しかもそれを意味理解の拡大としてではなく、具体的な経験の内に宿る理念の輝きとして探り当てることが最大の課題となる。「経験とは、もろもろの現象の踏み越え(超越)の最初の試み、しかも口籠りながらなされるような試みである」。「経験はそのときどきに、寸断されたいた世界を伝えるのであり、その世界の断片の中で、われわれは無数の煌めく破片に宇宙《コスモス》が反映しているのを見るのだ(120)」。宇宙全体を何らかの仕方で反映するこの「断片」とは、グラッシにおいて、ヴィーコの「想像的普遍」と重ね合わせられ、「詩的隠喩」あるいは「形象」(Bild)と呼ばれるものにほかならない。なぜなら、グラッシが重視する個別的経験、あるいは詩的言語とは、実証的に検証可能な事実のことではなく、その個別性の内に超越の「反映」を見る重層的な経験であり、その意味では、それ自身の内に自らでないところ――あるいは自らの根源――を映し出す「形象」ないし「像」という理解にふさわしいものだからである。そしてグラッシはこの「形象」理解を先鋭化するために、中世的な「像」(imago)の理論を導入し、像と原像のあいだに生じる差異と連繫を際立たせようともしている。そこでは十三世紀フランシスコ会の思想家ボナヴェントゥラの『諸学芸の神学への還元』が援用され、精神の「内的像・内的光・内的力」による神的次元への「還元」(reductio)が、像に内在する「類似」(similitudo)・「媒介」(medium)による超越の次元への超出と理解される。[121]「永遠の仕方で出生して時間の内に受肉した御言葉」[122]という背景をもつこのようなキリスト教的な像理解を導入することで、グラッシは個的・時間的現象と永遠の理念的超越との関係をさらに根本的に洞察することができた。そこにおいて、個別的な現象は「原像」(Urbild)にとっての「像」(Bild)と捉えられると同時に、個々の像が原像に向けて自らを相対化し、原像を喚起するという像論的「還元」が暗示されることになる。これは、ヴォルフ的な文献学が、意味了解という地平的・循環的な方法論を拒絶することで、テクストの具体的部分のそのつどの連繫から新たなテクストや意味の可能性を見出していったのと同じ事態を、「像」論の用語法をもって定式化したものとも考えられる。それは同時に、意味と相関関係にある了解や主観性との絆を断ち切り、いわば人間の彼方の原像としての理念を、修辞学的言語という「像」を通して発見していく方途を示唆するものでもある。

（3）比喩形象《フィグーラ》と歴史性

「像」としての個々の具体的事象に定位しつつ、その「像」の内に萌芽として宿る理念的なものへの超出を主張するグラッシの修辞学と同様に、アウエルバッハの「世界文学の文献学」の構想においては、まさに「比喩形象《フィグーラ》」（figura）概念を中心に、テクスト解釈の内に開かれる理念的次元との関係が主題とされる。ラテン語「フィグーラ」は、「形」を表すギリシア語の関連語彙（形態《モルフェー》［μορφή］、形相《エイドス》［εἶδος］、図式《スケーマ》［σχῆμα］、類型《テュポス》［τύπος］、像《プラシス》［πλάσις］など）の一切を含んだうえで、なおかつその強い具象性を保つところから、単に抽象的な形式や形相を意味するのではなく、現実的で具象的な個々の事物や人物を指し示す[123]。この「比喩形象《フィグーラ》」概念は、キリスト教文化において最大限に活用され、「旧約聖書」の記述を「新約聖書」の「比喩形象〔予型〕」として解釈するキリスト教的予型論の中で最も力を発揮することになる。比喩形象たる予型とは、始めから前提された何らかの観念を具体化するのではなく、むしろ時間的に先立つ具体的形象が、遅れてやってくるものを予徴として先取りして表すことを意味する。

例えば、「旧約聖書」での「ヨシュア」はさまざまな仕方で「イエス」の「姿《フィグーラ》」を前もって示し、「ノアの方舟」は「教会」の「予型」（praefiguratio）であり、イサクの生贄はイエスの磔刑の予徴であるといった解釈が、テルトゥリアヌスやヒエロニュムス、そしてアウグスティヌスにいたる古代の教父たちを通じて集大成され、その後の中世的・宗教的文献解釈を支える根本的な思想となった(124)。

中世の文献学や聖書解釈学は、聖書というきわめて多義的な文書を主たる対象とするため、文献を読解するにはいくつもの方法論や技法が考案され、それらが重層的に用いられるのが常である(125)。古代のアレクサンドレイア学派が展開した寓意的解釈《アレゴリア》ないし聖書の比喩的解釈もその代表的なものであるが、アウエルバッハはこの寓意的解釈と予型論とを慎重に区別しようとしている。アレクサンドレイアのフィロンやオリゲネスによって試みられた寓意的解釈は、例えば「出エジプト《エクソドゥス》」を現実世界から神の国への「脱出《エクソドゥス》」と解釈するように、具体的なテクストから抽象的で非感覚的な意味を取り出し、テクスト理解を可能な限り精神化していくことを目指していた。これに対して、アウエルバッハが重視する「比喩形象」ないし「予型」とは、現実的な表現と観念との関係ではなく、意味する側も意味される側もともに具象的形象である点で、プルデンティウスの『霊魂の闘い《プシュコマキア》』や、ギヨーム・ド・ロリスとジャン・ド・マンの『薔薇物語』によって中世において親しまれた寓意《アレゴリー》とは区別され、またロマン主義以降に評価の高まった象徴《シンボル》のような理念の全体的顕現とも異なるものである。[126]「予型《フィグーラ》解釈は、二つの出来事あるいは二人の人物のあいだの関係を設定する。その関係においては、二つのうちのいずれかが単に自分自身を意味するばかりではなく、他方をも意味し、また逆にこの他方はもう一方を包含するか、あるいは成就する。予型の両極は時間的に隔てられているが、両者はともに現実的な出来事あるいは形姿として、時間の内部に存在する」[127]。アウエルバッハがこの「比喩形象〔予型〕」論において何よりも重視したのが、けっして抽象的な意味に揮発することのない比喩形象の現実性であり、何よりもその歴史内在性であった。そして、予型論を元型とする比喩形象の理解を踏まえながら、比喩形象それ自体の歴史的変遷を追跡することで、ヨーロッパ文学全体の現実描写を「精神史」として展開する壮大な試みが、アウエルバッハの主著『ミメーシス』であった。

アウエルバッハにとっての「比喩形象」とは、具体的表現と抽象的意味とのあいだのアレゴリー的関係ではなく、「預言」と「成就」(Erfüllung)の対をモデルとした歴史内在的で実在的な関係性である。「比喩形象と成就とは、相互に〈意味を示し合う〉のであるが、その意味内実はその現実性を締め出しはしない。比喩形象として解釈されるべき出来事は、その文字通りの歴史的意味を保持し、けっして単なる記号になることはなく、出来事のままにとどまるのだ」[128]。こうしてアウエルバッハは、歴史内部の個別的現象と、未来におけるその理想的成就という枠組みの中に「比喩形象」を位置づけることで、「比喩形象」と「成就」のあいだの時間的差異と理念的同一性という複雑な関係を定式化していく。比喩形象は――モーセやヨシュアがキリストの比喩形象であるように――一種の予型ないし先取りであり、それ自体としては未完成で不完全なものでありながら、将来における成就を見越し、そのものの内に理念的な完成を萌芽的に内在させている。ここでは、現象と理念という観念性の軸と、過去と未来という歴史性の軸とが交叉し、その交点に比喩形象が現れる。これは、過去と未来の関係としては歴史解釈であり、観念や意味の読解という点では一種のテクスト解釈に繋がることになる。「実在的預言〔比喩形象的表現〕は歴史解釈に関連し、それどころか本来的にはテクスト解釈である」[129]と言われるのはそのためである。

比喩形象と成就は、相互的であると同時に、非対称的な関係である。予型や約束である比喩形象はその成就の側から回顧的に理解されるが、未来に実現される成就は、約束や預言を原因とする結果ではないし、そこから必然的に生じる帰結でもない[130]。にもかかわらず、予型や約束は、未来においてそれが現実化されてこそ初めてそのもの自身の意味と実在を獲得するものであるため、比喩形象の成就は「原像」ないし「より完全な形」(forma perfectior)として、比喩形象そのものに比して優位をもっている。(131)「像」としての比喩形象は、未来の「原像」の内に解消され、相対化されることによって、比喩形象としての自己自身を実現するのである。しかしながらこのような意味での原像の優位は、経験的現実を抽象的観念に還元する寓意的解釈にも共通する「像」の一般的構造にすぎない。そこでアウエルバッハは、この予型論的な「原像」の優位を、「比喩形象的リアリズム」(der figurale Realismus)によって補完することで、「比喩形象」のきわめて独自の特質を際立たせ、それをダンテ『神曲』に始まる近代的リアリズムの特徴と理解する。「全力を挙げて現実をそのままに詳述することによって、彼〔ダンテ〕は地上的存在の特徴が自立にいたる道を拓く。……比喩形象は成就を凌駕する。より厳密に言えば、成就とは比喩形象をさらに有効に登場させるための手段となるのだ(132)」。

『神曲』においては、中世的予型論の発想を元にして、歴史的に存在していたさまざまな現実の人間が、歴史上の事跡や政治的役割を担ったまま、「幻視」の中の彼岸的存在として描かれる。つまり『神曲』の世界は、幻視された冥府ではあっても、現実の地上世界から遊離した霊的で希薄な領域ではなく、むしろ地上的性格をより濃密に凝縮し強化したかたちで描かれる。天国・煉獄・地獄の各圏は、救済史の定型に従いながらも、それぞれの場所に置かれた各人は、自らの性格や行動の多様性を保持し、その地上的性格に応じてさまざまな姿で現れる。しかもそれは、現実の単なる延長ではなく、終末論的観点から眺められ、すでに裁定がなされた世界なのである。「地上的・歴史的世界を、神の最後の審判がすでに下されたものとして、したがって神の秩序に則って、本来の定められた場所に置かれた世界として描くこと」、そして「終末論的な究極の運命に定められた個々人から、地上世界での性格を奪うこともなく、弱めることすらせずに」、「個々人の地上的・歴史的本質を極限まで増大させ、それを彼らの究極の運命と同一視すること」こそが、ダンテによって試みられた比類ない現実描写の特徴であった(133)。地上の個々の歴史的存在は、神の審判の秩序にまで高められることで理念化されながら、その理念化の運動はそのまま地上の個人へと反転し、現実の実在性を濃密化する。地上の「像」が、あたかも彼岸の理念的存在を自らの実在性の糧として、その生の重量を増加させ、形象としての輝きを強めるかのようである。それらの形象はそこで、現実描写の極度の現実性とその内実の理念性ゆえに、逆に原像を凌駕して独自の自立性を獲得する。「歴史内部の個としての人間の、神の秩序にもとづく不滅性は、神の秩序に抗う転回を成し遂げ、この秩序を自らに奉仕させ、その光を奪ってしまう。人間の像が神の像を凌駕する(134)」。

こうしてダンテの『神曲』は、予型論的解釈において保たれていた「原像」の優位という構図をその内側から覆し、「像」としての比喩形象そのものの実在性を描写し始める。例えば、『神曲』「煉獄編」に現れるウーティカのカトー——カエサルと対立し、政治的自由のために自害した小カトー[135]——は、中世的な寓意文学の手法で描かれるなら、「自由」という抽象的観念のアレゴリーとして、一連の定型表現のひとつに位置づけられたことだろう。しかしダンテは、自殺を罪とするキリスト教道徳の体系を逸脱し、このカトーを煉獄という浄罪の場に据え置き、独自の個性と肉声を与えて、生々しい現実味を付与する。それによってカトーの形象は、アレゴリーの硬直化や抽象性を免れ、「比喩形象」としての実在性と意味を帯び、それ自体の現実感とともに描写されるのである[136]。カトーは自由の抽象的な寓意などではなく、また煉獄に描かれたカトーが歴史上のカトーの比喩形象となっているわけでもない。「カトーは比喩形象ではあるが、より正確に言うなら、歴史上のカトーのほうが、ダンテの煉獄の中のカトーの比喩形象なのである[137]」。『神曲』において描写されたカトーの人物形象は、のちにやってくる成就を待ち受ける予徴ではなく、言うなれば自身が自身の像となる。自己が自己によって先取られ、自己が自己を凌駕する。像と原像、実在と観念が逆転するこのような劇的な反転によって、比喩形象は観念を凌駕する固有の実在性を獲得する。具体的形象が観念や理念の抽象的実現とみなされる寓意文学、あるいは歴史的に過去のものが後世の成就の予徴となる予型論的理解とも異なり、ここでは比喩形象それ自体が、歴史的でありながら同時に理念的次元の実現でもあるものとして、具体性と理念性の両者を保持しながら具象化される。それはまさに、中世的な形象理解が終焉し、「歴史的に限定された生きた人間、統一性を具え、何一つ欠けたところのない所与の個人、つまりは人間の歴史的本性の模倣《ミメーシス》」が誕生する地点なのである(138)。

結語——非媒介性の文献学

グラッシとアウエルバッハは、二十世紀における人文主義の可能性として、言語や歴史という次元に定位することで、存在論的な開示性や現実性の新たな理解とともに、形而上学的な本質規定とは異なった次元で、人間の再定義を試みた。グラッシの修辞学が、「形象」の内に個的現象と理念との緊張関係を洞察し、そこに人間の脱自的可能性を見ていたように、「比喩形象」の理論を歴史的変遷の内で叙述するアウエルバッハは、「形象」自身の自立性の内に近代の「リアリズム」に即した人間理解の新たな形態を見出すことになった。そこでの「人間」とは、けっしてア・プリオリな本性をもつものではなく、アウエルバッハのヴィーコ理解によって示されたように、「歴史的本性」といった矛盾した表現で語るほかない流動的で開かれた動態、あるいは、ア・プリオリが歴史的であるといった極度に逆説的な意味において「歴史的ア・プリオリ」とも言える事態なのである。アウエルバッハの「リアリズム」を引き合いに出して言うなら、観念が実在する観念実在論（実念論）ではなく、実在が観念として存在するといった奇妙な意味で実在観念論とでも呼べる事態を、それは名指している。近代においてダンテが発見したのが、具体的現実が理念的成就との関係で描写されながら、最終的には現実が理念を凌駕するという歴史的人間の逆説《パラドクス》であった。このような逆説的な思考の経路を通ることで、歴史や言語という人間固有の領域が初めて十全に理解されるのであり、アウエルバッハが「歴史的本性の模倣《ミメーシス》」と呼ぶものも、まさに矛盾でありながら、その矛盾の内にこそ真実をもつ人間存在の現実性をいかに叙述するかという点にその正否がかかっていた。

「近代のミメーシスは、個々人の運命の内に人間を見出した。このミメーシスは、ただ空想と夢において見られただけの、彼岸の、いわば平面的な非現実から人間を取り上げて高め、人間の現実の棲み処である歴史空間の内に置いたのだ[139]」。ここで語られる「運命」とは、けっして独自で特権的な世界史的宿命などではなく、すでに見たアウエルバッハの用語で置き換えるなら、端的に「日常性」と呼ばれるものにほかならない。日常こそが運命的である。この点をアウエルバッハは、ヨーロッパ的リアリズムの幾多の変奏を経て辿り着いた『ミメーシス』の最終章で、ダンテ以降のリアリズムの一貫性を念頭に置きながら、驚くべきことに二十世紀文学のジョイス『ダブリンの人びと』（一九一四年）、プルースト『失われた時を求めて』（一九一三―二七年）、ヴァージニア・ウルフ『灯台へ』といった作品に即して語ってみせる。「任意のいかなる時点から取り出された生活の断片にも、その人の運命の全容量が含まれており、その断片を通じて運命の全容量が描写されうるのだ(140)」。

グラッシにおける「詩的隠喩」、そしてアウエルバッハの「比喩形象」は、概念的に総合されることで全体を指し示すわけではない。その「形象」は、哲学的解釈学における解釈学的循環のように、段階的に止揚されることでより包括的な意味地平へと拡大されるといった弁証法的過程に汲み尽くされるものでもない。もちろんグラッシとアウエルバッハにおける「形象」も、それ自体を相対化することによって理念的全体を指示するものではあるが、形象自身はその理念的全体の内に全面的に解消されることはなく、あくまでもその具象性・物質性を保持し続け、「像の圧倒的な力」（Übermacht des Bildes）によって逆に理念的全体から自らの自立性を奪取することで、より強固な実在性を樹立するのである。解釈学的循環が、他の部分との関係において自らを相対化し、それによって両者を含む包括的地平へと進んでいくのだとしたら、グラッシとアウエルバッハにおける像的運動は、他の像との地平的関係ではなく、むしろ理念そのものとの垂直的関係において自らを相対化し、なおかつその自己相対化の活動を通して逆に自らの実在性を再獲得する。アウエルバッハが言うように、「比喩形象の理解においては、解釈はいつでも垂直的に上から問われるのであって、出来事は相互の連続した関係の中で累積していくのではなく、相互に引き裂かれ、まだ起きていない約束された第三のものを考慮して、個々別々のものとみなされる(141)」。地平的・水平的連続性を打ち破り、個々の事象が垂直的な関係の内に自存することで、それぞれの現象の具象性と個体性が代替不可能なものとして屹立し、全体的理念に解消されない唯一性が立ち現れる。「形象を充実させる」(figuram implere)というこの事態において、「時間的にも因果的にも繋がりのない二つの出来事のあいだの関係が、すなわち水平的経過——この言葉で時間的延長を意味することにすれば——の中で理性的な仕方では確立しえない関係が成り立つのだ(142)」。

こうして、グラッシとアウエルバッハという二十世紀の二人の「人文主義者」の営為の内には、神学・哲学を範例として構築された哲学的解釈学とは異なった方向が、修辞学・文献学を手がかりに具体化されている。寸断された現実の事象の内に理念の断片を見て取ろうとしたグラッシは、論理的推論によって確証することのできないその連関をヴィーコの「想像的普遍」に重ね合わせ、事実的な断片を繋ぎ合わせることで浮かび上がる「構図」に思いを凝らし、そうした理念的構図を読み取る技法を、ルネサンスからマニエリスム・バロックにおいて大規模に展開される一連の「才知」や「機知」の論理に託して語っていた。またアウエルバッハは、キリスト教の現実理解の内に深く根差した「比喩形象」ないし「予型」の論理が、プラトンから古典古代に浸透する理念《イデア》と現実の分裂に対して新たな解答を指し示し、「模倣《ミメーシス》」に関する根本的に異なった感性を呼び覚ますばかりか[143]、やがてはそれが中世末期から近世初期において、現実表象のあり方を大きく変質させ、ひいては十九世紀以降のリアリズム文学において加速していくありさまを、具体的な断片的テクストを元に、ヨーロッパ文学の全体像という理念を目指して叙述していく。

グラッシとアウエルバッハにおいて展開されたそれぞれの修辞学的・文献学的思考は、理性的媒介によって拡張する歴史理解とは異なり、断絶によって隔てられた事実同士のあいだに非媒介的・非連続的な関係を見出し、意味の理解という知性的・合理的解釈によっては蒸発してしまう事実の実在性を、その代替不可能な重みと内容をともども現前させることを目指していた。すでに触れた区別を用いるなら、それは哲学的解釈学の伝統に吸収しえず、そこからは逸脱する「非理解」の文献学の系譜ということにもなるだろう。二十世紀において哲学的解釈学の理論化を行ったガダマーの『真理と方法』（一九六〇年）は、存在論的に積極的な像理論を展開していたにもかかわらず、[144]「意味」の弁証法的な了解をモデルとすることで、最終的には主観性の論理を拡大する傾向をもっていたが、グラッシとアウエルバッハの文献学はそれとは異なり、精神や主観性の自己拡張や自己反省の範例《パラダイム》を離れ、個体性と理念性が交差する歴史・言語の次元に定位し、その内に経験的な事実性に解消されえない理念性を見出すことで、観念論的な総合の内に止揚されることのない個体性と実在性に新たな地位を与えようとしていた。[145]

人文主義的思考における人間性の再考は、「人間」と呼ばれる領域の全広袤を、その現実性と具体性のままに取り出すための理論的努力を要求する。グラッシとアウエルバッハが行ったのが、まさにそうした人間性の領域への沈潜であると同時に、伝統的な人間理解に縛られない透徹した再定義の遂行であった。そしてそれは、ハイデガーの『ヒューマニズムについて』が暗示していたように、「人間について」の思考が同時に「人間を超えた」次元へと突き抜けるその軌跡を忠実に追尾し、人間にまつわる歴史的・言語的事実の断片群のはるか向こう、形而上学的本質としての人間が解体されその破片《かけら》が星屑のように煌く「人間の彼方」に、人文学という新たな星座を発見し、その豊かな形象と神話を運ぶ幽かで途切れがちな歌声に耳を澄ます試みでもあったのだろう。

註

（1）Menschheit, Menschlichkeit, Menschenrechte, Menschenpflichten, Menschenwürde, Menschenliebe: J. G. Herder, *Briefe zu Beförderung der Humanität*, 3. Sammlung, in: Herders Sämmtliche Werke, hg. B. Suphan, Berlin 1881, Bd. 17, S. 137.

（2）例えばヴィーラントが、一七九四年から公刊が始まった自身の著作集において、Menschlichkeit の語を Humanität に改めているところからも、この語の急速な普及が窺える。Cf. C. Menze, Humanität, in: W. Schneiders (Hg.), *Lexikon der Aufklärung. Deutschland und Europa*, München 1995, S. 183f. ヘルダー自身『人間性形成のための歴史哲学異説』では、まだ Humanität の語を、フランス哲学を暗示する消極的な意味で用いている。

（3）J. G. Herder, *Auch eine Philosophie der Geschichte zur Bildung*, Herders Sämmtliche Werke, Bd. 5, S. 539.〔ヘルダー『人間形成のための歴史哲学異説』『ヘルダー／ゲーテ』世界の名著、小栗浩・七字慶紀訳、中央公論社、一九七五年〕

（4）Id., *Briefe zu Beförderung der Humanität*, Erste Sammlung, Herders Sämmtliche Werke, Bd. 17, S. 5.

（5）H. Stolpe, Zu Herders „Briefen zu Beförderung der Humanität“, in: id., *Aufklärung, Fortschritt, Humanität. Studien und Kritiken*, Berlin/Weimar 1989, S. 280ff.

（6）J. G. Herder, *Briefe zu Beförderung der Humanität*, S. 139.

（7）*Ibid.*, S. 143.

（8）*Ibid.*, S. 138.

（9）animi cultus ... quasi quidam humanitatis cibus: Cicero, *De finibus bonorum et malorum*, V, 54.〔キケロー『善と悪の究極について』「キケロー選集」第一〇巻「哲学Ⅲ」、永田康昭・兼利琢也・岩崎務訳、岩波書店、二〇〇〇年〕

（10）特にヘルダーにおいては、人間の完成がけっして自然的・本能的な発達ではなく、恩寵や摂理といった神性の発現とともに理解されることで、「神的似像」としての人間の超越性が強調されている。この点について以下を参照。W. Pannenberg, *Anthropologie in theologischer Perspektive*, Göttingen 1983.〔パネンベルク『人間学——神学的考察』佐々木勝彦訳、教文館、二〇〇八年、第一部第二章〕

(11) W. v. Humboldt, Theorie der Bildung des Menschen [Bruchstück], 42, Wilhelm von Humboldts Werke, hg. von Königlich Preussischen Akademie der Wissenschaften, hg. A. Leitzmann, Berlin 1903 (Nachdruck 1968), (=AA), Bd.1, S. 286.

(12) Id., Über das Studium des Altertums, und des Griechischen insbesondere, 33, 38, 42, AA 1, S. 275; 278; 280.

(13) W. Raith, Humboldts Idee der Sprache als philosophischer Grundgedanke seiner humanistischen Reformkonzeption, in: E. Hora, E. Keßler (Hgg.), *Studia humanitatis. Ernesto Grassi zum 70. Geburtstag*, München 1973, S. 273-288.

(14) Fr. Schlegel, *Zur Philologie I*, 60, Kritische Friedrich-Schlegel-Ausgabe, Bd. 16, hg. H. Eichner, Paderborn etc. 1981, S. 40.（強調はシュレーゲルによる）

(15) *Ibid*., 90, S. 175.

(16) F. I. Niethammer, *Der Streit des Philanthropinismus und Humanismus in der Theorie des Erziehungsunterrichts unserer Zeit*, Jena 1808. Cf. C. Menze, Humanismus, Humanität, in: J. Ritter (Hg.), *Historisches Wörterbuch der Philosophie*, Basel 1974, Bd. 3, 1217-1219.

(17) F. Paulsen, *Geschichte des gelehrten Unterrichts auf den deutschen Schulen und Universitäten vom Ausgang des Mittelalters bis zur Gegenwart*, 1885. Cf. M. Landfester, Neuhumanismus, in: G. Ueding (Hg.), *Historisches Wörterbuch der Rhetorik*, Darmstadt 2003, Bd. 6, 223. ヘルダーと新人文主義の関係については以下を参照。曽田長人「ヘルダーと新人文主義」『ヘルダー研究』第一三号（二〇〇七年）、一三九—一六〇頁。

(18) 曽田長人『人文主義と国民形成——十九世紀ドイツの古典教養』知泉書館、二〇〇五年、五〇—五六頁参照。

（19）　H. A. Korff, *Humanismus und Romantik. Die Lebensauffassung der Neuzeit und ihre Entwicklung im Zeitalter Goethes*, Leipzig 1924, S. 9.〔コルフ『人間主義と浪漫主義』久保助三郎、櫻井書店、一九四六年〕

（20）　*Ibid.*, S. 51f.

（21）　*Ibid.*, S. 49.

（22）　W. v. Humboldt, Theorie der Bildung des Menschen [Bruchstück], AA I, S. 283.

（23）　Fr. Schlegel, *Die Entwicklung der Philosophie in zwölf Büchern* [Köln 1804-1805], Philosophische Vorlesungen [1800-1807], Kritische Friedrich-Schlegel-Ausgabe, Bd. 12, hg. J.-J. Anstett, Paderborn 1964, S. 334. Cf. M. Frank, *Einführung in die frühromantische Ästhetik. Vorlesungen*, Frankfurt a. M. 1989, S. 287.

（24）　H. A. Korff, *Geist der Goethezeit: Versuch einer ideellen Entwicklung der klassisch-romantischen Literaturgeschichte*, 4 Bde., Leipzig 1923ff.

（25）　このような人文主義＝ヒューマニズムという一般的な論点に対する反論として、例えば以下を参照。G. Agamben, *L'aperto: l'uomo e l'animale*, Torino 2002.〔アガンベン『開かれ――人間と動物』岡田温司・多賀健太郎訳、平凡社、二〇〇四年〕

（26）　M. Foucault, Le jeu de Michel Foucault, in: id., *Dits et ecrits*, I, Paris 1994, pp. 299s.〔フーコー「フーコーのゲーム」増田一夫訳、『ミシェル・フーコー思考集成　Ⅳ』筑摩書房、二〇〇〇年、四一〇―四一三頁所収〕

（27）　W. Jaeger, *Paideia. Die Formung des griechischen Menschen*, 3.Aufl., Berlin 1954, Bd. 1, S. 17.

（28）　曽田長人「近代ドイツのヒューマニズム」『地中海研究所紀要』第五号（二〇〇七年）、四七―四八頁。

（29）　W. Jaeger, *op. cit.*, S. 16.

（30）　Id., Philologie und Historie, in: H. Oppermann (Hg.), *Humanismus*, Darmstadt 1970, S. 13.

（31）　E. R. Curtius, *Deutscher Geist in Gefahr*, Stuttgart 1932.〔クルツィウス『危機に立つドイツ精神』南大路振一訳、みすず書房、一九八七年、一一五頁〕「私も人文主義的学校の復活を願っている。しかし今日の世界に対して、学校を通して人文主義の人気を復活させようとするのは望みのない企てである」。

(32) E. Auerbach, Nachwort, in: id., *Mimesis. Dargestellte Wirklichkeit in der abendländischen Literatur*, Bern 1956, S. 497.〔アウエルバッハ『ミメーシス――ヨーロッパ文学における現実描写』篠田一士・川村二郎訳、筑摩書房、全二巻、一九六七年〕

(33) グラッシの伝記的事実に関しては、J. Kozljanič, *Ernesto Grassi. Leben und Denken*, München 2003, S. 13-22を参照。アウエルバッハの伝記と業績全般については、M. Treml, K. Barck, Einleitung: Erich Auerbachs Philologie als Kulturwissenschaft, in: M. Treml, K. Barck (Hgg.), *Erich Auerbach. Geschichte und Aktualität eines europäischen Philologen*, Berlin 2007, S. 9-29; M. Vialon (Hg.), *Erich Auerbachs Briefe an Martin Hellweg (1939-1950)*, Tübingen/Basel 1997, S. 32-29を参照。アウエルバッハの文献一覧は、以下を参照。E. Auerbach, *Gesammelte Aufsätze. Zur romanischen Philologie*(= *GA*), Bern/München 1967, S. 365-369.〔アウエルバッハ『世界文学の文献学』高木昌史・松田治・岡部仁訳、みすず書房、一九九八年〕

(34) E. Grassi, *Reisen ohne anzukommen. Südamerikanische Meditationen*, Hamburg 1955, S. 105ff. Cf. R. J. Kozljanic, *op. cit.*, S. 94-97.

(35) E. Said, Intordution: Secular Criticism, in: id., *The World, the Text, and the Critic*, Cambridge, Massachusetts 1983, p. 9.〔サイード『世界・テクスト・批評家』山形和美訳、法政大学出版、一九九五年〕「世界文学の文献学」を自ら英訳したサイードとアウエルバッハとの関係については以下を参照。上村忠男「無調のアンサンブル――エドワード・W・サイードと人文主義の精神」『現代思想』一三・一四(二〇〇三年)、一四四―一五三頁。

(36) E. Said, *Humanism and Democratic Criticism*, New York 2004, pp. 85-118.〔サイード『人文学と批評の使命――デモクラシーのために』村山敏勝・三宅敦子訳、岩波書店、二〇〇六年〕

(37) Delicatus ille est adhuc cui patria dulcis est; fortis autem iam, cui omne solum patria est; perfectus vero cui mundus totus exsilium est: Hugo de Sancto Victore, *Didascalicon*, III, 19. E. Auerbach, Philologie der

Weltliteratur, in: *GA*, S. 310; Philology and Weltliteratur, translated by M. and E. Said, *The Contemnial Review* vol. 13, no. 1 (1969), p. 17.

(38) E. Bons, *Der Philosoph Ernest Grassi. Integratives Denken, Antirationalismus, Vico-Interpretation*, München 1988, S. 44; 189, Anm. 73

(39) E. Grassi, *Kunst und Mythos*, München 1957, S. 153.〔グラッシ『芸術と神話』榎本久彦訳、法政大学出版局、一九七三年〕グラッシ自身の自伝的な叙述によれば、グラッシはミラノ大学からエクス・アン・プロヴァンスを経てドイツに赴き、ヤスパースの紹介もあって、一九二七年に「当時まだほぼ無名であった」マールブルクのハイデガーのもとに学び、翌年フライブルクに移籍したハイデガーと行動を伴にしている。

(40) E. Grassi, *Einführung in philosophische Probleme des Humanismus*, Darmstadt 1986, S. 5.

(41) イタリア語での執筆活動も含め、包括的な文献目録は、E. Bons, *op. cit.*, 240-248を参照。

(42) E. Grassi, *Verteidigung des individuellen Lebens. Studia humanitatis als philosophischen Überlieferung*, Bern 1946, S. 123.

(43) *Ibid.*, S. 117f.

(44) *Ibid.*

(45) この叢書成立の経緯、および社主ローヴォルトとグラッシとの交友については以下を参照。W・キャウレーン『わが友・出版人――エルンスト・ローヴォルトとその時代』平田達治・鎌田道生訳、ありな書房、一九八三年、二七四頁。このような出版活動ゆえに、グラッシはしばしば「ジャーナリスト」として不当に軽視されることになりがちである。『ハイデッガー＝ヤスパース往復書簡』渡邊二郎訳、名古屋大学出版会、一九九四年、一二〇、一二一、一二六、三七四頁。

(46) E. Grassi, *Die zweite Aufklärung. Enzyklopädie heute. Mit lexikalischem Register zu Band 1-75*, Hamburg 1958, S. 47.

(47) *Ibid.*, S. 25.「ローヴォルト・ドイツ百科全書」の叢書は、哲学・歴史・言語・芸術・科学といった分野の脱領域的な横断を目標に掲げ、エリアーデの宗教学やハイゼンベルクの物理学、あるいはホッケのマニエリスム論（『迷宮としての世界』『文学におけるマニエリスム』）などを含めた全七五巻の叢書として公刊された。その際、それぞれの著作を分類するキーワードとして以下の一覧が用いられた。古来の「自由学芸」(artes liberales) における「三学四科」の分類に相当するものである。「現存在の意味への問い」（哲学）、「神的なものの問題」（宗教学・宗教史）、「自然とその支配」（物理学・自然科学・技術）、「生命の理論」（生物学）、「人間の魂」（心理学）、「人間の社会」（社会学）、「国家と経済の本質」（国家論・経済学）、「諸民族の生と文化の形態」（民族学）、「歴史における人間」（歴史学・文化史・時代史）、「造形芸術」（芸術学・芸術史）、「言葉の世界」（文芸学）、「音の世界」（音楽学・音楽史）、「描写の芸術」（演劇学・映画）。Cf. *ibid.*, 65-68.

(48) *Ibid.*, S. 27.

(49) Id., *Theorie des Schönen in der Antike*, S. 40.

(50) Id., *Zweite Aufklärung*, S. 31.

(51) Id., *Verteidigung des individuellen Lebens. Studia humanitatis als philosophischen Überlieferung*, S. 123.

(52) この草稿をハイデガーから託されたときの状況を、グラッシ自身が語っている。「私は戦後二ヶ月ほどして、フランス・アメリカ占領軍の仲介と、カステッリ教授の協力を得て、シュヴァルツヴァルトの山小屋にいるハイデガーを訪ねることができた。その際に彼は私に「ヒューマニズムについての書簡」を託した。そしてこれを、友人シラジとともにスイスのフランケ書店で立ち上げた「伝統と課題」叢書に収めたのである」(E. Grassi, *Einführung in philosophische Probleme des Humanismus*, S. 12)。Cf. R J. Kozljanič, *op. cit.*, S. 15. この叢書「伝統と課題」には、クルティウス、ガレンなどの著作が含まれていた。グラッシはかつて自らが編集した年報『精神的伝承』（キュッパー社）第二巻（一九四二年）に、ハイデガーの「プラトンの真理論」を掲載しており、それをフランケ書店の叢書「伝統と課題」の一巻として公刊するに際して、「ヒューマニズムについての書簡」を付論として収めたのである。

(53) M. Heidegger, *Brief über den ›Humanismus‹*, in: id., *Wegmarken*, Gesamtausgabe, Bd. 9, Frankfurt a. M. 1976, S. 345.〔ハイデッガー『「ヒューマニズム」について——パリのジャン・ボーフレに宛てた書簡』渡邉二郎訳、筑摩書房、一九九七年〕

(54) E. Grassi, The Humanist Tradition, in: id., *Heidegger and Renaissance Humanism. Four Studies*, New York 1983, p. 49.

(55) Id., Vico as Epochal Thinker, in: id., *Vico and Humanism. Essays on Vico, Heidegger, and Rhetoric*, New York 1990, p. 180. これが晩年にいたるまでの課題であり続けたことは、グラッシ最晩年の論考が「修辞学的人文主義の復権——ハイデガーの反ヒューマニズムによせて」(Réhabilitation de l'humanisme rhétorique. A propos de l'antihumanisme de Heidegger, in: *Diogène* 142 [1988], pp. 128-145) であったことからも窺える。

(56) E. Grassi, Italian Humanism and Heidegger's Thesis of the End of Philosophy, in: id., *Vico and Humanism. Essays on Vico, Heidegger, and Rhetoric*, New York 1990, p. 101; *ibid.*, in: id., *Heidegger and the Question of Renaissance Humanism. Four Studies*, New York 1983, p. 17.（後者は同一論考の別ヴァージョンであり、若干の加筆が施されている。）

(57) E. Grassi, The Humanist Tradition, pp. 57-61. Cf. id., *Einführung in philosophische Probleme des Humanismus*, S. 26-29. Quos magis attentos facit admiranda Poesis /Quum secus intendit, quam sua verba sonent: A. Mussato, *Tragoediae, Epistula*, vii, 44D.

(58) もちろん、ルネサンス人文主義のこうした独自の理解に対しては、いくつかの重要な反論も提起されている。例えばアーペルは、ルネサンス言語論に対する貢献を認めながらも、「ハイデガーによって初めて展開された言語解釈学的な解釈学概念を、イタリア人文主義へとそのまま導入してしまうことには異議を唱えざるをえない」と述べている。K.-O. Apel, *Die Idee der Sprache in der Tradition des Humanismus von Dante bis Vico*, 3. Aufl., Bonn 1980. S. 197.

(59) E. Grassi, Vico as Epochal Thinker, p. 180.

(60) G. B. Vico, *De nostri temporis studiorum ratione. Vom Wesen und Weg der geistigen Bildung. Lateinisch-Deutsche Ausgabe*, III, Darmstadt 1974, pp. 26-37.

(61) E. Grassi, The Humanistic Conception of Rhetoric, in: id., *Rhetoric as Philosophy. The Humanist Tradition*, London 1980, p. 39.

(62) E. Said, *Beginnings. Intention & Method*, New York 1975, pp. 372-381.〔サイード『始まりの現象』山形和美・小林昌夫訳、法政大学出版局、一九九二年〕サイードはここで、ヴィーコに起源をもつ現代の人文学的着想が、真理の多様性を主張する際に引き起こされる問題点を洗い出している。

(63) M. T. Cicero, *De oratore*, I, 31, 142; cf. II, 19, 79ss.〔キケロー『弁論家について』大西英文訳『キケロー選集　七』岩波書店、一九九九年〕

(64) A. Fáj, Vico as Philosopher of Metabasis, in: G. Tagliacozzo, D. Ph. Verene (eds.), *Giambattista Vico's Science fo Humanity*, Baltimore/London 1976, p. 87. 木前利秋『メタ構想力――ヴィーコ・マルクス・アーレント』未來社、二〇〇八年、一〇一―一一五頁。

(65) E. Grassi, *Die Macht des Bildes*, S. 169-193.

(66) G. Vico, *Neue Wissenschaft über die gemeinschaftliche Natur der Völker*, Nach der Ausgabe von 1744 übersetzt und eingeleitet von Erich Auerbach, Berlin/New York 2000 (1. Aufl. 1924 München), S. 78.

(67) Cf. H. U. Gumbrecht, *Vom Leben und Sterben der großen Romanisten. Carl Vossler, Ernst Robert Curtius, Erich Auerbach, Werner Krauss*, München 2002; G. Green, *Literary Criticism & the Structures of History: Erich Auerbach & Leo Spitzer*, Lincoln/London 1982.

(68) G. Vico, *Neue Wissenschaft über die gemeinschaftliche Natur der Völker*, 1. Aufl., 1924 München; B. Croce, *Die Philosophie Giambattista Vicos*, Tübingen 1927. ヴィーコ『新しい学』の最初の独訳はヴェーバーによって一八二二年になされている。フランスではミシュレがヴィーコ『新しい学』の仏訳を行っている。その後徐々にヴィーコの評価は高まり、特に一九六六年の生誕三〇〇年以降は大部の論集が公刊されるなどの活況を呈している。A・バッティスティーニ「ヴィーコ研究の現状」石村多門訳『思想』岩波書店、一九八七年、第二号、三〇六—三〇八頁。

（69）E. Auerbach, Giambattista Vico und die Idee der Philologie, in: *GA*, S. 241.

（70）Id., *Introduction aux études de philologie romane*, 2. éd., Frankfurt a. M. 1961. p. 16.〔アウエルバッハ『ロマンス語学・文学散歩』谷口伊兵衛訳、而立書房、二〇〇七年。英訳 *Introduction to Romance Languages & Literature, Latin, French, Spanish, Provencal Italian*, New York 1961 は第二部以降の抄訳〕

（71）Id., Sprachliche Beiträge zur Erklärung der *Scienza Nuova* von G. B. Vico, in: *GA*, S. 257.

（72）Id., Giambattista Vico und die Idee der Philologie, in: *GA*, S. 241.

（73）Id., *Literatursprache und Publikum in der lateinischen Spätantike und im Mittelalter*, Bern 1958, S. 9.〔アウエルバッハ『中世の言語と読者——ラテン語から民衆語へ』小竹澄栄訳、八坂書房、二〇〇六年〕Cf. id., Vico and Aesthetic Historism, in: id., *Scenes from the drama of Europian Literature*, New York 1959, p. 185 (*GA*, S. 267).

（74）時代背景としては、一九二二年に公刊されたトレルチ『歴史主義とその諸問題』に代表される歴史主義の問題が、アウエルバッハにとっても大きな意味をもっている。Cf. L. Waizbort, Erich Auerbach im Kontext der Historismusdebatte, in: M. Treml, K. Barck (Hgg.), *op. cit.*, S. 281-296.

（75）E. Auerbach, Vico and Aesthetic Historism, in: id., *Scenes from the drama of Europian Literature*, p. 198 (*GA*, S. 274).

（76）Id., *Literatursprache und Publikum in der lateinischen Spätantike und im Mittelalter*, S. 13; id., Vico's Contribution to Literary Criticism, in: *GA*, S. 261.

（77）Id., Vico und Volksgeist, in: *GA*, S. 246.

（78）Id., *Literatursprache und Publikum in der lateinischen Spätantike und im Mittelalter*, S. 12; id., Vico's Contribution to Literary Criticism, in: *GA*, S. 260: id., Vico und der Volksgeist, in: *GA*, S. 246.

(79) Id., Vico und der Volksgeist, in: *GA*, S. 246.
(80) Id., Vico und Herder, in: *GA*, S. 227.
(81) Id., Vico and Aesthetic Historism, p. 190 (*GA*, S. 269).
(82) 認識と創造との超越論的関係は、ヴィーコの「潜在的諸能力」（modificazioni）の語をアウエルバッハが「形成能力」（Gestaltungskräfte）と翻訳することでより鮮明にされている（英語論文 Vico and Aesthetic Historism では potentialities [p. 269]）。Id., Vico und Herder, in: *GA*, S. 248.
(83) F. Fellmann, *Das Vico-Axiom: Der Mensch macht die Geschichte*, Freiburg/München 1976, S. 135f.; J. Trabant, *Neue Wissenschaft von alten Zeichen: Vicos Sematologie*, Frankfurt a. M. 1994, S. 37.
(84) E. Auerbach, Giambattista Vico und die Idee der Philologie, in: *GA*, S. 239.
(85) Id., *Literatursprache und Publikum in der lateinischen Spätantike und im Mittelalter*, S. 17.
(86) D. Meur, Auerbach und Vico. Die unausgesprochene Auseinandersetzung, in: M. Treml, K. Barck (Hgg.), *Erich Auerbach. Geschichte und Aktualität eines europäischen Philologen*, S. 66.
(87) E. Auerbach, Vico and Aesthetic Historism, p. 193 (*GA*, S. 271).
(88) Id., Sprachliche Beiträge zur Erklärung der «Scienza Nuova» von G. B. Vico, in: *GA*, S. 258.
(89) *Ibid.*
(90) 現代におけるアナロジーの復権の議論として以下を参照。B. M. Stafford, *Visual Analogy. Consciousness as the Art of Connecting*, London 1999.〔スタフォード『ヴィジュアル・アナロジー』高山宏訳、産業図書、二〇〇六年〕
(91) E. Auerbach, *Literatursprache und Publikum in der lateinischen Spätantike und im Mittelalter*, S. 17.
(92) Id., Philologie der Weltliteratur, in: *GA*, S. 303.
(93) *Ibid.*, S. 304.
(94) G. Green, Erich Auerbach and the "Inner Dream" of Transcendence, in: S. Lerer (ed.), *Literary History and*

the Challenge of Philology. The Legacy of Erich Auerbach, California 1996, p. 218.「内的夢」(inner Dream) とは、サイードによる「世界文学の文献学」の英訳に際して、原文の Schauspiel に当てられた訳語。E. Auerbach, Philology and Weltliteratur, p. 5

(95)　W. H. Coates, H. V. White, J. S. Schapiro, *The Emergence of Liberal Humanisim: an intellectual history of Western Europe*, vol. 1, New York etc. 1966, p. 4s.

(96)　H. U. Gumbrecht, Pathos des irdischen Verlaufs. Erich Auerbachs Alltag, in: id., *Vom Leben und Sterben der großen Romanisten. Carl Vossler, Ernst Robert Curtius, Erich Auerbach, Werner Krauss*, S. 152. ハイデガーの「平均的日常性」の分析、フッサールによる「生活世界」の復権といった問題圏の内で考えるなら、この方向性はさらに大きな文脈に繋がることになる。

(97)　E. Auerbach, Romantik und Realismus, in: M. Treml/K. Barck (Hgg.), *op. cit.*, S. 428.

(98)　E. Müller, Auerbachs Realismus, in: M. Treml/K. Barck (Hgg.), *op. cit.*, S. 272; G. Green, *Literary Criticism & the Structure of History*, pp. 63ss.

(99)　E. Auerbach, Über die ernste Nachahmung des Alltäglichen, in: M. Treml/K. Barck (Hgg.), *op. cit.*, S. 439.

(100)　Id., *Dante als Dichter der irdischen Welt*, Berlin/New York 2001, S. 113.〔アウエルバッハ『世俗詩人ダンテ』小竹澄栄訳、みすず書房、一九九三年〕

(101)　Dante Alighieri, *Divina Commedia*, I: Inferno, Canto X, translated, with a Commentary by Ch. S. Singleton, Princeton 1982, pp. 98-107.

(102)　E. Auerbach, *Mimesis*, S. 187f.

(103)　W. J. von Schelling, Über Dante in philosophischer Beziehung (1803), in: H. Friedrich (Hg.), *Dante Alighieri. Aufsätze zur Divina Commedia*, Darmstadt 1968, S. 16-26 (Werke, hg. M. Schröter, Bd. 3, München 1927, S. 572-583); G. W. F. Hegel, *Vorlesungen über die Ästhetik*, 3. Teil, 3. Kap. C, Werke, Bd. 15, Frankfurt a. M. 1986, S. 406f.

(104) J. A. Mazzeo, Style as Interpretation, in: id., *Varieties of Interpretation*, London 1978, pp. 34s.

(105) G. W. F. Hegel, *Vorlesungen über die Ästhetik*, S. 406. Cf. E. Auerbach, *Mimesis*, S. 185.

(106) グラッシとアウエルバッハの伝記的事実の内に共通して見出せる地名はマールブルクであるが、アウエルバッハがマールブルクの文献学教授に就任したのは、グラッシがハイデガーとともにすでにフライブルクへ異動したあとの一九三〇年のことであった。

(107) H. Birus, Zwischen den Zeiten. Friedrich Schleiermacher als Klassiker der neuzeitlichen Hermeneutik, in: id. (Hg.), *Hermeneutische Positionen. Schleiermacher, Dilthey, Heidegger, Gadamer*, Göttingen 1982, S. 31.〔ビールス編『解釈学とは何か』竹田純郎他訳、山本書店、一九八七年〕

(108) Fr. Schlegel, Über die Unverständlichkeit, in: *Athenaeum. Eine Zeitschrift*, hg. A. W. Schlegel, Fr. Schlegel, III, 2. Stück, Darmstadt 1992 (Reprograph. Nachd.), S. 337-354.〔シュレーゲル「難しさについて」『ロマン派文学論』山本定祐、冨山房、一九七八年〕Cf. E. Schumacher, *Die Ironie der Unverständlichkeit. Johann Georg Hamann, Friedrich Schlegel, Jacques Derrida, Paul de Man*, Frankfurt a. M. 2000, S. 52f.

(109) この経緯に関しては、とりわけ以下を参照。M・ヤンポリスキー「文献学化」、『隠喩・神話・事実性』平松潤奈・乗松亨平・畠山宗明訳、水声社、二〇〇七年、所収。

(110) Fr. Nietzsche, Homer und die klassische Philologie, in: Nietzsche Werke. Kritische Gesamtausgabe, hg. G. Colli, M. Montinari, Berlin/New York 1982, Abteilung 2, Bd. 1, S. 254.〔ニーチェ「ホメロスと古典文献学」塩屋竹男訳『ニーチェ全集』二、筑摩書房、一九九三年〕Cf. J. I. Porter, *Nietzsche and the Philology of the Future*, Stanford, California 2000, pp. 69-81.

(111) その『悲劇の誕生』を激烈に批判したのが、のちに十九世紀古典文献学にとって指導的な立場に就くヴィラモーヴィッツ＝メレンドルフであり、ベルリン大学で彼の後任となったのが、第三人文主義のイェーガーであったというのは、示唆に富む史実である。

(112) E. Auerbach, Vico and aesthetic historism, in: *GA*, S. 272f.

(113) E. R. Curtius, *Deutscher Geist in Gefahr.*〔クルツィウス『危機に立つドイツ精神』、一一五頁〕
(114) E. Grassi, *Die Macht der Phantasie*, Königstein/TS. 1979, S. 25-28; id., *The Primordial Metaphor*, New York 1994, pp. 1-15.
(115) E. Grassi, M. Lorch, *Folly and Insanity in Renaissance Literature*, New York 1986, S. 87-114.
(116) ハイデガーも『言葉についての対話』において、解釈学の起源として『イオン』の「神々の取り次ぎ人」(*Ion*, 534e) の語を指摘し、「伝達」としての「解釈」というモデルを提起しているが、これはハイデガーの解釈学理解にとっても重要な論点である。M. Heidegger, Aus einem Gespäch von der Sprache, in: id., *Unterwegs zur Sprache*, Gesamtausgabe, Bd. 12, Frankfurt a. M. 1959, S. 115. この論点に関してはとりわけ以下を参照。J.-L. Nancy, *Le partage des voix*, Paris 1982.〔ナンシー『声の分割』加藤恵介訳、松籟社 一九九九年〕
(117) E. Grassi, *Verteidigung des individuellen Lebens*, S. 51. Cf. *ibid.*, S. 67; id., *Kunst und Mythos*, S. 53ff.; id., *Macht des Bildes*, S. 84.
(118) Id., *Verteidigung des individuellen Lebens*, S. 55.〔強調はグラッシによる〕
(119) *Ibid.*, S. 52-57.
(120) Id., *Kunst und Mythos*, S. 37f.
(121) Id., *Macht des Bildes*, S. 171.
(122) Verum aeternaliter generatum et ex tempore incarnatum: Bonaventura, *Opusculum de reductione artium ad theologiam*, VIII. Cf. *ibid.*, VII, XVIII.〔ボナヴェントゥラ「諸学芸の神学への還元」坂口昂吉訳、上智大学中世思想研究所編訳・監修『中世思想原典集成』第一二巻「フランシスコ会学派」平凡社、二〇〇一年〕
(123) E. Auerbach, Figura, in: id., *Neue Dantestudien*, Istanbul 1944, S. 14 (*GA*, S. 56; id., *Scenes of Drama of European Literature*, *Six Essays*, New York 1959, p. 14).
(124) Id., *Typologische Motive in der mittelalterlichen Literatur*, 2. Aufl., Krefeld 1964, S. 5-26.

(125) Cf. H. de Lubac, *Exégèse Médiévale. Les quatre sens de l'écriture*, Première partie, t. 1, Paris 1959, pp. 201ss. 荻野弘之「比喩的聖書解釈の系譜」、同編『神秘の前に立つ人間――キリスト教東方の霊性を拓く』新世社、二〇〇五年、九―五四頁。

(126) フィグーラとアレゴリーを明確に区別するアウエルバッハの理解は、十年前に公刊されていたベンヤミン『ドイツ悲劇の根源』の「アレゴリー論」とは一線を画している。ベンヤミンのアレゴリー論は、アウエルバッハの議論と近い思考を展開しているものの、本質的に近代的なバロックのアレゴリー理解に制約されているために、歴史的には射程の短いものとなっている。Cf. J. M. Gellrich, *Figura*, Allegory, and the Question of History, in: S. Lerer (ed.), *op. cit.*, pp. 120s.

(127) E. Auerbach, Figura, in: id., *Neue Dantestudien*, S. 47 (*GA*, S. 77; id., *Scenes from the Drama of European Literature. Six Essays*, p. 53); cf. id., Typological Symbolism in Medieval Literature, in; *GA*, S. 111.

(128) Id., *Mimesis*, S. 190.

(129) Id., Figura, in: id., *Neue Dantestudien*, S. 51 (*GA*, S. 80; id., *Scenes of Drama of European Literature*, p. 57).

(130) H. White, Auerbach's Literary History: Figural Causation and Modernist Historicism, in: S. Lerer, *op. cit.*, p. 126. 野島秀勝『ロマンス・悲劇・道化の死』南雲堂、一九七七年。

(131) E. Auerbach, *Mimesis*, S. 191.

(132) *Ibid.*, S. 194.

(133) Id., *Dante als Dichter der irdischen Welt*, S. 108.

(134) Id., *Mimesis*, S. 195.

(135) Dante Alighieri, *Divina Commedia*, II: Purgatorio, Canto I, pp. 2-11.

(136) アウエルバッハのカトー解釈を出発点として、煉獄を死の記憶と新生への期待の場所と理解し、サン＝ヴィクトルのフーゴーの「復興の業」(opus restaurationis) を元に理解する創造的な試みとして、以下を参照。G. Mazzotta, *Dante, Poet of the Desert. History and Allegory in the* Divine Comedy, Princeton, N. J. 1979,

pp. 14-65.

(137) Id., Typological Symbolism in Medieval Literature, in: *GA*, S. 112.

(138) Id., *Dante als Dichter der irdischen Welt*, S. 213.

(139) *Ibid.*, S. 217.

(140) Id., *Mimesis*, S. 488.

(141) Id., Figura, in: id., *Neue Dantestudien*, S. 53 (*GA*, S. 81; id., *Scenes of Drama of European Literature*, p. 59).

(142) Id., *Mimesis*, S. 77.

(143) 『地上世界の詩人ダンテ』第一章においてアウエルバッハは、パノフスキー『イデア』の議論を参照しながら、イデア論、ミメーシス論の変遷を論じている。Id., *Dante als Dichter der irdischen Welt*, S. 5-33.

(144) H.-G. Gadamer, *Wahrheit und Methode. Grundzüge einer philosophischen Hermeneutik*, Gesammelte Werke, Bd. 1, Tübingen 1990, S. 139-149.〔ガダマー『真理と方法』Ⅰ・Ⅱ・Ⅲ、轡田収・巻田悦郎・三浦國泰訳、法政大学出版局、一九八六―二〇一二年〕

(145) まさにこの点において、グラッシ、アウエルバッハの論法は、「星間譜」(Konstellation)の議論を含むベンヤミンの構想とも重なってくる。ベンヤミンやアガンベンを参照しながら、パウロの予型論を解釈した創造的な試みとして以下のものを参照。大貫隆『イエスという経験』岩波書店、二〇〇三年、第Ⅷ章。同『イエスの時』岩波書店、二〇〇六年、特に第Ⅹ章、第Ⅺ章。これらの議論は、まさしくアウエルバッハの「比喩形象論」と対比することができるし、著者の主張する「全時的今」は、「比喩形象」の「充実」に相当すると理解することもできるだろう。

第三章　生の修辞学と思想史
――ブルーメンベルクの隠喩論と歴史論――

序　象徴と文化

ゲーテの『ファウスト』第二部の掉尾を飾る「すべて過ぎ去るものは比喩にすぎない」という壮麗な一句に対して、それを「永遠なるものは比喩にすぎない(1)」と揶揄したニーチェは、「比喩」という修辞的用法に託して、現実と語りの問題に関するある根本的な事態を指摘していた。ここでニーチェが目指したのは、プラトン主義的に理解されたイデア的な永遠性と現実の一過性という対立を単に転覆することではない。むしろ古典的規範を揺るがす「パロディ」という操作によって、現実に対する理念の圧倒的優位を主張するプラトン的な二世界論に疑義を呈して、逆に流動的な生の現実からの理念的世界の成立をその過程に即して追求することが、ニーチェにとっての関心事であった。そこでは、象徴や比喩といった修辞学的要素を、思想的内実に対して副次的な要素として軽視してきたそれまでの哲学的伝統に反して、むしろ象徴や隠喩を哲学的思考の根幹に触れる根本的事態として捉え直そうとする象徴論的・言語論的傾向が顕著に現れている。その一方でニーチェにおいては、人間の言語活動を語るために思考実験として動物が引き合いに出され、(2)また歴史理解を論じるにあたって、無垢なる動物の「忘却」と人間にとっての過去の重圧が対照されたように、(3)人間における象徴や言語の意味が問われる際には、剥き出しの裸形の「生存」と、歴史や言語によって媒介された象徴的な文化的生という対比が思考の枠組みを提供している。

象徴論・言語論といった文化論的要素と、人間的生の独自のありようを認める「生」の思想を結合しようといった着想は、ニーチェから発して、十九世紀末・二十世紀初頭の哲学的運動を大きく規定しているように見える。そうした傾向は、「第二の自然」(natura altera) として文化を語るキケロ以来の伝統に加えて、十九世紀以降の「生の哲学」、そして新カント学派が構想した「文化哲学」に共通して見られる動向となっている。生の流動性を表す「より以上の生」(mehr Leben) と「生より以上」(mehr als Leben) の文化的生との葛藤を「文化の悲劇」と呼んだジンメル、「文化」というカテゴリーそのものの創出に腐心したリッケルトやヴィンデルバントらの西南ドイツ学派、「象徴を操る動物」(animal symbolicum) としての人間を探求したカッシーラーなどを見るなら、そこには学派を超えて問題意識を共有する時代のパラダイムを読み取ることができるだろう(4)。そうした問題意識は、ハイデガーの解釈学的現象学のプログラムや、ガダマーを始めとする哲学的解釈学の企図といったかたちで継承され、二十世紀ドイツ思想の主要な潮流を生み出すにいたった。これらの思想的運動が活況を呈した時期に学問的活動を始めたブルーメンベルクもまた、ハイデガーとフッサールの影響のもと、新カント学派や生の哲学の状況を見据えながら、独自の「隠喩論」(Metaphorologie)と人間論にもとづく思想史を構想していった。教授資格論文ではフッサールの現象学の可能性を検討しながら「存在論的距離性」を主題とする一方で(5)、カッシーラーの象徴論に傾倒し、さらには「詩学と解釈学」グループを通じて、解釈学の展開としての受容美学のイーザー、ヤウスと交流をもつなど、その思想の展開はさながら二十世紀ドイツ思想を縦横無尽に連繋させ、その峰々を通覧している観がある。そしてブルーメンベルクの浩瀚な著作群は、思想史上の膨大な事象を主題にするだけでなく、同時代の多くの思想を背景として展開されているため、その晦渋な文体と相俟って、往々にしてその思想の核心が見えにくいというのも否めない(6)。そこで本章では、ブルーメンベルクの思想史の構想を、「生の修辞学」とでも呼ぶことのできるその人間学の側面から、同時代の思想との関連を踏まえつつ概括してみたい。

一　哲学史から象徴論へ

（1）パラダイムと象徴形式

「歴史哲学」という言葉そのものが、十八世紀にヴォルテールによって哲学の主題として初めて用いられたように、歴史意識の成立もまた、それ自体やはり何らかの歴史をもっている。ヴォルテールにおいてはいまだ歴史的知識の集積を意味していた「歴史哲学」は、ドイツ哲学では「哲学」そのものの遂行と内容的に密接な関係に置かれ、やがては「哲学」それ自身に対する歴史的反省が、哲学の高次の自己理解として独自の価値をもつことになる。とりわけヘーゲルにおいては、「歴史哲学」が「哲学」と同列の位置を占め、「哲学史」が単なる事実と主観的見解の散漫な記述である「愚者の画廊」から区別される。それによって、J・J・ブルッカーなどの十八世紀的哲学史が批判的に乗り越えられ、理性の歴史性の自覚である哲学史が弁証法的に叙述されることになった。このような哲学の歴史化、あるいは歴史の哲学化の構想を元として、K・フィッシャーやヴィンデルバント、あるいはユーバーヴェークなどが大部の哲学史を著すことで、ドイツ哲学の思想的伝統を反復・強化し、ドイツ・アカデミズムの確立と正当化に貢献することになった(7)。それらは――ヘーゲルに対する評価はそれぞれであるとはいえ(8)――いずれにせよ近代哲学の伝統を、デカルトから始まりドイツ観念論にいたる理性ないし意識の哲学の発展型と見る理解に何らかのかたちで依拠している。哲学史ないし歴史哲学は、「哲学」としてのそれ自身の身分を保証するために理性の総合の働きに重きを置くところから、歴史をも「伝統」というひとつの連続性によって統括することを目指していたと言えるかもしれない。そこでは、理性の自覚というプログラムを実現する目的論が、歴史を哲学的に一貫したものと捉える基本的な構想を支えている。そのように見るなら、デカルトを近代哲学の父祖に据える構図も、動かしがたい事実にもとづく唯一可能な歴史理解ではなく、むしろ思想の歴史を理性的に捉える前提から逆に算出された一種の「虚構《フィクション》」とも考えられる。

思想史の中に何らかの連続性を設定する根強い見方が存在する一方で、一九六〇年代以降は、ブルーメンベルクの『近代の正統性』(一九六六年)を始めとして、思想史の方法論に関して新たな問題提起が同時多発的に現れている。その先駆けとなったのは、T・クーン『科学革命の構造』(一九六〇年)によって提示された「パラダイム論」である。それは合理的な発展史観に対抗して、科学史における変革を理論的精度の上昇としてではなく、むしろ科学者間に妥当する一定の前提の変化、すなわち「パラダイム・チェンジ」として説明することで、科学史における「非連続性」の契機を認めるものであった。これは思想史をひとつの伝統の内在的展開と見る合理的発想に対して、むしろ歴史における変化の突発性と偶然性を強調するものである。ブルーメンベルクもこの「パラダイム論」に注目し、クーンの歴史理解における「非連続性」の契機に共感を示しながら[9]、独自の観点からの小論「パラダイム――文法的に」（一九七一年）を著している。

この小論では、クーン自身の「パラダイム」概念を前提としながらも、「パラダイム」の語が同じく科学史の領域で用いられた先例としてリヒテンベルクを取り上げ、それを中心に議論が展開されている[10]。リヒテンベルクの用例[11]には、クーンのパラダイム論を先取りするかのような主張が盛り込まれているが、ただしそこでは「パラダイム」という語の原義、つまり文法上の「変化表」という意味が明確に意識されたうえで、それが科学史の領域に比喩的に転用されていた。すなわち、リヒテンベルクにおいては、文法的に他の語形変化のすべてがそれに従ってなされる範例《パラダイム》をモデルとすることで、ある何らかの強力な科学理論がその時代の科学全体を規定するといった事態が隠喩的に説明されているのである。この点に着目しながら、ブルーメンベルクは、パラダイム同士の共約不可能性だけでなく、歴史を見る際のモデルないし隠喩の役割、さらには思想史上の記述と言語上・文法上の事態との親和性を見ようとしている。こうしてブルーメンベルクは、予想不可能な断絶を思想史における重要な契機とみなす理解をクーンと共有するだけでなく、むしろその「パラダイム」論を通じて、思想史の記述における言語的要素に着目し、歴史と言語との不可分の関係を示唆している。それは同時に、歴史の記述においては、何らかのモデルや媒介が働くことによって初めて「歴史」という統一体が把握されるという点を暗示しているのである。

（2）歴史とトポス

歴史に代表される「事実」の領域において、いかにして言語や象徴が機能しているかという問いかけは、カント的な問題設定を拡張し、文化的カテゴリー論を構想したカッシーラーの「象徴形式の哲学」に通じる着想である。[12] そのためブルーメンベルクは、「哲学史」の泰斗の名を冠した「クーノー・フィッシャー賞」受賞の際に、この賞の最初の受賞者であるカッシーラーを回顧する講演を行っている。「自然的対象に関する範疇表を文化的対象の範疇体系の特殊例」[13]と考えるカッシーラーは、言語的・隠喩的媒介を通じて思想史を構想する『隠喩論のパラダイム』（一九六〇年）を公にしていたブルーメンベルクにとっては、まさにその先蹤として扱われるべき存在であった。しかしながらその講演「カッシーラーを讃えて」（一九七四年）においてブルーメンベルクは、カッシーラーの業績を共感をもって紹介する一方で、その「象徴形式の哲学」の根本に潜む問題点をも指摘している。「カッシーラーの著作においては、象徴システムである神話・言語・宗教・芸術の各々がもつそれら独自の意義と、体系全体の意図――つまり学問的形態の認識、およびその最終的な優位を目指すという意図――のあいだに齟齬が生じている」[14]。カッシーラーにおいては、媒介形式である「認識〔言語〕・芸術・宗教・神話」といった個々の象徴体系が、それぞれ自立した原理的機能を果たすものと考えられ、それが抽象的・思弁的な一元化に解消されない現実の特殊性や多元性の証しとなっている。そこでは、文化的媒介の諸層が、「形而上学的・演繹的方法」によって導出されるのではなく、むしろ互いに独自性を保った自立したかたちで叙述される。しかしその一方で、象徴形式の探求が各々の意味領域の無差別な羅列に陥ることなく、それ固有の普遍性をもつには、伝統的な実体的・論理的統一とは異なった機能的統合の規則が要求されることになる。個別的領域の特殊性と独自性を損なうことなく、いかにして精神的諸形式の普遍性と統一性を保証するかという二面的な課題は、カッシーラー自身によっても「方法的ジレンマ」[15]として意識されていたが、ブルーメンベルクが指摘するのもまさに、カッシーラーにおけるそうした二律背反であった。

実体的な統一ではなく、むしろ機能的な統合を重視する関係論的観点、あるいは論理的合理性に解消されない言語的・象徴的契機の重視は、同時代の思想史・文化史にも共通して見られる動向である。十九世紀末から二十世紀の初頭においては、形態学にもとづくブルクハルトの「文化史」、ヨーロッパ文学の機能的連関を核としたクルティウスの「トポス論」、あるいはカッシーラー自身がアメリカへの亡命後に関わった「観念史学会」、とりわけその提唱者であるラヴジョイの「観念史」、そして何よりもカッシーラーが理論的支柱を提供したとも言えるヴァールブルクの独自の文化史のように、複数の「トポス」（クルティウス）や「単位観念」（ラヴジョイ）、あるいは「情念定型」（ヴァールブルク）などを元に、文学史や思想史を類型学的に記述する方向が、従来の連続史観に代わる歴史記述として大きな流れを作りつつあったと言えるだろう。これらの構想は、「イメージ、タブロー、それこそが私の望むものである」[16]と語ったブルクハルトに代表されるように、「象徴」、「イメージ」、つまりは「像」による文化の考察を展開するものである。そして「像」というものが、元来はそれぞれの独自性を際立たせ、その意味では断片性を本質としているように、それらはクーンのパラダイム論と同様に、伝統的な連続的歴史観への疑念を根本に据えるものでもあった[17]。「隠喩論」を構想したブルーメンベルク自身は、そうした傾向に同調しながらも、その理論的な問題点を明確にしていこうという姿勢をもっていたことが、そのカッシーラー批判から窺える。カッシーラーの議論は個別的な媒介形式の経験的な独自性を重視しながらも、そうした各々の領域で働く媒介作用全体の「哲学」を構想する以上は、それらの体系全体を概観する高次の学問的媒介形式が前提されるはずであり、その限りで、高次の理論化を目指す一種の「目的論」を想定せざるをえないという論点がブルーメンベルクによって提起される。(18) つまり、さまざまな媒介形式の類型論という構想は、媒介形式そのものに対する反省を頂点として、その下に他の媒介形式が配置される形式的・論理的な構造論への傾向をもっている。その場合、多様な媒介形式の理論化に際して、その考察の主体が「超-主観」(Über-Subjekt) として設定されることとなり、その結果、人間的主体に固有の「空間・時間的偶然性」(Raum-Zeit-Kontingenz) が軽視され、歴史的条件が見失われるというのが、ブルーメンベルクの批判の要点であった。(19)

二　象徴形式から生の修辞学へ

(1) ダヴォス討論 —— カッシーラーとハイデガー

「象徴形式」の理論に対するブルーメンベルクの批判は、カッシーラーの『象徴形式の哲学』(一九二三―二九年)の公刊直後の一九二〇年代後半に、現実の討議として展開されたある論争を下敷きにしている。それは『存在と時間』（一九二七年）によって独自の実存論的分析を展開し、『カントと形而上学の問題』（一九二九年）によって画期的なカント解釈を提示したハイデガーによる批判、および当のハイデガーとカッシーラーとがカント解釈をめぐって対峙した「ダヴォス会議」（一九二九年）での討論である。ハイデガーは『存在と時間』において、「世界−内−存在」の概念を解明する前段階として「自然的世界概念」の獲得に腐心し、その文脈に関わるある註[20]において、カッシーラーの功績、および公刊されたばかりの『象徴形式の哲学』第二巻『神話的思考』に触れている。ハイデガーは、一九二三年のカント学会でのカッシーラーとの交流、および『神話的思考』の註[21]における現象学への言及を踏まえ、そこに自らの「実存論的分析」との共通点を見ようとしてはいるものの、カッシーラー的な象徴形式の理論における現存在分析の欠落、およびカントへの全面的な依拠に対して暗黙の批判を行っていた。『存在と時間』公刊後、『カントと形而上学の問題』に結実する独創的なカント解釈において、ハイデガーがカントの構想力の議論の内に現存在の時間性、およびその有限性への示唆を見て取るにいたって、人間の自律性・主体性や思考形成の客観性を重視するカッシーラーとの思想上の相違はもはや覆いがたくなる。その決定的な対立が明示されたのがほかならぬダヴォス会議での討論であった。カント『純粋理性批判』における構想力の解釈をめぐるこの論争はまた、構想力を像による思考の積極的展開の根拠と見る象徴形式の理論と、構想力の内にむしろ像を超える不可視の領域への通路を認める隠蔽性の思索とを分かつ分水嶺ともなっている。[22]

ダヴォス討論において、「形成的意識の諸形式の全体性の解明」を問題とするカッシーラーに対して、そうした問題設定のもつ「人間中心的」（anthropozentrisch）性格と対比して自らの立場を「外向的・脱自的」（exzentrisch）と称するハイデガーは、「自身を超えて存在者の中へと」超え出る現存在のあり方を強調する。「人間の本質への問いは……人間のまったき自由において人間の現存在の無性を開示する問題構成から動機づけられることによってのみ、唯一の権利と意味を有する」[23]とみなすように、ハイデガーにとって世界への超越は、最終的には「無性」（Nichtigkeit）に現れる人間の被投的な有限性に行き当たる。これに対して、人間の有限性を内在的な無限性へと関与させる「形式の機能」を語るカッシーラーにおいては、人間が「現実存在の無媒介性から純粋形式の領野へと自らを転入させる」能力をもつことこそが「人間の無限性の徴」とみなされる。そのためカッシーラーは、あくまでも象徴形式の「客観性」を重視し、カントに従いそうした客観性の構造的な可能条件を探求するが、ハイデガーはそうした問題意識のもとでは、体系化への志向が前面に出ることでかえって存在論的に根本的な問いが取り逃がされているものと考えている。その点でカッシーラーの理論は、「文化哲学」という明瞭な「目標点」（terminus ad quem）をもちながら、その理論の立脚点、ないし「出発点」（terminus a quo）が曖昧であるのに対して、ハイデガーはあくまでも問いの「出発点」である人間存在に思索を集中することを要求するのである。[24]

ハイデガーによるこのようなカッシーラー批判は、ブルーメンベルクがカッシーラーの難点として指摘していた点とも多くの面で重なっている。なぜなら、ハイデガーが象徴形式を分析する際のカッシーラーの出発点を問題としており、その分析の前提として、現存在の存在の実存論的分析を要求しているのと同様に、ブルーメンベルクも多様な媒介形式を上位の俯瞰的視点から一挙に総合することを批判し、意識の目的論に解消されない思考を模索していたからである。そのひとつの現れとして、ブルーメンベルクは、ハイデガーとカッシーラーとのこうした論争を自らの問題に引き寄せて、小論「親和と優勢」を著している。[25] そこにおいては、ハイデガー・カッシーラー論争を「存在か意味か、実体か機能か、現実か意義か」[26]といったさらに大きな文脈に繋げることで、時代を四〇〇年遡り、ルターとツヴィングリにおける聖餐論争をも参照している。聖餐においてパンと葡萄酒がキリストの身体と血に変化するという実体変化の教えを、ルターのように文字通り実体的な変化とみなすか、あるいはツヴィングリのように象徴的・機能的な役割のみに限定するかという対立は、まさに場面を変えてハイデガーとカッシーラーの論争において蘇っているものとされるのである。「すでに一九一〇年に提示されていたカッシーラーの『実体概念と関係概念』の二者択一に関して、ハイデガーはルターとともに、実体を第一にして唯一の範疇と定めて、〈象徴形式〉という範疇の機能的な増加に反対する」[27]。こうしてブルーメンベルクは、象徴による媒介という事態を重視しながらも、直接にカッシーラー的な象徴形式の理論を継承するのではなく、まずはハイデガーの実存論的分析をも考慮に入れたうえで、自らの「隠喩論」あるいは思想史の構想に取り組むことになる。

(2) カッシーラーとハイデガー

現実との関わりの際に、象徴を介した媒介がなぜ必要であり、そのさまざまな形式はいかに発生するのかという問題を論じるにあたって、ブルーメンベルクは、象徴的媒介一般のあり方を「修辞学」の名のもとに一括し、パラダイム論やカッシーラーの象徴形式に触れたうえで、その人間論的構造を問う試みを行っている。そうした問題意識に支えられた「修辞学の現代的意義——人間学的アプローチから」(一九七一年)においては、カッシーラーに関しても、「カッシーラーのこの理論は、そもそもなぜ〈象徴形式〉が成り立つのかを説明しようとしていない」[28]と言われ、ハイデガーの批判を受け継ぐかたちで、理論の「出発点」である人間存在を課題として取り上げている。このような観点にもとづいて、現実に生きている人間が真理に関わる媒介のあり方として、修辞学があらためて主題とされるのである。このような修辞学の再評価は、すでにハイデガーが『存在と時間』に先立って展開したアリストテレス解釈と共鳴する。それというのも、ハイデガーは一九二二年の「アリストテレスの現象学的解釈」、および一九二四年の講義『アリストテレス哲学の根本概念』を通じて、現存在概念に繋がる実践的理性の検討の過程で、アリストテレスの「修辞学」を高く評価していたからである。絶対的明証性に依拠するデカルトの方法論と異なり、蓋然的な言論活動をその領域とする修辞学は、確かに理論的確実性こそ劣るものの、何よりも人間の生の日常的様態に即し、生きられた現実を具体的に解明するものと理解されている。そのため『アリストテレス哲学の根本概念』においては、「修辞学とは、現存在の自己解釈が明確に遂行されている学科にほかならない……」。つまり修辞学とは、具体的現存在の解釈、すなわち現存在そのものの解釈学にほかならない(29)」と述べられるのである。ブルーメンベルクは、ハイデガーにおいて現存在の自己解釈という位置を与えられた修辞学を、人間が現実に関わる際の「生の技法」として人間論的に捉え返し、そこに象徴的媒介や隠喩使用の根拠を求めていくことになる(30)。

ブルーメンベルクの修辞学理解において出発点となるのは、ゲーレンなどの哲学的人間学にも見られる人間観、すなわち「欠如」と「過剰」のあいだを揺れ動く有限な人間のあり方である。なぜなら、修辞学は古来より哲学との競合関係に置かれており、ソクラテス・プラトン的な真理探究に対してソフィストの「詭弁術」がそうであったように、真理への到達不可能性という「欠如」を言論によって埋め合わせるものであるか、あるいはキケロに見られるように、獲得された真理を「装飾」し、心地よいものとして伝達する「過剰」の現れと考えられたからである。このように修辞学は、「欠如」としての人間にとって、獲得しえない真理を補う代替として活用される場合であれ、あるいは「過剰」としての人間によって、獲得した真理を伝達する雄弁として用いられる場合であれ、いずれにしても真理からの何らかの隔たりによって規定されている。それは真理に対する過剰か欠如なのであり、絶対的な真理を覆う仮象の被膜であり、直接的な現実への迂回路なのである。そのため、神的な真理を直視したり、剥き出しの現実に触れたりすることのできない人間の有限性が修辞学の基盤とみなされる。「人間の現実は、間接的でまわりくどく、遅延しており、選択的で、何よりも〈隠喩的〉である」[31]。つまり修辞学は、真理への到達の不可能性を前提とした「仮象の技法」であるか、真理の直接的伝達の不可能性にもとづく「説得の技法」であるかのいずれかであるが、どちらにしても修辞学は、現実に関わる人間のあり方に介在し、「他なるもの」を介して現実に接近する手段なのである。

染みのところに目をやるのである」[32]。

「〈象徴を操る動物〉たる人間は、自分にとってはまるで死の世界とも思える現実を、象徴的に捉えることによって支配する。人間は自分にとって無気味なところから目を逸らし、自分に馴染みのところに目をやるのである」[32]。

人間は直接的な現実にさらされることに堪えられないがゆえに、象徴という迂回路を経ることで現実を馴致し手中に収めるという人間理解は、ブルーメンベルクの思想全体に通底している[33]。例えば『神話の変奏』（一九七七年）においても、ハイデガーの「不安」の分析を前提としながら、そうした事態が次のように定式化されている。「生命は、〈裸の〉真理とともに生きることはできない。なぜなら……生命は、環境世界と〈意義〉の完全な調和という遠大な歴史から生じるものであり、その調和は最後の局面になって初めて解体するからである。そこで生命は、底なしの深淵に向かう直接性、あるいは自らの存立を不可能にしてしまいかねないところに向かう直接性を常に自身から奪い去り、己れを震撼させる〈本来性〉の呼びかけに対して耳を塞ごうとするのである」[34]。剥き出しの現実を主張する「現実の絶対主義」に対して、意義や歴史による媒介を通じての生の自己保持を対比するこのようなブルーメンベルクの理解は、「真理とは、それなしにはある種の生命が生きることのできない誤謬である」[35]という命題によって生存の技法としての非真理を語ったニーチェと、有意義連関に媒介された解釈学的了解を「世界‐内‐存在」の構造として分析した『存在と時間』のハイデガーを共に踏まえたものである。人間の現実との関わりが、有意義性にもとづく言語的・象徴的機能によって常に媒介されている以上、人間はあらかじめ特定の「本質」をもっているのではなく、世界との関係を通じてその規定を不断に変更し、変貌を遂げていくものと理解される。ブルーメンベルクにとっては、そうした象徴と現実がせめぎ合い、自己規定が流動的に変化する不安定な領域にこそ、「われわれが生きているさまざまな現実[36]」があると言えるだろう。

(3) 修辞学と非充足理由律

ブルーメンベルクにおいて修辞学とは、人間の生の不安定な現実と、文化や歴史といった象徴的媒介を経ることで現実の中での生存が保障される事態を集約したものである。人間とは特定の本質をもったものではなく、自発的にせよ強制的にせよ、新たな意味を産出し享受しながら生き続け、いわば自らの本質を絶えず成型するのを余儀なくされている。「過剰」として象徴作用を創造的に行使するか(カッシーラー)、その背景に常に「不安」を潜ませ、そこからの「頽落」として世界を意味化するか(ハイデガー)、いずれにしてもそこには、あらかじめ固有の「本性」なるものをもたず、むしろ自らの「本質」を不断に形成し続ける人間の姿が現れる。ここからブルーメンベルクは、ライプニッツの「充足理由律」を逆転させ、修辞学の原理を「非充足理由律」（principium rationis insufficientis）と名づけている[37]。「すべての修辞学の根本命題は、非充足理由律である。これはまた、本質を欠いた存在である人間を論じる人間学に対応したものでもある。ライプニッツは、〈なぜ何ものかが存在して、むしろ無ではないのか〉という問いに対しては十分な理由を示すことができると考えたが、もし人間の世界がそうした形而上学的楽観主義《オプティミズム》に見合ったものであるなら、いかなる修辞学も存在しえないことになるだろう[38]」。

修辞学の「非充足理由律」とは、それが真理よりも蓋然性、必然性よりも偶然性を活動領域とすることで、人間の本質の未規定性と偶然性とに深く関わっていることを表している。人間の「自然本性」（natura）はけっして「自然そのもの」（natura）と一致することはなく、そこにはいつでも何らかの「過剰」や「欠如」が含まれている。そうした「過剰」と「欠如」の振幅の内を揺れ動きながら、自らの本質を他者に対して提示するだけでなく、自己のありようを自己自身に対しても形作っていくところに、修辞学の人間論的意味が認められる。そのため、修辞学とは他者の説得であるばかりでなく、自己自身に対する説得でもある。こうして、ブルーメンベルクは、修辞学の人間論的基礎という問題設定から、自己性の謎とでも言うべき

「同一性」を、象徴的媒介による自己成型という主題に結び合わせることになる。「われわれはわれわれ自身にとって現象であり、第一次的な多様性を二次的に総合したものなのであって、けっしてその逆ではない。同一性を実体的に捉える思考はこうして解体される。同一性というものは実現されねばならないのであり、一種の遂行に移されるものである」[39]。こうしてブルーメンベルクにおいて、修辞学に見られる世界や他者との蓋然的な関係は、有限で偶然的な主体の遂行的自己形成という問題に結実する。

修辞学を意義による自己理解の媒介と捉えるブルーメンベルクの着想は、ハイデガーが行った修辞学の再評価、およびその路線を継承したガダマーの解釈学にも共通して見られるものである。修辞学への人間論的アプローチという問題設定も、アリストテレスの修辞学の内に「現存在の解釈学」を見て取り、カッシーラーの象徴形式の理論に対して実存論的分析の必要性を訴えたハイデガーの構想と近いものをもっている。しかしながら、「基礎存在論」を目標として実存論的分析を展開したハイデガーと異なり、ブルーメンベルクは主体の遂行的形成を存在論的な問題設定に直結することを避けている。ハイデガーが、実存範疇という一種の「形式」を分析の中心に据え、そこから時間性という「構造」に遡及しようとするのに対して、ブルーメンベルクはむしろ主体の自己形成という問題にあえて踏みとどまり、その形成過程を徹底して歴史的に追跡しようとする。つまりブルーメンベルクは、修辞学の再評価とその人間論的解明という地点まではハイデガーと歩みを共にしながらも、修辞学を自己存在の解釈学へと展開するハイデガーとは袂を分かつのである。ハイデガーにおいて、修辞学と解釈学を対にして、修辞学を解釈学の普遍性の内に回収する点に、のちのガダマーの哲学的解釈学に繋がる着想があるとするなら、ブルーメンベルクの構想は、修辞学を自己存在の解釈学的「構造」にではなく、その歴史的生の「形成」に結びつける点で、発生論的な「生の修辞学」の試みとも言えるだろう。

三　歴史的主体の形成

(1) 難破船と主体

哲学と修辞学の古来からの競合関係を再考し、伝統的に真理からの逸脱と捉えられがちであった修辞学、あるいは言語や象徴による思考の内に新たな可能性を見るという方向は、「言語論的転回」の一翼を担い、修辞学や詩学への傾斜を深めた二十世紀の哲学的解釈学に顕著に現れている。そこには、直接的な自己知に対する媒介的関係性の優位、あるいは実体的同一性とは異なった機能的・遂行的同一性への着目という共通の着想が窺える。実際のところ、意義連関による自己了解の媒介、言語性と歴史性への着目など、修辞学をめぐるブルーメンベルクの理解は、ハイデガーからガダマーにいたる哲学的解釈学と多くの共通点をもっている。しかしながら、有限な人間の自己理解の歴史的形成を具体的に見届けようとするブルーメンベルクの構想は、『存在と時間』のハイデガーのように、解釈学的了解を支える構造として時間性や歴史性といった実存論的・超越論的形式を取り出すものでもなければ、またガダマーのように、[40]修辞学の問題を解釈学的な像論・歴史論・言語論の内に吸収することによって、解釈学の普遍性を根拠づけるものでもない。その点では、象徴的媒介を人間存在の不安定性との関係で捉えるブルーメンベルクの人間論的修辞学は、実存論的分析や哲学的解釈学に比べると、一見すると射程の短い議論にも聴こえがちである。しかし、経験的事実と哲学的意味がせめぎ合う思想史という場面を考察するには、普遍的構造による一般化を避け、そのときどきの歴史的局面に即して、事実と思想の複雑な絡み合いを叙述するそうした姿勢が、かえって利点になる。なぜなら、一般の歴史と同じく、あるいはとりわけ思想史においては、普遍性や構造的必然性ではなく、偶然性や多義性が問題となるばかりか、その偶然の事実がそのときどきの歴史的条件によっていかに組織化され、いかに制度化されるかが問われるからである。偶然の積み重ねと見えるところに、どのように歴史としての連続性が現れ、なおかつそこに「時代」の転回や革新が確定されていくのかという点に、歴史を考察する際の最大の謎がある。歴史においては偶然で多様な事実が累積され、そこにある種の類型や集合が生じるのは確かだが、歴史を語る主体を抜きにして、散漫な事実の積み重ねが単純に歴史として命名されることはない。そこでブルーメンベルクは、そうした歴史の形成、あるいは歴史を歴史として語る主体の形成を、構造や形式としてではなく、それ自身歴史的・事実的経過として考察していくことになる。[41]

ブルーメンベルクの構想する主体形成の思想史は、あくまでも「主体」という問題に定位しながら、とりわけ近代的主体の成立を歴史的に具体的な主題として追跡しようとする。歴史を考察する主体がそれ自身歴史の中でいかに成立するかという問いは、観察する者自身が観察される側に巻き込まれてしまう事態、観察する主観が観察される客観に転じるような事態である。ブルーメンベルクは、思想史の内に現れるひとつの隠喩の変遷を追うことによって、このような複雑な事態を跡づける試みを行っている。それが、「難破」という比喩によって、隠喩論的な思想史を叙述したある論考である。「生存の隠喩の範型」という副題をもったこの小論（一九七九年）は、観察者そのものが観察される事柄の内部に反転して取り込まれるありさまを、二重の意味をもつ標題の内にも籠めている。それというのも、*Schiffbruch mit Zuschauer* というその標題は、観察者によって目撃されている難破という意味をもつだけでなく、Schiffbruch mit ...（……の失敗）という成句を踏まえることで、観察者という定位置そのものが失効する危機的事態をも言い表しているからである。したがって『難破の観察者、あるいは観察者の難破』というかたちで二重に訳すほかはないこの論考では、時代ごとに用いられてきた「難破」の比喩を手がかりに、古代における理論的観照の優位から、そうした客観的な観照者がもはや成立しえなくなる現代にいたる状況を印象的に点描してみせる。荒れ狂う波に翻弄される難破船を安全な岸辺から観察する人物——ルクレティウスが『事物の本性について〔自然学〕』（前一世紀）において「陸から他人の大変な難儀を眺めた」と記述する傍観者——は、古代の理論的観照者の隠喩となっているが、さらに近代になって、ヴォルテールの『ミクロメガス』（一七五二年）における「シリウス星の巨人と土星人」という地球外の巨大な傍観者に及ぶ系譜を形作っている。これは、経験的世界に拘束されることなく、現象を統括し支配する超越論的主観の隠喩と考えられるだろう。しかし、そうした無関心な観察者が現代においてはもはや危機に瀕し、成立不能になっていることを示すために、ブルーメンベルクはニーチェの『喜ばしき知恵』（一八八二年）からの一文を挙げている。「われわれは背後の桟橋を取り壊し、それどころか戻るべき陸地までを破壊したのだ。さあ、孤舟よ、心せよ、……もう陸地など存在しないのだ」（アフォリズム一二四）。こうした状況は最終的に、立ち寄る港を失い、自前の材料で船そのものを修繕し補強しながら果てしなく航海を続ける「ノイラートの船」の比喩にいたる。(42)それは形而上学が失墜すると同時に、「揺るぎなき地盤」や究極的根拠づけという古典的理念が崩壊した現代の状況を暗示するものである。

「修辞学の現代的意義」において示された隠喩や象徴の位置づけを踏まえながら、「難破」を手がかりとする隠喩的思想史を考察するなら、そこからは歴史理解にまつわるきわめて複雑で自己言及的な事態を読み取ることができるだろう。「難破」の隠喩史が語っているのは、傍観者の誕生からその失効にいたるまでの歴史であり、難破の観察者が自ら洋上に放擲され、難破の当事者になっていく転倒の経緯である。安全な岸辺から災厄を眺めていたはずの客観的観照者は、当事者である自分以外には目撃者の存在しない全面的な難破に巻き込まれている。「私たちは、自分たちがそれに乗って洋上を漂っている波の正体を知りたいと思っているが、実は私たちこそがその波なのだ」（ブルクハルト）。これは、歴史の美的鑑賞者として出発したブルクハルトが、革命の歴史を語る際に自らの立場に迫る危機感を表明した言葉である。(43)しかしながら、このような自らの危機的状況を理解するために隠喩を用いるということは、象徴的媒介という「他なるもの」を介在させることを通じて、それ自体としては理解不可能な流動的な現実を自身にとって理解可能にすることでもある。ブルーメンベルクにおいては、修辞学の名のもとに総括された象徴的媒介は、直接的現実に対処する偶然的で有限な人間の方策として、「非充足理由律」の表現とみなされているが、自らが巻き込まれる難破というイメージは、まさにその「非充足理由律」そのものの隠喩だとも言えるだろう。そのため、自己自身が巻き込まれる難破という仕方で自らの偶然性を語る隠喩は、隠喩というかたちを取ることで、現実を理解可能な象徴へと転換し、そこに現実を観察するための何らかの距離を生み出していることになる。つまり、難破へと巻き込まれる経緯そのものを隠喩として語ることによって、その隠喩を語る者は語りのための新たな象徴的な岸辺を作り出すのである。「難破の観察者」から「観察者の難破」への推移がひとつの歴史である以上、それはまさに、「歴史」を語る者が立つ象徴的な岸辺にほかならない。そしてその岸辺もまた、けっして歴史の彼岸の安全地帯などではなく、そのものが絶えず歴史の波に洗われているだけでなく、ことによるとそれ自身が再び漂流を始めるかもしれない非有の岸辺なのである。

（2）関心の歴史化と近代の正統性

歴史はいかにして語られるか、そして歴史を語ることそのものがどれほど歴史の中に組み込まれ、それ自身が歴史として変遷していくか――つまり、歴史の中で歴史を語る者がいかにして形成されるか――といった問題が、ブルーメンベルクの思想史の根底に働いている。そのためブルーメンベルクの構想する思想史は、「歴史を語る」という機構そのものをけっして自明視せずに、「歴史」およびその「語り」というものの歴史的成立過程を考察するという、きわめて捩れの大きな議論を含んでいる。それはまた、言語行為を含む人間の象徴的媒介の形成を歴史の場面であらためて俎上に載せ、それをさらに人間の主体の確立という問題と接合し、主体の成立史として語り直すことでもある。「歴史の語り」という問題を修辞学的行為の一環として理解するこの問題意識は、二十世紀の歴史の物語論《ナラトロジー》にも通じるものではあるが、物語論は、話者の立場から一貫した歴史的語りの形成が行われる事態を前提し、さまざまな歴史陳述の類型を修辞学的範疇によって物語の種別として整理しようとするのに対して[44]、ブルーメンベルクの修辞学的歴史論は、話者自身の語りの視点そのものが歴史の中でいかに形成されるかという先鋭な問題意識を含み、範疇化や構造化にとどまらない生成の過程が主題とされるのである。

　歴史はどのようにして歴史として語られ、その背景にはいかなる経緯が潜んでいるのかという問題を取り扱うに当たって、ブルーメンベルクは、修辞学の問題におけるのと同様に、人間論的観点から、人間の偶然性・有限性を出発点とする。自らの存在に不安をおぼえ、意のままにならない偶然にさらされ続ける人間が、自己の存在をどのように意味づけるかという点から、人間の生存の条件としての歴史が検討されるのである。そしてここでは、そうした自己に対する人間の意味づけが成功した時代として、何よりも「近代」の優位が語られることで、考察の主題は、近代という時代、および近代的主体の成立を歴史的に辿るところに絞られる。つまりブルーメンベルクは、自己の存在を意味づける修辞学的主体の確立を、思想史という局面において、近代に固有の出来事として特定し、主体と近代の同時並行的な成立を跡づけようとする。近代がそれ固有の必然性をもって成立し、その成立には人間論的に独自の意義が存在するという論点から、ブルーメンベルクにとって中心的な主題となるのが、近代の成立にそれ固有の意味を明らかにすること、すなわち「近代の正統性」という問題である。

ブルーメンベルクの最初の主著『近代の正統性』は、近代批判が喧しく語られる現代にとってだけでなく、すでにアドルノ・ホルクハイマーの『啓蒙の弁証法』(一九四七年)などが流布していた当時の状況に照らしても、近代擁護論と受け取られかねないその論調の点で反時代的な書物であった。そのため、七〇〇頁に及ぶこの浩瀚な著作は、古代から現代にいたるまでの膨大な思想史上の議論を縦横無尽に展開する一方で、同時代の近代批判に対するさまざまな応答を籠めた論争の書でもある。近代を古代・中世の「世俗化」と捉えることで、近代独自の意味を過小評価するレーヴィットの世俗化論、あるいは同じく「世俗化」を主題として、近代の政治学的・法学概念と中世の神学概念の連続性を主張するカール・シュミットの議論などが、ブルーメンベルクが疑義を申し立てた相手であった。さらには、存在論的な問題意識にもとづいて近代の主観・客観構造を批判し、近代性を一挙に乗り越えようとするハイデガーの鮮烈な主張は、その人間論的・実存論的問題意識の近さからしても、ブルーメンベルクにとって何よりも批判的に検討されねばならない主張であった。(45)

「世界-内-存在」という統一的現象に依拠することによって、従来の二元論的な主観・客観関係とは異なり、非対象的・前述定的な生活世界の経験を取り出したハイデガーと同様に、ブルーメンベルクもまた、現代における理論的観照者の失効に注目し、主観・客観関係が反転し動揺する事態を重視していた。ハイデガーが、世界-内-存在に特有のあり方として、世界の内に投げ込まれた自らの存在を配慮するという「関心」(Sorge; cura 憂慮)を挙げていたように、ブルーメンベルクにおいても、人間の有限性・偶然性が根幹に据えられ、意義連関を通じての解釈学的媒介が重視されていた。ハイデガーが『存在と時間』で分析したヒュギヌスの寓話の冒頭「憂慮〔関心〕が川を渡り」を、(46)晩年のエセー集(一九八七年)の標題としているように、(47)「関心」の問題はブルーメンベルクの思考において重要な位置を占めており、人間の有限性との関係で議論の核心を担っている。[48] しかしながら、ハイデガーは「関心」を普遍的な実存論的構造と理解し、それゆえ近代における対象的な主観・客観関係を根源的構造からの派生的事態とみなすのに対して、ブルーメンベルクにおける「関心」は、実存の構造を表す術語として主題化されるというよりは、むしろ歴史的な自己形成の問題の一駒として扱われる。[49] そのため、ハイデガーにおいて近代的世界観が、現存在の存在態勢の歪曲という構造上の問題として一挙に処理されるのとは異なり、ブルーメンベルクにおいては近代的世界観の成立そのものが、構造的に「関心」に根差すと同時に、歴史的に正統性をもつ事態として検証されるのである。したがって、実存範疇として捉えられたハイデガーの「関心」概念をさらに歴史化し、いわば、関心の歴史性を主題とするところに、ブルーメンベルクの特質がある。そこで、ハイデガー的な「関心」概念を歴史化し、その変遷を辿る歴史的契機としてブルーメンベルクが提示するのが、「グノーシス主義」と呼ばれる歴史的定数である。そのため、「近代はグノーシス主義の克服である」という『近代の正統性』の基本的テーゼが中心に据えられ、[50] 近代的主体との関係においてその変遷が語られることになる。

四　グノーシス主義とその克服

（1）「問い」としてのグノーシス主義

『近代の正統性』において、その中心となるのは、自己の存在根拠を保有することなく、生の裸形の事実性の内に投げ込まれる一方で、「思想」というかたちで自らの意味を象徴的に獲得しようとする人間の姿である。自らの生存の確実性への到達不可能性を生の事実として受け容れながら、象徴的媒介を介して確実性に代わる生の蓋然性を確保するところに、ブルーメンベルクにとっての「修辞学」固有の意味があった。その点で『近代の正統性』はそうした生の修辞学の歴史的展開を試みたものであり、それはまた、意味と無意味の境界で揺れ動く事実性の解釈学、あるいは自己獲得と自己喪失の揺らぎを問う「生の技法」（ars vivendi）と「死の技法」（ars moriendi）を展開するものである。[51] そうした事実性と意味との緊張関係が、『近代の正統性』においては、「グノーシス主義」という歴史的定項として主題化されるのである。『近代の正統性』における「グノーシス主義」とは、自己の存在への配慮に付された歴史的名称であり、人間の生の意味を脅かす契機に対する総称として歴史的に検証される。ブルーメンベルクにとって、思想史の主題が当の思想史を考察している現在のわれわれの立場そのものの成立過程なのであり、歴史を語る「現在」という視点抜きにしては考えられない。「歴史を考慮しながらも、その実は歴史を無化し、現在を問うことなく現在を確認するだけにとどまるなら、それは歴史から退場し、歴史という重荷を投げ出すことになる」[52]からである。『近代の正統性』は、歴史を考察する「現在」という地点そのものが成立する過程を問題にするのであり、歴史を俯瞰的な視点から語る匿名的な歴史論を拒絶する。そのためブルーメンベルクは、『存在と時間』のハイデガーと問題意識を部分的に共有しながらも、「存在が到来することで、歴史全体が存在忘却の歴史であることが暴露される」[53]ような後期ハイデガーの「存在史」からは距離を取ると同時に[54]、歴史を語る歴史家自身の視点を不問に付す実証主義とも一線を画す。そのため『近代の正統性』における「グノーシス主義」とは、実証的・歴史学的な探求によってその影響史が確実に検証されるという性格のものではない。むしろ、歴史の中で遂行される生の修辞学という関心が先行することによって、「グノーシス主義」という問題が発見されるのであり、それは、実証的な思想史的分析によって取り出される「事実」とは明らかに別物なのである。もちろんこれは歴史的に恣意的な解釈が無制限に許されることを意味しないが、少なくとも「グノーシス主義」という概念を歴史的に示される固有の意味よりも拡張して、ある種の歴史的定項と捉えることを可能にしている。「それらの問いがあからさまには表明されえなかったこと、またテクストの中でのそれらの問いの不在がけっして偶然ではないこと、そうしたことがわれわれにとっての解釈学上の課題となる。この場合はやはり、発言・学説、および教義・思弁・思想的前提を何らかの問いに対する回答と見なし、その回答をありうべき問いへと遡及的に結びつけることが問題となるだろう(55)」。

生の修辞学という関心のもとで見られた「グノーシス主義」とは、人間に対してその存在の脆さと不安定性を赤裸々に示し、その意味を疑問に付す「ニヒリズム」の問いであり、思想史の中で形を変えて繰り返し立ち現れてくる人間の不安の表現である。そうした問いに応える思想上の契機は時代や状況によってさまざまな形態を取り、それらのあいだには実証可能な影響関係はかならずしも存在しない。その点で、『近代の正統性』が構想する思想史は、歴史を担う何らかの同一的実体を前提することなく、発展や衰退というモデルからも離れて、むしろ問いと応答という機能的な連関の中で思想の運動過程を叙述しようとするものである。このような捉え方を明示するために、ブルーメンベルクが提示するのが「代替」(Umbesetzung 再充填)という考察方法である。通常の歴史記述が、ある学派にせよ思想にせよ、何らかの実体を想定し、その実体の発展的成長や段階的衰微を連続して叙述するのに対して、ブルーメンベルクは、カッシーラーの構想に従い、歴史における実体概念を関数〔機能〕概念へと転換することで、「問い」という機能的連続性のみを承認し、問いに応答する学派や思想の実体的同一性には依拠しないという方針を採っている。そのため、有機体の成長をモデルにして語られがちな歴史や、歴史そのものの実体や目的を主題とする「歴史哲学」が拒絶され、共通の枠組みの内に生じる空所を多様な主体が交替して埋めていく「代替」のモデルが提示されるのである。

『近代の正統性』における思想史は、「世界・神・人間」という形而上学の基本的主題を中心として、そこにいかにして安定した世界観が構築され、人間の生に対して十全な意味を与えるかという問いをめぐって展開される。「グノーシス主義」とは、そうした問いを最も先鋭なかたちで打ち出したものとして、思想史を考察するある種の定項とみなされる。歴史的には紀元一・二世紀に誕生したキリスト教の異端であるグノーシス主義は、プラトンにおける形相と質料、イデアとヒュレーをめぐる難点を極端な仕方で拡大し、精神と物質の二元論を主張したものと理解される。もとより、グノーシス主義という歴史的存在は、キリスト教正統派による組織的な弾圧のために、二十世紀中葉に『ナグ・ハマディ文書』が発見されるまではオリジナルの資料すら存在せず、その学派の成立年代や個々の思想家の関係もいまだ判然としないものである。そこでブルーメンベルクは、二十世紀初頭のグノーシス研究の先駆けであったハルナック『マルキオン――異他なる神の福音』（一九二四年）に依拠しながら、その哲学的世界観と徹底した救済論を元に、ひとつの思想的定型としてのグノーシス主義を規定していく。グノーシス主義を代表する二世紀のマルキオンは、プラトンの主張を極端な二世界説として解釈し、それをキリスト教の救済論と重ねることで、この世界を創造した造物主《デミウルゴス》（旧約の神）と、魂の無償の救済を行う「救済神」とを区別する。そのうえで、物質的世界の創造者としてのデミウルゴスを悪の根源として拒絶し、純粋な愛としての「未知なる神」に対する「覚知《グノーシス》」によって救済にいたる道を示そうとする。そのため、マルキオンにとっての神とは、ハルナックの研究書の副題にもあるように、現実世界と一切の関わりをもたない「異他なる神」である。こうした理論的な徹底を図ることで、マルキオンは世界観の内に架橋しがたい分裂を招き入れ、現実世界に生きる人間存在の不安を際立たせることになった。「マルキオンは、世界に対する責任を免除された未知の神を、徹底して無制約的に人間の救済に与するものとした。しかしその代償として、ギリシア人の宇宙論的形而上学が否定され、聖書の創造概念によって承認されえたかもしれない世界への信頼が破壊されることになった(56)」。

ブルーメンベルクにとって、グノーシス主義とは、プラトンの内に内在していた理論的難点を人間の実存の問題として先鋭化し、現実の世界と人間の生の意味の源泉とを分離することで、思想的な危機をもたらしたものと理解される。それは、「創造の神」と「救済の神」の分離、すなわち世界の存立に関わる原理と人間の生の究極目標との乖離に起因する葛藤であった。確かに、グノーシス主義の一派は、この後キリスト教の正統的教義が確立することによって歴史の表舞台からは姿を消すが、問いの類型としての「グノーシス主義」は、古代から中世にかけての根本的問題を惹起し、引き続き思想的課題を提示することになる。「グノーシス主義は、人間にとっての世界の質という問題を差し迫った課題とした。そのため、グノーシス主義に対抗して教父神学と中世が示した反論の中には、〈弁神論〉(Theodizee) としての〈宇宙弁護論〉(Kosmodizee) という条件が組み入れられることになった。さらに近代は、その〈人間弁護論〉(Anthropodizee) を、人間に対する世界の無配慮、つまり世界の非人間的な無秩序にもとづくものとみなすことで、その条件を廃棄しようと試みた[57]」。ここでは、伝統的な形而上学が展開する「神・世界・人間」という問いの成立が、むしろその各々の意味を確定する一連の「弁護論」(弁神論・弁世論・弁人論) にもとづいているということが指摘されている。そこから、思想的類型としてのグノーシス主義が提起した問題は、教父神学と中世スコラ学において、まずは創造神と救済神の統一という仕方で解決され、さらに究極的には近代における主体性の「自己主張」によって克服されるといった見取図が描かれるのである。

（2）グノーシス主義の克服と理性の自己主張

『近代の正統性』においては、古代末期に始まるグノーシス主義の問題系を思想史全体に通底する基底的要素とする基本的構図に沿いながら、グノーシス主義の二段階的な克服が想定される。「近代はグノーシス主義の克服である。このことは、中世初期におけるグノーシス主義の克服が持続的には成功を収めなかったことを前提としている」[58]。つまり、古代末期のアウグスティヌスによる正統的教義の確立は一度はグノーシス主義の克服を果たしたものの、それがギリシア思想とキリスト教という異質な要素を統合したものである以上、なおも存在論的・宇宙論的難点を内包しており、その克服が近代という「時代」を成立させたというのが、『近代の正統性』の根本的な主張となっている。そうした近代の成立に関しては、十三世紀におけるラテン・アヴェロエス主義の勃興とパリ大学におけるアリストテレス禁令の動きなど、世界論・宇宙論をめぐる論争が重視され、最終的には中世末期のオッカムによる「神学的絶対主義」が中世の体系的危機をもたらし、それが近代の引き金になったとみなされる。ここで、近代的な思考の出発点と理解されているのは、オッカムにおける「神の絶対的能力」（potentia dei absoluta）に見られるような神の全能の強化と、それと対応した人間の位置づけの後退である[59]。中世末期においては、神の全能をめぐる議論が極端なかたちで推し進められ、超越の絶対化と内在性の強化という相反する方向が同時に生じることで、超越と内在の分裂としてのグノーシス主義的状況が再来する。超越の徹底した理解ゆえに内在性との連繫が見失われ、古代末期の情勢がそうであったように、神・世界・人間の有機的な体系が再び解体の危機にさらされる。そのような中世末期の意味の空白を「再充塡〔代替〕」するものとして、最終的に人間の自立的な主体性が形成され、グノーシス主義の最終的な克服がなされるものと考えられるのである。

中世末期の体系的危機を歴史的に考察し、近代の発生地点を見定めることによって、ブルーメンベルクは、自らの生の修辞学を歴史的場面で検証し、そうした具体的・歴史的現象を、人間の生の自己確立という主題に結びつけようとしている。「神学的強要の圧倒的な圧力のもとで、人間的主体は確固たるものとなり始め、新たな凝集状態を取り始める。それは隠れた絶対的意志という後ろ盾にとっては、分裂させることも変化させることもできない、いわば原子のような根源的状態をもつことになる。絶対主義は自らに委ねられているものを縮減する。しかし絶対主義は、それによって定項を、つまりもはや侵すことのできない中核を明確にするのである(60)」。「神学的絶対主義」は、超越の絶対的隔絶と知解不可能性を主張することで、認識論的には唯名論と重なるものであり、これが中世スコラ学の世界観を大きく動揺させる。そうした危機的状況にあって、体系を安定させる新たな要素として、人間の自己保持と自己主張が、中世末期の絶対主義を背景に浮彫りになる。もはや絶対的超越を中核に据えることのできない世界観の中で、近代的主体がその「代替」として自らを確立し、自己自身を根拠づけるものとして保持されるのである。「〈自己主張〉はそれゆえここでは、生物たる〈ヒト〉を、人間の本性にとって使用可能な手段によって現実的かつ生物学的・経済学的に保存することではない。それは、人間が特定の歴史的な状況の中で自己の現実存在を従わせる生存のプログラム、人間が自己を取り巻く現実にどのように対処するのか、そしてどのように自己の可能性を実現しようとするのかをあらかじめ素描する生存のプログラムを意味する[61]」。

近代における自己保持の位置づけは、神学的世界理解の次元においても、中世末期から近代初頭に見られる「持続的創造」(creatio continua)が、「自己保持」(conservatio sui)あるいは「保持」(perseverare)へと転回する局面からも確認することができる。「自己保持」の概念そのものに関しては、ストア学派に起源を有するその思想史を叙述したディルタイの古典的な論考があるが[62]、ブルーメンベルクはこの「自己保持」の概念の内に、「他動詞的」自己保持と「自動詞的・反省的」自己保持とを区別し、近代の特質として後者の自己保持概念を際立たせている。そのような整理をしたうえでブルーメンベルクは、近代思想において、ホッブズやスピノザの「力」(conatus) 概念に見られるような自己完結的・再帰的な「自己保持」の理解を、「単に他のものと並ぶひとつの合理的原理ということではなく、むしろ新たな合理性自体の原理そのもの」[63]とみなすのである。

近代思想の本質的契機とみなされる「自己主張」(Selbstbehauptung) ないし「自己保持」(Selbsterhaltung) とは、生物学的・事実的な意味での生命の自己保存ではなく、むしろそうした直接的な生の事実性を再帰的に意味の次元へと媒介し、自らの可能性を理解可能な意味として把握する主体の自己解釈を指している。それはいわば、直接性の回避であり、自己再帰的な媒介による理性自身の自己保証である。このような事態を典型的に示している事例としてブルーメンベルクが注目するのが、ベール『歴史批評辞典』(一六九七年) における「リミニ」の項目である。ベールは、十四世紀のアウグスティヌス会士リミニのグレゴリオスが「神も人を欺くことがありうる」という議論を展開したことに触れながら、「神が真理を剥き出しのかたちで提示したら、われわれにはそれを凝視する力があるだろうか」[64]と問いかけ、これをデカルト『省察』(一六四一年) の第二答弁と関連させている。ブルーメンベルクによれば、ベールはここで「人間の理解力に合わせた真理」という可能性を示唆することで、真理と幸福のあいだの構成的な関係を断ち切り、真理の直接性と人間の存立の確実性とを分離するが、そうした着想が、やがてはデカルトにおける「欺く神」の議論、および「われ思う」の絶対的確実性という構想に繋がるものとされる。「デカルトは、唯名論的な〈絶対的能力〉を〈欺く神〉（genius malignus）の仮説へと徹底することによって確実性への疑いを先鋭化したため、唯名論者がオッカムの主張に対応させた実用主義的な定式〔オッカムの剃刀〕では、もはや理性の自己主張にとっては不十分となった[65]」。そこでデカルトは、「永遠の真理」さえも神の意志に依存させる主意主義的な絶対的神概念を想定し、一切のものへの容赦ない懐疑を経たのちに、「超越的絶対主義の側に置かれていたものを、主観とその確実性要求の側に取り戻す[66]」にいたるのである。

こうしてデカルトにおいては、中世末期に生じた絶対的真理と人間の存立との乖離が、理性の自己確実性の内に回収されることで、真理と存在の一致が理性の自己主張の内部で確立される。理性は、認識の確実性という問題設定によって一旦は世界との関係を疑問視するが、方法的懐疑を通じて世界を遮断したのちは、世界の存立如何に左右されることのない絶対的確実性と同時に、理性自身の自立的存立をも確保することになる。一見すると真理の直証性をモデルにしているように受け取られるデカルトの「コギト」は、むしろ理性の存立から独立した絶対的真理という思考（「永遠真理創造説」）を出発点として、それでもなお真理と理性とが同時に存立しうる場所を問い求めることを通じて獲得された領域だと考えることができるだろう。それがつまりは、理性の自己主張という、理性的自己の内部で自らの意味と存立を同時に確保しうる近代固有のモデルだったのである。

五　思想史を語る主体

(1) 近代と歴史的理性

近代をグノーシス主義の克服と捉える『近代の正統性』の見取図は、生の自己媒介と自己保持というブルーメンベルクの人間論的主張を歴史的次元において検証したものである。生の自己保持の確立は、剥き出しの事実的生を理解可能で安定した世界観へと構築していく理性の自己主張の成立過程と重なるものと理解されていた。ハイデガーにおける「関心」にも通じるこの議論は、「生の修辞学」と呼びうるブルーメンベルクの構想を具体化したものである。そのため『近代の正統性』においては、ハイデガーでは配慮の頽落形態と理解される「好奇心」もまた、近代初頭に固有の「理論的好奇心」の誕生として、歴史的にその発生の経緯が叙述されている。ハイデガーが本来性から非本来性への移行という仕方で実存論的な構造の変容として分析していた事態を、ブルーメンベルクは、中世において「目の欲」（concupiscentia oculorum）として否定的に評価されていた知的好奇心が、近代への転換期において、とりわけペトラルカ「ヴァントゥー山登攀記」（『親近書簡』第四巻一）などを境に、徐々にその価値が上昇してくる歴史的変遷として跡づけている。それは、古代における「観照」に対して、近代の「理論」が独自の意味を獲得するにいたる経緯でもある。「近代における認識への意志を刻印し、それを自己主張の根源的な配慮に結びつけているものは、新しい種類の〈真剣さ〉である」(67)。ここで語られる「真剣さ」（Ernst）とは、実践的利害をともなわない古代的観照《テオリア》とは異なった、生への現実的な関心であり、自己の存立を確保することに向けての強い意欲である。そうした自己への関心としての「真剣さ」こそが、近代固有の精神性の源泉とみなされている。つまり、「理論的好奇心」という理性の中心的契機が近代において確立される過程は、近代における理性の自己主張の一環として、つまりはグノーシス主義克服の一契機として理解されるのである。

理性の自己主張の確立を叙述する『近代の正統性』は、近代的理性がそれ自身の成立を語るといった自己言及的性格をもっている。もとより原理的思考一般は、その原理を考察する思考そのものが当の原理によって基礎づけられるという循環から逃れることはできない。そして、原理的な自己言及という問題は、原理が「構造」として理解される場合は超越論的主観性をめぐる一連の問題に収斂し、原理が「歴史」として捉えられる場合は、歴史を語る「視点」の問題に帰着する。そうだとするなら、近代的主体をその成立という「歴史」において語る『近代の正統性』は、主体の成立史を語る視点そのものが、それによって語られる歴史の一部となるといった反転の構造を理論的に処理しなければならない。考察者が考察対象へと映り込み、事象を見る者が事象の当事者となるという反転は、まさに『難破の観察者、あるいは観察者の難破』において、「難破」のメタファーによって語られた状況と即応している。『近代の正統性』における近代論は、むしろこうした循環を積極的に取り入れ、その自己言及性自体を自らの議論に組み込むところに、その最大の主張があると言えるかもしれない。逆説的に思えるこうした事態に対して、ブルーメンベルクが提示するのは、歴史を語り時代区分を叙述する歴史的理性のあり方こそが近代の自己主張のひとつなのだという解答である。

『近代の正統性』は、世界内での自己の意味の存立を賭けた思想的努力が、近代において理性の自己主張という仕方で、それまでの時代にはなかった成功を収めたという見方を元に、それをグノーシス主義との抗争という仕方で語り直したものである。したがって、『近代の正統性』において、グノーシス主義の二段階的な克服が語られるとは言っても、それは歴史的に実証可能な「グノーシス主義」という思想的要素を事実として特定し、その歴史的移行を古代から近代まで時系列的に辿るというものではない。それゆえ『近代の正統性』は――一見そのような外見を取っているように見えようとも――グノーシス主義という歴史的事実の編年体的な影響史と理解されてはならない。むしろそこでの叙述は、近代における生の不安が、自らの歴史意識にもとづいて、グノーシス主義という「定数」を浮彫りにすることによって初めて可能になっている。歴史的現象としてのグノーシス主義が最初に定立されているのではなく、世界観の安定を目指す人間論的関心がグノーシス主義を自らの対立物として発見するのである。その意味で、近代という時代の成立を語り、その起源を証示する歴史叙述そのものが、生の修辞学の近代的形態によって裏打ちされていると見るべきだろう。

（2）新たな始まりと時代概念

近代という時代は、「暗黒の中世」という近代のトポスに見られるように、中世に対する自らの「新しさ」に徹底して固執し、十八世紀の「新旧論争」が示すように、自らの時代とそれ以前との優劣をきわめて明確に決定しようとした時代である。こうした独特の歴史意識が、近代における理性の自己主張という根本的な動向と不可分であるところから、近代の成立はそれ自身の必然性において示される。近代という時期がなぜ自らの時代を特権視し、古代・中世との決定的断絶を強調するのかという歴史意識の問題は、近代的理性の自己主張の確立と重ね合わせて理解される。近代における理性の自己主張によって、グノーシス主義の二元論が最終的に自己完結的で破綻のない理性の一元的領域へと統合されたのと同様に、近代における歴史意識によって、歴史的事象の多元性は、理性的に理解可能な連続的な歴史へと還元されることになる(68)。近代とは、まさにそのような連続的歴史の絶対的始まりとして自らを主張するのである。

近代は、それまでの時代とは決定的に異なる「新たな」時代としてそれ自身を開始する。近代哲学が常にその創始者デカルトの名とともに語られるのは、まさに近代という時代の特質に対応しているのである。「デカルトは事柄を再びまったく始めから開始し、哲学の根底を新たに構築した英雄である」という言葉によって、近代哲学の創始者としてのデカルト像を強化したヘーゲルの『哲学史講義』に関して、『近代の正統性』において次のように語られる。「デカルトを近代の祖とする英雄視は、歴史的なものが仮説的なものとなる自己様式化の中にその基盤をもつ。ヘーゲルが『哲学史講義』の中で、同時代に対するデカルトの意義を規定するとき、注意深くその歴史的動機から解き放たれた理性のこの真正性を容認している(69)」。実際に、デカルトにおいては、方法的懐疑を遂行し、歴史的・事実的条件を無効化することによって、「先入見から完全に自由になった認識」(mens a praeiudiciis plane libera) は、「自らが形而上学的に打撃を受けないだけでなく、歴史的な囚われのなさへの力、自らの歴史をいつでも新たに開始できる力を証明する」(70) ものとされるのである。

自らの思考を歴史的条件から切り離し、絶対的に新たな開始となることで、新しい時代としての近代が生み出され、それと引き換えに、近代によって克服された時代としての古代・中世が創出される。その意味では、古代・中世さえも、近代の歴史意識において初めて特定の時代として成立したのであって、古代・中世から連続的に近代が誕生したわけではない。近代初頭において、古代・中世とは異質な「時代を画する」何ごとかが出来し、それがその後の歴史を規定したといった単線的な影響史は、事実として証明することはできない。歴史の中で何を新しい契機とみなし、歴史のどの要素を強調するかという選択は、歴史を語る主体の関心に依存するという解釈学的な問題が避けられない以上、新しさの何らかの基準が客観的に存在するわけではなく、その基準設定には歴史を語る主体の関心の関与を想定せざるをえない。自らを開始する歴史という思考をもつ近代こそが、近代固有の理性の自己主張の要求に従って、それ自身を出発点に据える新たな歴史を語り始めるのである。そのため、自らを新しい時代とみなす「自己理解」こそが、近代を近代たらしめる本質的な要素だと言えるだろう。「近代は、中世と異なって、それ自身の自己解釈と足並みを揃えてやってくる。……〈自己理解〉なるものは、近代という歴史的位相の幕開けにとって構成的な現象のひとつである。それゆえにこそ、時代概念そのものが、近代という時代にとって際立った契機となるのである」[71]。

近代における理性の自己主張と対になった「新たな開始」という歴史理解は、歴史における「時代」という概念の成立と並行している。その検証のためにブルーメンベルクは、中世と近代の時代転回を主題にした『近代の正統性』第四部「時代転回の局面」の冒頭において、「時代」(Epoche) という語の用例を辿り、かつては時間的経過の中の特権的な瞬間を意味していたこの言葉が、ある特定の幅をもった時間の連続の意味へと転回する地点を、十八世紀後半に認めている[72]。そうした変遷を見るならば、時間の連続体としての「時代」概念はそれ自体が近代的なものであり、近代の歴史意識と密接に結びついたものと理解される[73]。したがって古代・中世と近代という時代区分は、歴史上の事実として客観的に同定できるわけではないが、かといってそれは単に便宜上設定されるだけの唯名論的なものでもない。「時代」概念とは、カントにおける「経験の第一類推」と同様に[74]、それなくしては歴史を意味の統一体として理解することができない機能的な前提であり、近代的理性にとって歴史経験の可能の制約とでも言うべきものなのである。このような前提にもとづいて、歴史に対してある種の連続性が参照枠として設定され、時代というものの位置づけが可能になる。このように考えるなら、具体的な構造を具えた時間の連続体としての「歴史」とは、理性の自律性と一貫性を際立たせる自己理解の形式なのであり、その分節としての「時代」とは、歴史の中での自らの位置を確定する機能的な解釈図式なのである。『近代の正統性』は、古代・中世と近代との区別というかたちで時代区分の図式を実際に機能させつつ、同時にその図式そのものの成立をその当の図式の内部で叙述するという自己言及的な構成をもっている。「時代」概念の成立を近代的理性の自己主張と重ね合わせる議論は、特定の歴史的期間という意味での「時代」概念の成立を、近代という特定の「時代」の特徴として示すという点で、自己解釈の再帰的な構造を正確に反映しているのである。

結語——歴史の自己成型

『近代の正統性』においては、近代的理性の成立が叙述されるだけでなく、そうした近代を新たな始まりとして語る歴史意識そのものが、当の近代的理性の自己主張の一部として示された。近代的理性は、自身を形成しながら自らを語り、あるいは自身を語ることによって自らを形成する。歴史的言述《ディスクール》が歴史的主体を構成し、そこで構成された歴史的主体が、歴史を初めて特定の歴史として記述可能にするのである。このような自己関係的な叙述は、歴史を理解する主体を歴史の内部に組み込む点で解釈学的思考を前提としているが、他方では、そうした歴史意識そのものを近代という特定の時代の所産と規定することによって、当の解釈学的思考の相対化をも図っているものと考えられる。その点では、歴史を語る主体そのものがその歴史の内部で形成されるといった自己関係的な事態は、解釈学的循環という了解の普遍的構造に解消されるのではなく、それ自身が近代という「時代」において形成されるある事実的・偶然的な歴史意識に帰せられる。こうした理解を刺戟的なかたちで表現しているのが、「歴史を作るのは人間であるが、時代を作るのは人間ではない」(75)というテーゼである。

歴史を偶然的な事実の集積と捉え、それに対して時代を何らかの意味の統一体と考える通常の理解からするなら、この主張は一見すると逆説的に思える。しかしながら、ブルーメンベルクのこのテーゼは、歴史の事実的偶然性と時代の超越論的構成という通常の理解を、いわば超越論的事実性といった次元に引き上げる役割を果たしている。つまり、「時代」概念が近代の自己主張の所産である以上、時代概念は近代的理性による構成と考えられるが、その一方で、その当の時代概念の内には、近代という時代そのものを歴史の中の限定された一局面と捉えて相対化する理解が含まれている。この点を踏まえるなら、「時代」概念は、近代における理性の自己主張によって超越論的に構成された意味の統一でありながら、同時にそれは歴史内の一時期に生じた偶然的な理解にすぎないといった側面をもっている。もちろん、こうした時代理解の成立に関して語られる偶然性とは、経験的な事実性・偶然性のことではない。なぜならその歴史的偶然を偶然として規定するのもまた、歴史的理性の働きにほかならないからである。そうした一切を考慮するなら、ここで問われるべきものは、歴史理解の超越論的前提そのものの歴史的成立、いわば歴史性の次元を含み込んだうえでの「理性の事実」ということになる。「時代を作るのは人間ではない」という主張に続けて、「歴史を作るのは〈歴史自身〉である」[76]という命題が立てられているのは、歴史理解のそうした入り組んだ事態を言い表すためだと考えられる。ここで語られる「歴史の自律性」、ないし歴史の自己成型は、近代という時代の自己再帰性を踏まえながら、そうした特質をもつ近代の成立そのものを、当の近代において成立した歴史理解をもって叙述するということの困難を端的に示している。それはけっして歴史の自己完結性や絶対性を表すものではなく、むしろ歴史意識の成立そのものの歴史性を自覚する反省の表現であり、幾重にも錯綜した歴史意識の謎を語るもの、つまりは「歴史的理性のメタ批判」なのである[77]。

『近代の正統性』における思想史の叙述は、歴史を俯瞰する観点をけっして許容せず、歴史を語る視点そのものをあくまでも歴史の内部に設定することで、複雑をきわめた構成を取らざるをえない。こうした複雑に絡み合う歴史的論理の絡繰りを粘り強く追うことで、『近代の正統性』は、近代そのものの必然性とその強力な論理を見極め、単純な近代擁護論からは想像もできない近代の光景を描き出すことになった。

註

（1） Fr. Nietzsche, An Goethe: Lieder des Prinzen Vogelfrei, Kritische Studienausgabe (= KSA), hg. G. Colli, M. Montinari, Berlin/New York 1988, Bd. 3, S. 639.

（2） Id., Über Wahrheit und Lüge im aussermoralischen Sinne, KSA 1, S. 875.

（3） Id., Vom Nutzen und Nachtheil der Historie für das Leben, in: *Unzeitgemässe Betrachtungen*, KSA 1, S. 248ff.

（4） このような動向を糾合し、「生の哲学」、新カント学派といった学派に囚われずに「文化哲学」を総合しようとしたのが、雑誌『ロゴス』の企画であった。ホーマン「文化哲学――『ロゴス』のプログラム」村井則夫訳、『理想』第六五二号（一九九三年）、一三一―一五二頁。

（5） H. Blumenberg, *Die ontologische Distanz. Eine Untersuchung über die Krisis der Phänomenologie Husserls*, 1950. 学位論文は、初期ハイデガーと同様に、スコラ学の存在論的意義を論じるものであった。*Beiträge zum Problem der Ursprünglichkeit der mittelalterlich-scholastischen Ontologie*, Kiel 1947 [Unveröffentliche Dissertation].

（6） ある研究者は、過去の思想の壮大な展望を示すその著作を「死者の舞踏」になぞらえ、次のような印象を述べている。「中世の死者の舞踏では、詩人や芸術家自身もまた、死骸のかたちで行列の最後に登場するように、思想史の著者も死者の列に加わらなければならない。ハンス・ブルーメンベルク自身のさまざまな見解は、濃密でほとんど滑稽なほど博識な膨大な書物に盛り込まれているが、それらはトーマス・マン以来時代遅れとなったたぐいのドイツ語の文体で記され、その公刊のペースたるや、一九九五年に七五歳を迎えようとしているいまでも、一向に衰える気配がない。しかもその一冊一冊が著者の「主著」(magnum opus) クラスのものであり、ライフ・ワークの最後にして唯一の集大成と言ってもおかしくないものである。それぞれの著作は、扱う主題を西洋の歴史全体を通覧し、いわば一章が一世紀に相当するほどなのだ」。J. L. Koerner, Ideas about the thing, not the thing itself: Hans Blumenberg's style, *History of the Human Science*, vol. 6, No. 4 (1993), *Special Issue: Hans Blumenberg*, p. 2.

(7)　柴田隆行「哲学史概念の成立」『講座ドイツ観念論』六「ヘーゲル——時代との対話」弘文堂、一九九〇年、一八九—二二八頁。同『哲学史成立の現場』第一部第一章「ヨーロッパの哲学史」弘文堂、一九九七年、一九—七一頁。

(8)　例えばヴィンデルバントの哲学史観、およびヘーゲル評価に関しては以下を参照。岡崎文明「西洋哲学史観と時代区分」、哲学史研究会編『西洋哲学史観と時代区分』昭和堂、二〇〇四年、二九—四〇頁、加藤泰史「多元的哲学史の構想——ヴィンデルバントと西洋哲学史の問題」同、八〇—一三六頁。

(9)　クーンのパラダイム論とブルーメンベルクの時代転換の理論の概括的な対比としては以下を参照。S. Müller, Paradigmenwechsel und Epochenwandel. Zur Struktur wissenschaftshistorischer und geschichtlicher Mobilität bei Thomas S. Kuhn, Hans Blumenberg und Hans Freyer, *Saeculum* 32 (1981) 1, S. 1-30.

(10)　H. Blumenberg, Paradigma, grammatisch, in: id., *Wirklichkeiten in denen wir leben*, Stuttgart 1993, S. 157-162.〔ブルーメンベルク「パラダイム——文法的に」、『われわれが生きている現実』村井則夫訳、法政大学出版局、二〇一四年、所収〕

(11)　G. Gamauf, *Erinnerungen aus Lichtenbergs Vorlesungen*, Bd. 1, Wien/Triest 1808, S. 36.「仮説が大いに有

益であることの最適の例は、天文学にある。いまやコペルニクスの体系はほとんど疑う余地がない。それはいわば、それを元に他のすべての発見がその語形変化として与えられるような語形変化表（パラダイム）なのである。ここにおいて、最も広範囲で最も深いところにまで及ぶ人間知性の浸透力が現れる」。

(12) B. Recki, Der praktische Sinn der Metapher. Eine systematische Überlegung mit Blick auf Ernst Cassirer, in: F. J. Wetz, H. Timm (Hgg.), *Die Kunst des Überlebens. Nachdenken über Hans Blumenberg*, Frankfurt a. M. 1999, S. 142-163.

(13) H. Blumenberg, Ernst Cassirers gedenkend, in: id., *op. cit.*, S. 165.

(14) *Ibid.*, S. 167.

(15) E. Cassirer, *Philosophie der symbolischen Formen*, Erster Teil: Die Sprache, 10 Aufl. Darmstadt 1994 (1. Aufl., 1923), S. 16.

(16) Bilder, Tableaux, das ist's was ich möchte: J. Burkhardt, *Briefe* II, Basel 1849-1994, S. 99.

(17) こうした「史的省察的歴史記述のなかで哲学的に最も生産的なもの」として、フンデクは、「カッシーラー、アビィ・ヴァールブルク、ベンヤミン、カール・レーヴィット」を挙げている。M. Hundeck, *Welt und Zeit. Hans Blumenbergs Philosophie zwischen Schöpfungs- und Erlösungslehre*, Würzburg 2000, S. 148, Anm. 365.

(18) F. Heidenreich, *Mensch und Moderne bei Hans Blumenberg*, München 2005, S. 87.

(19) H. Blumenberg, Ernst Cassirers gedenkend, S. 171.

(20) M. Heidegger, *Sein und Zeit*, 15. Aufl., Tübingen 1979, S. 51, Anm. 1 (Gesamtausgabe, Bd. 2, Frankfurt a. M. 1977, S. 69, Anm. 1).

(21) E. Cassirer, *Philosophie der symbolischen Formen*, Zweiter Teil: *Das mythische Denken*, 7. Aufl., Darmstadt 1977 (1. Aufl., 1925), S. 16, Anm. 1.

(22) 二十世紀思想にとって象徴的なこの会議については、以下の回想からもその様子を窺い知ることができる。T. Cassirer, *Mein Leben mit Ernst Cassirer*, Hildesheim 1981. カッシーラー夫人によるこの記録もまた、ヴァールブルク文庫との関係（S. 125-134）を一方の極に、またハイデガーとの論争 (S. 181-184) をもう一方の極としている（ただし原文では、ダヴォス会議が「一九三一年冬」とされているが、これはおそらく誤記であろう）。

（23）M. Heidegger, E. Cassirer, Davoser Disputation, in: M. Heidegger, *Kant und das Problem der Metaphysik*, 4. Aufl., Frankfurt a. M. 1973, S. 263 (Gesamtausgabe, Bd. 3, 2. Aufl., Frankfurt a. M. 2010, S. 291).

（24）*Ibid*., S. 260.

（25）Cf. D. Kaegi/E. Rudolph (Hg.), *Cassirer - Heidegger. 70 Jahre Davoser Disputation*, Cassirer-Forschung, Bd. 9, Hamburg 2002. この論文集においても、その冒頭にブルーメンベルクのこの論考が言及されている。

（26）H. Blumenberg, Affinitäten und Dominanzen, in: id., *Ein mögliches Selbstverständnis. Aus dem Nachlaß*, Stuttgart 1997, S. 165.

（27）*Ibid*., S. 166.

（28）Id., Anthropologische Annäherung an die Aktualität der Rhetorik, in: id., *Wirklichkeiten in denen wir leben*, S. 114.〔ブルーメンベルク「修辞学の現代的意義——人間学的アプローチから」、『われわれが生きている現実』所収〕

（29）M. Heidegger, *Grundbegriffe der aristotelischen Philosophie*, Gesamtausgabe, Bd. 18, Frankfurt a. M. 2002, S. 110.

（30）F. Heidenreich, *op. cit*., S. 82.

（31）H. Blumenberg, Anthropologische Annäherung an die Aktualität der Rhetorik, S. 115.

（32）*Ibid*., S.116.

（33）Cf. A. Kirchner, *Dynamik der Geschlossenheit. Eine Theoriefigur der späten Moderne und ihre Entfaltung bei Hans Blumenberg*, Wiesbaden 2012, S. 174-179.

（34） H. Blumenberg, *Arbeit am Mythos*, 5. Aufl., Frankfurt a. M. 1990, S. 125.〔ブルーメンベルク『神話の変奏』青木隆嘉訳、法政大学出版局、二〇一一年〕

（35） F. Nietzsche, *Nachgelassene Fragmente*, April-Juni 1885 34 [253], KSA. 11, S. 506.

（36） Wirklichkeiten in denen wir leben: この言葉は、「修辞学の現代的意義」や「カッシーラーを讃えて」、「パラダイム――文法的に」などを含む、ブルーメンベルクの論文集のタイトルにもなっている。

（37） J. Haefliger, *Imaginationssysteme. Erkenntnistheoretische, anthropologische und mentalitätshistorische Aspekte der Metaphorologie Hans Blumenbergs*, Bern/Berlin/Frankfurt a. M./ New York/Paris/Wien 1996, S. 93-102: Metaphorologie als Anti-Logik. ヘフリガーはブルーメンベルクの「隠喩論」という非概念的なものの反論理学の特徴として、（一）概念の同一性に対する隠喩の多義性、（二）無矛盾性に対する隠喩の逆説性、（三）真理と偽の中間を排除する排中律に対して隠喩の「蓋然性」と並んで、（四）「充足理由律」に対する「非充足理由律」を挙げている。

（38） H. Blumenberg, Anthropologische Annäherung an die Aktualität der Rhetorik, S. 124.

（39） *Ibid*., S. 134.

（40） Cf. H.-G. Gadamer, Rhetorik und Hermeneutik (1976), in: id., *Gesammelte Werke*, Bd. 2: *Hermeneutik II. Wahrheit und Methode. Ergänzungen, Rigister,* 2. Aufl., Tübingen 1993, S. 276-291; id., Rhetorik, Hermeneutik und Ideologiekritik. Metakritische Erörterungen zu ›Wahrheit und Methode‹(1967), in: *ibid*., S. 232-250, id., Die Universalität des hermeneutischen Problems (1966), in: *ibid*., S. 219-231.

（41） この点では、奇しくもブルーメンベルクの『近代の正統性』が刊行された同じ一九六六年に公刊された『言葉と物』の著者フーコーとの類縁性を指摘することもできるだろう。ただしその場合には、歴史理解に対する反省の場を現代の構造主義的思想の内に求めるフーコーと、歴史意識の反省主体として近代的理性を「正統化」するブルーメンベルクとを正確に対比する必要がある。

（42） H. Blumenberg, *Schiffbruch mit Zuschauer. Paradigma einer Daseinsmetapher*, Frankfurt a., M. 1997 (1.

Aufl., 1979), S. 81.〔ブルーメンベルク『難破船』池田信雄・岡部仁・土合文夫訳、哲学書房、一九八九年〕

（43） *Ibid.*, S. 74.

（44） 代表的なものとして、ホワイトの『メタヒストリー』が挙げられる。「ロマンス・喜劇・悲劇・諷刺」という物語の四類型を元に歴史記述を分類するその議論の内では、「諷刺」の内に、物語形式そのものに対する反省のあり方を見ることができる。こうした意味での「諷刺」の代表的歴史家としてブルクハルトが挙げられている点は、すでに述べた「難破」の比喩などとの関係においても興味深い。H. White, *Metahistory. The Historical Imagination in Nineteenth-Century Europe*, Baltimore/London 1973, pp. 230-264; id., Interpretation in History, id., *Tropics of Discourse. Essays in Cultural Criticism*, 3rd. ed., Baltimore/London 1987, pp. 65s.

（45） F. Heidenreich, *op. cit.*, S. 163.「ブルーメンベルクの学位論文と教授資格論文を見るならば、彼が近代を擁護する際に対抗しなければならない最初の相手は、すでに言及した〔レーヴィット、シュミットなどの〕世俗化論の理論家たちではなく、ほかならぬマルティン・ハイデガーであったことが分かる。『近代の正統性』においても、ハイデガーは（七〇〇頁に及ぶなかでわずか四回しか名指しされることはないにしても）真の論敵として行間に見え隠れしているのである」。

（46） M. Heidegger, *Sein und Zeit*, S. 197.

（47） Cf. H. Blumenberg, Der Untergang der Welt am Leben, in: id., *Die Vollzähligkeit der Sterne*, Frankfurt a. M. 1997, S. 93.

（48） O. Müller, *Sorge um die Vernunft. Hans Blumenbergs phänomenologische Anthropologie*, Paderborn 2005, S. 328-332.

（49） P. Fleming, Sorge, in: R. Buch, D. Weidner (Hgg.), *Blumenberg lesen. Ein Glossar*, Frankfurt a. M. 2014, S. 291-305.

（50） このテーゼは、「近代はグノーシス主義の再来である」というフェーゲリンのテーゼを逆転させたものである。E. Voegelin, Philosophie der Politik in Oxford, *Philosophische Rundschau* 1 (1953), S. 23-48. 以下も参照。Id., *The new science of politics: an introduction*, Chicago/London 1987.〔E・フェーゲリン『政治の新科学——地中海的伝統からの光』第四章「グノーシス主義——近代の特質」山口晃訳、而立書房、二〇〇三年、一二九—一五五頁〕

(51) Ph. Stoellger, Hermeneutik des Lebens und Rhetorik des Überlebens. Hans Blumenbergs Metaphorologie des Lebens und phänomenologische ars moriendi als ars vivendi, in: R. Elm, K. Köcky, M. Meyer (Hg.), *Hermeneutik des Lebens. Potentiale des Lebensbegriffs in der Krise der Moderne*, München 1999, S. 280f.

(52) H. Blumenberg, *Die Legitimität der Neuzeit*, 2. Aufl., Frankfurt a. M. 1988 (1. Aufl., 1966), S. 157f.〔ブルーメンベルク『近代の正統性』全三巻、斎藤義彦・忽那敬三・村井則夫訳、法政大学出版局、一九九八—二〇〇二年〕

(53) *Ibid.*

(54) P. Behrenberg, *Endliche Unsterblichkeit. Studien zur Theologiekritik Hans Blumenbergs*, Würzburg 1994, S. 15f.

(55) H. Blumenberg, *Die Legitimität der Neuzeit*, S. 558. こうした表現から、ブルーメンベルクの「代替」の思想がガダマーの「問いと答えの弁証法」と同様の構想に根差すことが分かる。Cf. H. Kopp-Oberstebring, Umbesetzung, in: R. Buch, D. Weidner, Blumenberg lesen. Ein Glossar, S. 359-361.

(56) *Ibid.*, S. 142. 以下をも参照。H・ヨナス「グノーシス現象の射程——類型論的・歴史的アプローチ」出村みや子訳、『現代思想』二〇-二（一九九二年）「グノーシス主義」、七四頁。

(57) H. Blumenberg, *Die Legitimität der Neuzeit*, S. 156.

(58) *Ibid.*, S. 138.

(59) こうしたオッカム解釈に対する批判的検討はすでに以下の著作によって試みられている。J. Goldstein, *Nominalismus und Moderne. Zur Konstitution neuzeitlicher Subjektivität bei Hans Blumenberg und Wilhelm von*

Ockham, München 1998.

(60) H. Blumenberg, *Die Legitimität der Neuzeit*, S. 225.

(61) *Ibid.*, S. 151.

(62) W. Dilthey, Weltanschauung und Analyse seit Renaissance und Reformation, in: id., *Gesammelte Schriften*, Bd. 2, Göttingen, 10. Aufl., 1977, S. 283-296.

(63) H. Blumenberg, Selbsterhaltung und Beharrung, in: H. Ebeling (Hg.), *Subjektivität und Selbsterhaltung. Beiträge zur Diagnose der Moderne*, Frankfurt a. M. 1996, S. 188. Cf. P. Schulz, Selbsterhaltung als Paradigma der modernen Rationalität. Zur Legitimation neuzeitlicher Subjektivität, in: F. J. Wetz, H. Timm (Hgg.), *op. cit.*, S. 256f.

(64) P. Bayle, Rimini (Gregory of), in: id., *The Dictionary Historical and Critical of Mr Peter Bayle*, London 1738, vol. IV, p. 875.

(65) H. Blumenberg, *Die Legitimität der Neuzeit*, S. 223.

(66) *Ibid.*, S. 224

(67) *Ibid.*, S. 206f.

(68) J. Goldstein, Deutung und Entwurf. Perspektiven der historischen Vernunft, in: F. J. Wetz, H. Timm (Hgg.), *op. cit.*, S. 208.

(69) H. Blumenberg, *Die Legitimität der Neuzeit*, S. 208.

(70) *Ibid.*, S. 210.

(71) *Ibid.*, S. 543.

(72) *Ibid.*, S. 532. ここでは、ゲーテにおける「時代」の二つの用例（一七九二年のクネーベル宛書簡と一八二〇年の『フランス従軍記』）を比較し、その両者の違いから「時代」概念の変遷が論じられている。

(73) J. Renn, Die Verbindlichkeit der Geschichten. Die Geschichte der Neuzeit als eine Genealogie narrativer

Geltung, in: F. J. Wetz, H. Timm (Hgg.), *op. cit.*, S. 315.

(74) H. Blumenberg, *Die Legitimität der Neuzeit*, S. 541.

(75) *Ibid.*, S. 554f.

(76) *Ibid.*

(77) E. Rudolph, Geschichte statt Wahrheit. Zur Metakritik der historischen Vernunft, in: F. J. Wetz, H. Timm (Hgg.), *op. cit.*, S. 292.

第四章　絶対媒介の力学性と象徴性
——田辺元のバロック哲学——

序　媒介としての田辺哲学

同時代のヨーロッパ哲学の動向を正確に把握しながら、師である西田幾多郎の圧倒的な影響力のもとで、「種の論理」といった独自の思想を形成し、やがては浄土教の洞察を手引きとする「懺悔道」にいたる田辺元（一八八五—一九六二年）の思想の歩みは、西洋思想と西田哲学の単なる受容や折衷ではなく、それ自身が一種の創造的な「媒介」であった。田辺の思想の中核をなす「絶対媒介」とは、矛盾を解消した静的統一や、葛藤を超克した終着点を目指すものではなく、まったく異質なもの同士が出会い、その邂逅を通じて各々が他方によって否定されながら、その衝撃によって当初のどちらからも予想しえない新生が起こる運動を指している。この絶対弁証法は同時に、「絶対自覚」あるいは「自覚の弁証法」とも呼ばれるが、もとよりそれは自己性の再認を目指すものではなく、むしろ自己の解体と変成を産出し続ける不断の媒介を意味している。「真の自覚といふのは、斯く自己が否定せられて消滅しながら自己を否定せる他者を通して再び真の自己が生き、死して蘇る転換の過程をいふのである」(1)。自覚の弁証法とは、こうした自己と他者との相互否定的な媒介という錯綜した自己転倒の構造をもっている。田辺の思想はまさに、それ自身が自覚の弁証法の論理に従い、「田辺哲学」となるために他者と出会い、他者を通じて自己を媒介し続けたと言うことができるだろう。

他なる契機との相互媒介として展開された田辺哲学は、自らとは異質の思想との邂逅と交叉を繰り返すだけでなく、それ自身の内に相反する要素を抱え込み、それらの相互触発によってその内部においても否定と差異化の増殖を実現していった。田辺の思想的経歴は、まずは『最近の自然科学』(一九一五年)を始めとする一連の数学論・科学哲学から出発しながら、カントとドイツ観念論の考察を深め、それらとの批判的対決を通して、社会的共同体の理論である「種の論理」を樹立する。そののちは、「懺悔道」において浄土教に深く立ち入り、最晩年には自らの思想をさらに掘り下げるためにフランス象徴詩に取り組むといった振れ幅の大きな軌跡を描く。科学・芸術・宗教など、複数の分野を取り込んでいく学際的アプローチは京都学派に共通の特徴ではあるが、なかでも田辺の脱領域の知性は、各々の分野に関する専門性のみならず、それぞれの領域の相互浸透的な関係の点でも群を抜いていた。「微分」や「デデキント切断」、あるいは「テンソル場」や「ルベーグ積分」といった数学的概念が、社会論である「種の論理」の内で縦横に用いられ、「古典力学」の叙述において、力学の科学哲学的反省のあり方として「懺悔道」が論じられ、さらにマラルメの『双賽一擲』の内に「死の哲学」の象徴的表現が読み取られるなど、その領域横断的な思考は、田辺のテクストに異種混淆的《ハイブリッド》でバロック的な異貌を与えている。(2) 田辺の思考は常にこうした領域侵犯のなかで営まれ、分野から分野への越境そのものを自ら反省することによって、哲学的思考の強度を上昇させていったのである。

「絶対弁証法」とは、このようなパラドクスを生きる脱領域的で逆説的な思考に付せられた名称であるが、(3) それはまた、矛盾と葛藤の内に生きられる生の現実の別名でもある。有限的・偶然的契機に巻き込まれながらも、自由の行使として実現される生の遂行は、それ自体がパラドクスの逆説的な媒介であり、絶対弁証法の具体化とも言えるものである。解消不可能な逆説と調和困難な多様性に満たされたバロック的空間の中で、生の媒介がどれほどの強度をもち、またその力学がいかに表現され、具体的な生として生きられるか——この問題を田辺哲学に即して検討するのが、本章の課題である。

一　絶対無の媒介

（1）絶対弁証法の思考

田辺にとっては、理論的であると実践的であるとを問わず、それぞれの分野の緊張と相互性を自覚的に反省することが哲学の課題であり、それら多様な観点の対立の只中に入り込むことによって、理性がそれ自身のあり方を創造的に改変することが、絶対弁証法の役割であった。そのため、論考「科学と哲学と宗教」（一九五〇年）においては、それぞれの領域の関係が次のように論じられる。「科学そのものの中に、認識の徹底的自覚を求める哲学要求が含蓄せられ、これがその限界状況に於て不可避に発現せられることにより、おのづから宗教の立場に通ずることをあらはならしめる。その意味に於て、科学は科学哲学にまで自覚を徹底するとき、必然宗教に通ぜざるを得ないのである。それと同時に他方宗教も、その還相面に於て歴史的現実に媒介せられなければならない限り、現実の科学的認識を承認し、自覚に於てこれと結合せられなければならぬことがみとめられる(4)」。ここに示される諸分野の関係は、けっして連続した発展や、定型化された公式の単純な適用、あるいは矛盾の解消による総合として語られているのではなく、むしろ理性が自らの構造を吟味し、その内に含まれる断絶や矛盾を見出すことで、理性そのものが自己転換を遂げる運動とみなされる。つまり田辺にとって、諸分野の二律背反的矛盾とは、けっして何らかの「静学的均衡」の内に安定しうるものではなく、「必然に越境侵入が不可避なるごとき動学的対抗」を意味していたのである。

このような越境と逸脱の錯綜した網目の内部で、理性は自身の内に生じる思考の多様性を、動力学的な分極ないし分散と捉え、それぞれの否定的関係を通じて、自らの様相を劇的に変貌させていく。そこで生じる各領域の相互関係が「分極的共同態」と呼ばれているように、絶対弁証法とは、絶対精神を頂点とする総合的体系を形成するものではなく、その内部で多様な分野が分極し、相互に否定し合うような「力場」の形成を意味している。絶対弁証法としての哲学とはそのため、いかなる領域の特権化をも許容しないばかりか、その各々の契機を相互越境的に浸透させ、それらの変質過程を反省的に自らの内に取り込み、哲学それ自身の位相を次々と転換させる混成的な思考の運動である。こうして田辺の絶対弁証法は、理性の絶対化要求である体系への志向を自己解体的に放棄していくものであり、そのような体系の拒絶という点においてヘーゲルの弁証法と対照をなし、むしろ時代に先駆けて、アドルノの「否定弁証法」に近づいていく。実際、「種の論理」の形成を経たのちに田辺が到達する弁証法の理解は、キルケゴールの「実存の弁証法」を範として、「あれでもあり、これでもある」(Sowohl-als-auch)という理性の弁証法を超克し、「あれか、これか」(Entweder-oder)の二者択一を維持しながら、しかもその矛盾の難関を突破する逆説を、「あれでもなく、これでもなく」(Weder-noch)の転換の内に見出すものであった。(5)

科学・芸術・宗教・哲学といった異質な領域の「分極的共同態」という思考は、ヘーゲルの『論理学』(一八一二—一六年)における体系構想に対する批判的考察と並行している。『論理学』と『精神現象学』(一八〇七年)の関係について、後者を前者のための「予備学」とみなす理解に対して、田辺は理性と現実、論理と現象の差異に徹底して注目することで、ヘーゲルとは異なり、『精神現象学』における知の生成過程を『論理学』にとってさえ構成的なものとみなそうとしている。なぜならヘーゲルにおいては、『論理学』において絶対知が自立することによって、「絶対知は常にそれの否定としての相対知を媒介とする絶対媒介たる本質を失つて、かえつて無媒介的直接知となる危険を伴ふ」からである。(6) したがって田辺は、悟性的思惟が自らの矛盾を克服するのにともなって理性的段階へと展開し、芸術・宗教・絶対知といった階梯を上昇していくヘーゲルの『エンツィクロペディー』(一八一七、二七、三〇年)の構想を共有することなく、そこにあくまでも現実との亀裂を見出し、分極の力学が作動する場面を発見していく。

絶対知が自ら関わる「現実」という他者として田辺が想定しているのが、シェリングの『人間的自由の本質』（一八〇九年）での「神の内なる自然」、そしてそこで言及されるプラトンの「場《コーラ》」（χώρα）であった。絶対知の内に解消しえないこうした現実を、それ自体において無媒介の事実として受動的に承認するのではなく、その現実を絶対知の他者として自らと創造的に媒介することの内に絶対知の「絶対性」を認めるのが、絶対弁証法の本質であった。つまり田辺は、矛盾律によって対立項の両立を拒否する形式論理に対して、矛盾における否定を積極的に活用し、定立と反定立を止揚することで上位の階層の論理へと上昇するヘーゲルの弁証法そのものを高く評価しながらも、ヘーゲルにおいてその論理を起動させている「絶対知の臨在《パルーシア》」を、むしろ弁証法の本質を損なうものとして拒絶するのである。ヘーゲルにおいて最終的に思考と存在の一致を実現する絶対知に対して、田辺は思考と存在のあいだの解消しえない差異と緊張の内に、現実に即した具体的な論理、「単なる思惟の論理でもなければ単なる存在の法則でもなくして、存在の論理」[7]、つまり「存在を離れた論理の原則でなくして、意識に現る存在そのものの構造の原理」[8]を見ようとする。

田辺の絶対媒介ないし絶対弁証法とは、ヘーゲルと異なり、絶対知の自己現前において完結することのない過程であり、そこで獲得される知は、「無限に転化せらるる動の契機[9]」である以上、絶対的な総合に到達することはありえない。したがって絶対弁証法においては、定立と反定立が止揚されて高次の総合にいたるのではなく、「正反の対立の綜合が超越的全体の絶対否定的実現として行われる[10]」ため、その総合の地点は、何らかの知や存在としては語りえないという意味で、「絶対無」と呼ばれるほかはないものであった。

(2) 絶対無と微分

この「絶対無」の思想は、すでに西田幾多郎が、アリストテレス的な「基体」の論理(「主語となって述語とならないもの」)を克服する「述語の論理」(「述語となって主語とならないもの」)を徹底し、述語面の極限に見出した「場所」を名指すために提示していたものである。しかしながら、知の媒介性と開放性を徹底しようとする田辺は、この「絶対無」の理解をめぐって、西田批判の論考「西田先生の教を仰ぐ」(一九三〇年)を発表し、「絶対無」による一種の体系化を構想した西田の思想と訣別することになる。この論考で田辺は、西田において「絶対無の場所」が「一般者の自覚的体系」の「原理」として定立された点を強く批判し、そうした西田の体系が、「発出論的形而上学」に接近する点に懸念を表明することになった。西田理解としての是非は別として、[11]田辺にとっては、「絶対無」が何らかの無制約的で超歴史的な原理として設定されるなら、それは述語論理や場所の思想の創造性に反して、ヘーゲル的意味での弁証法への後退、あるいは哲学と宗教の混同に道を開くのは避けがたい。絶対弁証法においては、「場所」は直接的な所与や無制約的な原理ではなく、それ自体が媒介されるべきものとして捉えられなければならない。「場所は自発的に自己を限定するものではない。逆に限定に由つて始めて場所として現れるのである[12]」。

絶対弁証法は全面的な媒介の論理である以上、そこに無媒介の事実を導入したり、超越的な原理を設定したりすることは許されない。絶対弁証法とは、自らの媒介の相対性・歴史性を洞察しながら、全体化や絶対化の不可能性に徹し、その局所性・限定性において自身を絶えず相対化し続ける運動である。そのため、媒介の生じる場を「絶対無」と名指したとしても、それは何らかの存在者や領域ではないのはもちろんのこと、そこに何らかの超越的・絶対的「原理」が想定されてもならない。「歴史的なるものの基底として予想せらるる超歴史的なるものは、ただ歴史的なるものの方向の中に含まるる微分であつて、後者を通じて無限に求めらるるイデーに外ならない[13]」。絶対無とは、まさに媒介の遂行そのものを指すのであり、それ自身がいかなるかたちでの現前化をも拒むという意味で、絶対的に無なるものである。

絶対的に無であることの特質を表現するために、田辺はしばしば「微分」という数学的表現を用いている。運動の運動性が数学的には「微分」によって表現されるように、絶対無とは、媒介の運動において、その運動の極限ないし極小として微分的にのみ捉えられるものとみなされるのである。微分的極小は、連続的な減少の結果として把握されるものではなく、そもそも運動の内部の実在的な構成要素としては理解しえないものである。なぜなら運動そのものは、それを何らかの一地点で捉えようとするなら、運動としては消失し、また運動全体が描いた軌跡を辿っても、そこにすでに運動そのものは存在しないからである。運動を連続した継起として可能にしているのは、「増加から減少へ、或は減少から増加へ、方向の逆転が行はれる無の転換点」としての微分的極小である。[14] それは「自己否定即自己還帰の転換的統一」として、同じく連続体の定義において用いられる「デデキント切断」にもなぞらえられ、それが「厚みのない刃による切断」として、あるいは「振動点」ないし「時間の契機を象徴する力学点」として語られる。それはまさに運動がそこから発するため、それ自身としては運動とも運動体とも言いがたい「点」、「循環渦動の無的中心」として象徴化することしかできない。[15] こうして田辺は、生としての媒介の過程を動的に理解する一方で、媒介の実体化や可視化をどこまでも拒み、媒介そのものの遂行性の記述を目指すことになった。

二　世界図式と「種の論理」

（1）媒介と図式性

田辺の絶対弁証法が、媒介の遂行を通じて、理性が自己変貌を遂げる動力学的な過程を表すものだとしたら、その媒介そのものの内的構造を、論理的にも解釈学的にも解明するというのが、田辺の一貫した姿勢であった。そのため田辺は、すでに『ヘーゲル哲学と弁証法』（一九三二年）において、ヘーゲルの弁証法を自身の絶対弁証法へと転換していくかたわらで、現実を構成する媒介形式としての構成的範疇を、客観的な論理的形式と解釈学的な言語的形式の両面から論じ、哲学的解釈学を先取りするW・v・フンボルトの言語論をも正当に評価している。その議論の背景には、二十世紀初頭の新カント学派、とりわけリッケルトによる「自然科学と精神科学」をめぐる方法論的な議論が前提となっているが、田辺はこの二種の学問の相違を、自然と文化という対象の区別や、普遍化的方法と個別化的方法といった方法論上の区別に求めるのではなく、むしろ現実の自己構成の多様化に即して捉え直そうとしている。[16] つまりリッケルトが、各々の学問的方法の区別の条件として、現実一般の構成を先行させたうえで、方法論の相違によって諸分野を区別するのに対して、田辺は、方法的観点から切り離された純粋な現実の構成を否定し、現実そのものが方法論的観点を手引きとして、それ自体多様に構成されるという側面を強調するのである。田辺にとって、自然科学と精神科学の区別は、客観的で一義的な対象を前提としたうえでの方法論上の区別に限定されることなく、方法論的・認識論的観点そのものを本質的な契機として含む現実そのものの超越論的構成の問題として、最終的には思考と存在の媒介という哲学の基底層に辿り着くべきものであった。

新カント学派の問題意識を背景に、現実の存在論的＝超越論的構成という問題を軸として、存在と思考の媒介を主題化する点では、田辺の思考はハイデガーの超越論的存在論に接近することになる。なぜならハイデガーにおいても、存在了解の事実性を遂行する現存在の「現」(Da) が、存在者の存在者としての現出の媒体と理解され、その媒体自身の自己再帰的関係にもとづいて時間性の循環的な構造が分析されたうえ、その時間性の脱自的・超越論的地平である「時節性」によって、現実的な諸学を構成する個々の存在領域の領域存在論が可能になるものと考えられていたからである。ハイデガーの構想には、田辺におけるのと同様に、現実と思考の媒介が存在了解として主題化され、その媒介のあり方にもとづいて現実全体の構成とその各々の領域区別が成立するといった思考が含まれていた。そのため田辺は、『カントと形而上学の問題』（一九二九年）によって提起されたハイデガーのカント解釈を詳細に検討し、とりわけその媒介性のあり方をめぐって批判的吟味を行うことで、自らの独自の思考を展開していく。その際に田辺がとりわけ注目するのが、そのカント解釈における図式性、および構想力の問題である。ハイデガーの場合、新カント学派の解釈とは異なり、統覚にもとづく理論化を完成させた『純粋理性批判』第二版ではなく、超越論的な図式機能、およびその遂行としての構想力をより強調している『純粋理性批判』第一版にもとづいて、図式性ないし構想力を、直観と悟性を媒介する第三項としてではなく、むしろそこから直観と悟性の両者が派生する「共通の根源」として解釈し、その構想力の内に、存在論を構築する現象的地盤を見出そうとする。その際にハイデガーは、構想力による総合の三機能である「覚知」（Apprehension）「再生」（Reproduktion）「再認」（Rekognition）それぞれの総合のうち、「再認の総合」に事象の同一性の根拠を求め、それを時間性における「将来性」に対応させるという独自の解釈を行っていた。(17)

新カント学派のカント解釈を大胆に塗りかえ、対象構成における構想力の存在論的機能を明らかにした点で、田辺はハイデガーの解釈の独創性を認めるが、時間性の「純粋自己触発」の理論、および時間性における将来性の優位といった見解については、その抽象性と観念性を批判することになった。その批判はとりわけ、カントが『純粋理性批判』第二版で加筆した「観念論論駁」の論点、すなわち外界の実在性の問題を焦点とするものである。ハイデガーの解釈において、対象の対象性は、構想力の地平形成という超越を通じて、とりわけ「再認の総合」による同一性の先取的把握によって構成されるものとみなされるが、田辺はハイデガーのこうした地平的超越の思考がもつ限界を見定め、その克服を試みようとする。その際に田辺は、事象の自体性やその内実、および事象それ自体の主観に対する「対向性」(Dawider) という論点を正面に据えるが、もとよりこれは、地平性の外部に即自的に自存する現実世界を定立する素朴実在論の主張ではない。田辺にとっては、事象の自立性と同一性の超越論的な了解可能性だけではなく、当の地平そのものの成立をさらに遡って問うことが必要であった。そのため田辺は、事象の「同一性」を地平論的な規定可能性とみなし、それを「再認の総合」という投企の先行性の内に基礎づけるハイデガーに対して、当の地平形成そのものを可能にする事実的・存在的条件として、「過去存在の負課性」を強調することになる。たしかにハイデガーにおいても、現存在は超越論的な媒介機能を遂行する場でありながら、同時にその媒介自身が世界内で事実的に成立するものと理解され、その相互的なあり方が「被投的投企」として記述されていた。しかしながら、『存在と時間』(一九二七年)、あるいは同時期のカント解釈においては、存在了解の超越論的制約という問題意識が優先されたため、その経験的・存在的な事実性は了解にとってのある種の制限という消極的意味にとどまらざるをえなかった。これに対して田辺は、媒介そのものの超越論性と、媒体の事実性とを相互依存的ないし弁証法的に捉えることを目指し、存在論的次元と存在的次元の相互性を叙述しようとするのである。「斯くて所謂存在論的形而上学 ontologische Metaphysik は、其完成の為に再び存在的形而上学 ontische Metaphysik を要求するといはねばならない[18]」。

こうして田辺は、存在論的遂行と存在的事実性が交叉する場面として、ハイデガーにおいては十分に主題化されることがなかった「身体」の現象に注目する。「然らば斯かる ontisch-ontologisch なる見地から身体性の問題を観るとき如何に之を解すべきかといふに、……永遠の超越的存在が自覚に入る場面としての意識の時間性を成立せしめると同時に、意識を外から限定してそれに負課的内容を強制する媒介点となるのが身体であると考へられる[19]」。つまり田辺は、理念的な同一性を超越論的に構成する将来性の投企に対して、その超越論性そのものを成立させる発生論的事態として、身体における事実性、あるいは身体の内に沈澱する「過去存在の負課性」を強調し、その両者の相互制約的な運動の内に、存在論的＝存在的媒介の本質を見て取るのである。したがって田辺が主張する身体性は、けっして経験的・生理学的事実としての身体ではなく、彼自身が正確に表現するように、「生成する身体」と考えられなければならない。そしてこの生成する身体は、個々の意識の生起としての時間性の発生の場であると同時に、身体自身が空間の中の一地点を占める存在者であるために、それは同時に空間の生起の場ともみなされる[20]。

こうして田辺は、時間性として解釈された図式性(「時間図式」)に対して、時間と空間の相互的媒介の内に、時間・空間的に限定された具体的な生の様相を見出し、それを「世界」と呼び、その形式を「世界図式」と名づける。超越論的地平そのものの発生論的考察を徹底することによって、時間性は将来への投企を支える過去的・事実的側面とともに把握されるだけでなく、事実的・空間的存在としての身体における時間の成立は、空間的契機を巻き込みながら、なおかつその空間性もまた無媒介の直接的事実ではなく、超越論的な構成契機として機能する以上、それ自体がまた発生論的に時間性によって媒介されなければならない。「我々は空間をそれの綜合的生成に於て考へるとき時間が之を貫き、空間の如何なる要素にも時間が構成分として入込むことを認めると同時に、時間も亦其生成に於て常に空間を契機とし、一の現在から他の現在に発展するには空間の外在性を媒介とするのでなければならぬこと、是に由つて始めて時間の所謂自己超出性が可能となるものなることを認めなければならぬ[21]」。このような時間と空間の錯綜した媒介としての「世界」は、「無限の生成であると同時に、その空間的既成完了の統一」として、「動いて動かざる具体的地平圏」[22]であり、その実質的実現の形態が、歴史的・間主観的に具体化される「共同社会性」とみなされる。「図式世界は此意味に於て所謂歴史的社会的現実の純粋形式を意味すると解せられる。即ち約言すれば〈生〉の純粋形式と謂ってもよい」[23]。こうして、ハイデガー的な超越論的存在論を補完し、具体的・事実的な次元との再統合を試みる思考によって、田辺特有の社会共同体の理論である「種の論理」が形成されることになる。

（2）種の論理

「種の論理」は、一九三四年の「社会存在の論理」において明確に表明され、それ以降は田辺独自の思想を表す代表的な名称として用いられるものである。そこでは、以前から田辺の思想を一貫して突き動かしていた媒介の思考が、より具体的な社会論の場面で顕著に示されることになった。田辺自身が回顧しているように、ここにはそれまでの思想の深化・展開という「論理的動機」と並んで、当時の世界と日本の政治的・時局的環境への応答といった「実践的動機」が働いていた。一九三一年の満州事変から始まり、やがて日中戦争に突入していくこの時期にあって、「近時各国において頓に勃興し来つた民族の統一性、国家の統制力」[24]の根拠を理解しうる社会論の必要を痛感したところから、田辺は当時の社会学や人類学、とりわけテニエスやベルクソン、あるいはレヴィ＝ブリュールを参照しつつ、国家と個人の関係を省察し始めるのである。

このような状況の中で成立した田辺の「種の論理」は、ヘーゲルの批判的検討を通じて獲得された「絶対弁証法」の論理を支柱としながら、ハイデガーのカント解釈との対比において確立された「世界図式」の着想を基盤に、それを具体的・社会的理論へと練り上げたものである。そのためここで語られる「種」とは、すでに「世界図式」が「歴史的社会的現実の純粋形式」と言われていたのと同じ意味で、歴史と社会の中で生きる人間自身の具体的現実のあり方を指している。そうした現実が、論理的には「類」と「個」の中間段階に位置する「種」として、そして具体的には社会組織としての「民族」という仕方で語られるのは、人間が具体的に生きているのは、「人類」という普遍的共同体でもなければ、単独の個人としての孤独な生でもないからである。われわれはそれぞれの民族の内に生まれ、言語や社会習慣を吸収し、その歴史に巻き込まれることによって、初めて具体的な人間として生きることになる。民族という種に対する個人の帰属は、それ自体としては偶然的な関係であるが、人間が事実的環境において個々の身体をもった具体性において生きることによって、その偶然は各々の人間の本質の一部となる。そうした種と類、偶然と本質の媒介といった事態そのものが、「種の論理」と呼ばれるものにほかならない[25]。その意味で、田辺の語る「種」とは、「世界図式」の具体的表現であり、偶然性をともなった歴史的・社会的身体を意味する。

　個人と種との弁証法的な媒介過程が最も顕著に現れる現象として田辺が注目するのが、原始的な社会に見られるトーテム部族の制度であり、そこに働く「分有〔融即〕の法則」（loi de participation）である。原始社会において、特定の動植物や何らかの自然物が血族集団の守護霊とみなされ、当該集団に属する個々人は自らをその守護霊と同一のものと考え、その守護霊との同一性と親近性を通じてトーテム部族全体との一体化を果たすといった論理が機能していた。もとよりそれは、論理学における同一律や矛盾律に支配されるものではなく、そうした合理的思考に先行する「前論理」（レヴィ＝ブリュール）であり、「生命そのものの論理、思考も現実に存在する生命の形態として現れた直接態の論理」と考えられる。ここにおいては、個と全体、特殊と普遍の矛盾が、トーテムという媒介形式を通じて統一される。レヴィ＝ブリュールがこうした論理を「分有の法則」と呼んだのは、明らかにプラトンのイデア論における「分有」（μέθεξις; participatio）を想定してのことであった。同様に田辺もまた、この分有の論理を「種の論理」の内実として規定するとともに、それをアリストテレス的な「包摂論理」と対比し、あらためてプラトン的思考の意味を強調している。つまり、個・種・類を論理的で合理的な包摂関係として捉え、それらを連続的な段階と理解するアリストテレス的・分析的な論理に対して、プラトン的な分有の論理は、包摂論理においては曖昧な中間段階に位置づけられる種に対して、媒介としての積極的な意味を認め、その分有的媒介である種の構造の内に、個と類を分岐させる中心的な機能を見出していくのである。(26)

トーテム社会に即して取り出された「種の論理」は、個人と社会との関係に照らして考え直すなら、社会に対する個人の帰属性を定着させ、安定した社会を形成する一方で、その同じ論理が個人の自立を阻み、個人の自由を制限する足枷ともなる。そして田辺は、このトーテム社会を、テニエスの「共同社会」(Gemeinschaft)やベルクソンの「閉じた社会」(la société close)に重ね合わせ、その閉鎖性・固定性を指摘したうえで、それらの社会からやがて個人が独立し、社会と対峙する「分立の論理」が発生する過程を論理的に分析している。ここでは、種として捉えられた民族的社会の内で、個が理論的にどのように位置づけられるかが問われる必要があるが、種に対する個としての個人は、分析論理における論理的関係ではなく、あくまでも媒介という弁証法的論理に従って理解されなければならない。そのため田辺は、有理数的な包摂の論理に解消しえない微分の思考を再び導入し、個人を種に対する微分的極限値として捉えようとする。微分とは連続性を段階的に限定した結果として現れるものではなく、「それ自身連続ではなく従って可分でない不可分者にして、而も無でない有たる存在」であり、「有と無との統一、有から無への運動を意味し、却て連続の終末でなく連続の始源、連続発生の原理たる動性[27]」である。種を種として成立させる種の論理は、個をその構成員として単に集合論的に内包しているのではなく、個を自らの種たることの成立条件としている以上、種は種であるために、自らを否定する個を不可欠の要因として認めざるをえないのである。

「個に対しそれを否定する連続的全体としての種が、却て同時に個のそれから生れ出る根源的媒介者として社会の基盤たることを、私は必要視するのである[28]」。そのため、「共同社会」や「閉じた社会」を範型とした種の論理は、それ自身の動力学的な内部矛盾的構造を通じて、「利益社会」(Gesellschaft) へと転換していくことになる。テニエスの言う「利益社会」においては、「分有」の論理にもとづく「共同社会」と異なり、「分立」と呼ばれる「個の論理」が支配し、個人の自立性を成立させる反面で、個人の恣意的意志と権力意志が解放される。しかしながら、この「個の論理」はあくまでも「種の論理」を前提として、それを否定することによって成立するものであるため、利益社会における個々人の自由は、種の論理の直接性に対して、自らを種の限定として自覚する「二次元的」媒介である。こうして個人は、種に対する限定と相対化によって自らの自由を自覚する以上、その自由の内には、複数の自由の相互制約としての共同性への道が開かれ、そこに国家の論理的基盤が与えられるものと考えられる。ここにいたって、種の論理は、個・種・類、つまり個人・民族・国家の関係に関して、それらを直線的で連続的な包摂関係ではなく、種を中心にする弁証法的関係として定式化される。「類は個に於てのみ実現せられ、而してその実現の媒介として種が否定的存在として要求せられる。類個の活動は行として種の運動を媒介とするのでなければならぬ(29)」。

三　媒介の力学性

(1)「種の論理」の力学

田辺の考える「種」は、それ自身の内に複数性を認めることは可能であっても、種そのものが実質的に分割されるものではないのは、プラトンのイデアにおける分有の論理と同様である。その意味で種とは、「連続的全体」なのであり、「連続的全体はその内部に向かっていくら分割を進めても常にその部分がそれ自ら全体であることを本質とする(30)」。それは本質的に多元性を含むが、その多元性はけっして相対的な異質性として独立した個体同士の関係ではなく、それ自身の内に媒介の構造を含んだ動力学的活動である[31]。「種は自己の外にそれを否定するものを有するのではなくそれ自身の内にそれを否定するものをもつのである。個の自己否定は更にそれ以上に是を原理附けるものを有しない。全く種に固有なる種の自己否定なのである[32]」。したがって、田辺において民族やトーテム社会が「種」の典型例とみなされるにしても、それはあくまでも「種」の特質を具体的に示すための補助的事例と理解しなければならない。「種」そのものは、絶対媒介の遂行そのものであるため、それ自体が何らかのかたちで実体化されたり、ましてや特定の社会形態と完全に同一視されるといったことはありえないからである。「私の考へる種の基体は、あくまで否定的契機であつて、独立自存する物質の如き実体ではない。それだから種の論理といふも、種が媒介者として固定せられるといふ意味でなく、種も亦媒介せられる絶対媒介の論理たるのである[33]」。「種」の哲学的規定を模索するに当たって、田辺がかつてヘーゲル批判の際に用いたプラトンの「場《コーラ》」やシェリングの「神の内なる自然」を語るのはそのためである。

「種の統一は種の自己否定に由り自己の内部に無限の層をなして自己とその否定者との交互的緊張を張渡し、横に自己とその否定との対立する均衡を、縦に自己自身の内部に無数の層をなして重ね合わせる如き構造をもつと云つてよい[34]」。ここには、個の基体として種が、自らの垂直性の次元に沿って自らを否定する無限の深さを有しながら、同時にその水平次元においても自己を否定して、無限の個を生み出す過程が叙述されている。こうした垂直性と水平性の相互性は、自己の内への発生的根源への遡及と、他との関係を経由して再帰的に自己を規定する分節性の表現であり、それはまた生成の自発性と生成の自己否定としての自己制動との緊張関係そのものにほかならない。田辺にとって「種」とは、こうした「極微的仮想的《ヴィルチュエル》なる運動の絶えず間断なく無限に生起せんとしては抑圧せられる激動の直接統一[35]」なのであり、それ自身の内に無限の構造を分岐させる「激動的自己否定態」という純粋な力学性なのである。「政治的実践も、主体としての人格実存の自覚も、いづれも却て形式的には、力学の弁証法をそのアナロゴンとして要求するのである。〈力学の哲学〉はまさに、哲学一般のカノンであるといふべきであらう[36]」。

「力学の哲学」を「哲学一般のカノン」とみなすことで、田辺は種における媒介そのものの遂行性を強調し、実体化しえない媒介の活動を、その二律背反的・自己否定的構造とともに際立たせることを狙っていた。そのため田辺は、ニュートンの作用の力学とマクスウェルらの場の力学との緊張を通じて、「〈力〉の概念の含む自己矛盾的弁証法」を突き詰め、「力の作用的自己突破性と、物質的機構に媒介せられるその場的被制約性すなはち束縛性との間の交互関係[37]」の内に、「存在論と力学」との類比を見出していく。「交互自己否定的媒介」を核心とするこのような力学性の理解は、哲学史的には、アリストテレスの運動論に対する批判として、またはプラトンの『パルメニデス』篇における「突如[38]」（ἐξαίφνης）をめぐる議論としても展開されている。運動を「潜勢態の現勢化」として捉えるアリストテレス的運動論は、運動の媒介としての「欠如」を想定してはいるものの、その場合の欠如は、運動の不在としての「静止」、あるいは形相に対する消極的否定としての「質料」に限定されており、そうした無記的・中立的な欠如によっては、時間的・行為的な活動における自己否定的動性は表現しえない。そのため田辺は、アリストテレスの自然学的運動論を「同一性論理の立場に立つ存在論」とみなし、運動を形相の同一性に従属させるその思考に対して、運動の突発性や自己転換性を表現するものとして、プラトンにおける「突如」の理解を高く評価する。「〈突如〉の場合には、運動がすでに終つて無くまた運動が未だ始まらない故に無く、従つて運動は完全に無いといふ無が、有と有とを媒介すると考へる。約言すれば、〈媒介の無〉が〈無の媒介〉として、有の終即始といふ飛躍転換を成立せしむるのである[39]」。

（2）媒介と媒体

同一性論理によっては捉えられない媒介の逆説的性格は、同じく同一性論理の論理的包摂関係の内に収まることのない種の力学的構造を表現している。「個はこの基体的に限定の地盤となり媒質となるところの種の分裂に誘発せられ、その分裂対立する種の交互否定に動機附けられて、無の絶対転換の自覚主体として成立するのである。そしてその原理たる無の絶対転換が、その媒介となる対立的種の矛盾の統一として具体化される限り、類が現れるのである」[40]。種の遂行的媒介の自己否定的転換を通じて、個と類が発生する力学的過程がここには叙述されており、論理的・静態的秩序を内部から活性化し変成させる力の動態が明確に示されている。それと同時に、媒介はかならず何ものかの媒介である限り、媒介項との関係を構成的な要件として含んでおり、その媒介項との関係においては媒介作用が根拠の位置を占める。こうして媒介は、遂行にしてかつ基体であるという二重性を有し、その二義性が「絶対転換」としての媒介性の側面と、「媒質」ないし媒体としての基体的側面として語られる。田辺の主張する「種」が、絶対媒介という遂行的・力学的性格と、具体的・歴史的な民族という二重の性格を常に担わされていたのも、媒介のもつこの両義性、つまりは媒介と媒体の二重性に由来するものと考えることができる。田辺の種の論理は、媒介を媒介項の側から捉えるのではなく、媒介項の成立そのものを媒介の運動から裏づけるために、媒介の遂行性に根源性や基体性を認めたうえで、なおかつその基体性を、個別性や類的普遍性としてではなく、種の特殊性として思考することを要求する。そのため基体としての性格をも課せられた種は、媒介の遂行そのものの内部で見る限りは純粋な絶対媒介であるが、媒介の外部から見るならば、その媒介によって成立した媒介項のひとつ――類と個の論理的中間の意味での種――として、経験的な事実において現れることにもなる(41)。

媒介として語られる事態は、逆説的転換の遂行としての媒介性と、発生論的起源としての基体性の両側面を有し、その限りで媒介自身が遂行性と基体性の二重の性格を担うことになるが、さらにその媒介と媒体の二重性は、媒介と不可分にその遂行の内で捉えられる場合と、媒介から切り離され独立した事実として見られる場合とでは、その様相を一変させてしまう。「過去既存の種的内容は、曾てこの行為的転換に相関的なる類の絶対無的統一として媒介的に成立したものではあるが、今やその転換媒介の頽廃消滅に伴ひ、個を活かす基体即主体としての類の無的性格を失つて、いはゆる世界内存在として自覚する自己の、世界即自己といふ解放的主体的統一から、単に自己がそこに投げられ限定せられる環境として閉鎖的なる有限基体にまで有化顚落する。これが類の分裂頽落態としての種に外ならない(42)」。こうして媒介は、その現象と表現の両側面において、常に実体化・頽落化の傾向にさらされながら、それ自身の遂行性からの逸脱さえも、媒介そのものの一部に組み込む可塑的・再帰的関係をもっている。

つまり、媒介が既存の被媒介項同士の事後的で事実的な連繫でないとするなら、媒介は必然的に媒介項の産出を含み、しかもそうした産出によって分離独立する媒介項もまた、それ自体が無媒介の事実ではありえない以上、産出による分離独立というその関係に即して再び媒介されなければならないというのが、田辺の主張する絶対媒介であった。この媒介性の両義性を損なわず、しかも純粋な媒介として形式化するのでも、経験的・事実的媒体として実体化するのでもなく、その遂行と発生に即して媒介性をいかにして語るかという問題は、田辺に最後まで執拗につきまとった課題であった。なぜなら、媒介の実体化を回避するために導入された「微分」という表現でさえ、媒介の両義性ゆえに、そのどの局面を記述するかによって、ある場合には「種」について語られ、またある場合は「個体」に関して語られるなど、その曖昧さを払拭することが困難だったためである。田辺が晩年にいたって、フランス象徴詩にあらたに取り組み、媒介の象徴表現の可能性を考えざるをえなかったというのは、媒介をめぐる表現方式の問題がいかに困難であり、その克服がいかに大きな課題であったかの証左とみなせるのである。

四　力学の象徴性

（1）象徴と弁証法

晩年の田辺は、絶対媒介の表現をめぐって、哲学と詩という互いに自立し屹立する表現形態から言語の極微的潜勢力を探り出し、哲学的言語と詩的言語の関係それ自体を媒介の実験の場と化すことで、媒介と媒体の二重性を、媒介の遂行と象徴化の二重性に託して動態的・力学的に思考しようとする。「詩と思想との相即は、一方に於て、言語の思想的限界を自覚突破せしめると同時に、他方思想の論理的限界を言語の詩的律動的形成行為の自覚に於て超克せしめる」といった後期ハイデガーの企図に沿いながら、さらには「過去の没落破滅が即ち未来の復活更新であるといふ断絶と転換」を徹底することで、ハイデガーの一連の解釈をも乗り越えていこうとする。[43] とりわけハイデガーが解釈したヘルダーリンに関して、田辺は「このすぐれたドイツ詩人の郷土性豊かな民族的生讃歌が、生の表現としての〈種〉よりして、〈個〉の死を自己否定的媒介となすことなく、直接に〈類〉の普遍へ帰同せしめられ、従つて理想主義的観念論以上に出でない」[44] と批判しながら、フランス象徴詩——マラルメとヴァレリー——の独自の解釈に取り組んでいく。哲学と詩の関係についても、田辺は哲学史的な類型論として、「恒久的持続の同一性分別思想」であるアリストテレス的思考に対して、「断絶超越と媒介復興の……弁証法的実践自覚」であるプラトン的思考を対比し、「象徴の振動的渦流螺旋を展開する」マラルメの「詩的言語の革命」（J・クリステヴァ）を、「プラトンが詩的天才の特色としたところの、神来の狂気に駆られたもの」とみなし、そこに「絶対無の逆説背理を動力とする矛盾の動的行為自覚たるプラトン的弁証法に従ふもの」を読み取ろうとするのである。(45)

フランス象徴詩に対するこうした考えは、象徴を有的表象の具象化としてではなく、「無の有化」として捉えた『ヴァレリイの芸術哲学』（一九五一年）でもすでに明確に展開されていた。そこにおいて象徴とは、客観的内容を何らかの代替的形象によって二次的に表現する代理表象――「有の有化」としての記号――ではなく、客観的内実をそれ自身の内で死滅させながら、それを反転して新たな形象へと復活させるという意味で、「有即無から無即有への発展と転換と復帰といふ自己否定的回帰運動」と理解される。象徴の反転運動は、「概念の自己否定的運動」である弁証法が、「〈論理の否定〉であると同時に〈否定の論理〉」であるのと並行して、「〔弁証法における〕概念の回帰的自己否定作用、すなはち〈有の無化、即、無の有化〉、を感覚的表象に結晶せしめるもの」なのである。弁証法は、いったん「論理の否定」、あるいは悟性的論理の挫折を経て、それを突破することによって、自己否定そのものを自らの遂行に組み込んだ「否定の論理」へと転じることがなければ、絶対的原理からの演繹的推論へと平板化され、超越的原理を実体化する発出論的論理に固定されてしまう。象徴もまた、形象の表象的内実の破棄を経て、意味の自己解体を経由しながら、かといってまったくの無意味に陥るのではなく、表象不可能なものの具象化としての象徴性を新たに獲得するのでなければ、既存の寓意的慣習をなぞる惰性的表現の内に潰えてしまう。田辺はそのため、象徴の自己転換的運動によって弁証法を真の弁証法たらしめ、弁証法の自己否定的運動によって、象徴を真の象徴たらしめることを狙うのである。

「象徴にとつて弁証法が必要の生成媒介たるのみならず、逆に弁証法が象徴を媒介要素として要求する」のであり、したがって「弁証法と象徴とは、交互媒介の関係に於て不可分離なること」こそが、媒介の論理が表現の論理へと転換するために必要とされる[46]。つまりは、ヘーゲルの弁証法とマラルメの象徴詩が相互に相互を要求し合い、力学性と象徴性がその遂行性と像性を通じて、相互を創造的に相対化する事態こそ、絶対媒介がそれ自体を表現するにいたる不可欠の理路なのである。媒介がその遂行性とともに自らを表現する象徴とは、象徴の直観性と弁証法の否定的媒介性の統一であり、「作詩に於ける感性と知性との交互的否定媒介の行為的統一によって創造せられる相互呼応」(47)である。象徴における直観と悟性の合致というこの主題は、かつて田辺自身が『ヘーゲル哲学と弁証法』において、ヘーゲル的意味での弁証法の絶対化を牽制し、ヘーゲルにおける論理の全面的支配を、シェリングの自由論に見られる「神の内なる自然」によって制限し、さらにはカントの「直観的悟性」へと差し戻そうとした試みを具体的に再現したものと考えられる(48)。こうした問題意識に即して、とりわけ最晩年の『マラルメ覚書』(一九六一年)において、直観的悟性の創造的な遂行、あるいは理論的・構成的次元を超えた構想力の活動が、象徴の論理として語られることになる。

(2) 無のメディウム

象徴と弁証法の相互性として田辺がとりわけ重視するのが、ヴァレリーの『若きパルク』(一九一七年)、マラルメの『イジチュール』(一九二五年、歿後刊行)、そして何よりも『双賽一擲』(一九一四年、歿後刊行)である。それというのも、『若きパルク』のパルク(Parque)の名が、ラテン語の運命の三女神パルカ(Parca)に由来し、また『双賽一擲』が偶然の廃棄の不可能性をその極限において表現しているように、これらの詩作においては共通して、偶然や運命といった、論理性に解消しえない現実の様相が、象徴的表現をもって弁証法的に語られているからである。そしてパルクとして語られる運命の三女神（ラケシス・クロートー・アトロポス、ラテン語のデキマ・ノーナ・モルタ）が、それぞれ過去における出生、過去から続く運命、未来における死といった「時の三一的自覚」を表し[49]、また『イジチュール』の作中人物イジチュールが、「したがって」（conséquemment）と「ところで」（cependant）の二重性をもつラテン語の接続詞 igitur を暗示し、過去からの順行と未来からの逆行の両方向を含むことで、同じく時間の構造を表現している[50]。したがってこれらの詩作では、偶然性とともに時間性、つまり人間の実存の生と死が、その複雑な転換の諸相とともに記されているのである。そのため、魂の絶望と回復を描く『若きパルク』の内に、田辺は「運命の自覚、死復活の実現、虚無より実存への超越突破[51]」を、また『イジチュール』の内に、「事物の根柢を探るべく人間精神の内部に沈潜し、その階段を降って自覚を徹底することに依り、自己が絶対と一なることを悟らんとする[52]」試みを見て取ろうとする。

『若きパルク』では、魂が虚無に直面するニヒリズムの極致から自己の滅却を願い、海への投身を図ろうとするその瞬間に、絶望の深淵にまで降り行くことで、偶然に翻弄される自らの生をそれとして受容的に肯定し、その運命を諾《うべな》い、あらためて自己の真相を回復する。「しかりといへども、不可思議なる自己、汝はなほ生く。汝は暁光の登るにみづからを再び見んとす、いたましくも同じ自己を。海の鏡も起き出づ……[53]」(田辺訳)とヴァレリーが歌うとおりである。そこで田辺は『若きパルク』におけるこの生の転換を叙述して、「運命に対する無力の自覚、死の誘惑、に身を任せ棄てた魂は、かへつて運命が絶対転回の原理であつて、それへの謙虚随順は復活の恵に外ならざることをみづから証す[54]」と述べるのである。魂は自ら身を投じようとした海において、その海を媒介として自らの新たな生を見出すのであり、その意味で「海」は、魂の死を生へと反転させる転轍機の役割を果たす。そこで、絶望の果てに一旦は投身を図りながら、かえってそこから反転して自らの生を回復する「海」が、田辺によって「否定転換のメディウム」、あるいは「無のメディウム」と呼ばれ、絶対無のもつ自己転換的力学性の象徴として理解される。「海こそまさに、有の存在を支へる大地に絶望した魂が、進んで無に自己を献げる犠牲の祭壇」であるが、「絶対の無はまた、無の無として、否定をも更に否定し、一たびそれに自己を犠牲として献げた魂を、二たび復興回復する」ものでもある。「昨夜生贄を運んだ喪の船は、今朝黎明の光の下永遠の漁人たる救主に操られて、死せる魂を不死に転ずる。無のメディウムなる海は、ただに死の深淵たるのみならず、同時に不死永遠に魂を復活せしめる生の救済者でもある[55]」。

田辺がマラルメの『イジチュール』の内に見出すのも、これと同種の魂の自己転換のドラマである。『イジチュール』においては、偶然と必然の矛盾を解消し、自らの自由と純粋性を絶対化しようとする知性が、偶然を支配することで自らの存立基盤である時間そのものを手中に収め、それを永遠に化そうとする転換の運動が、宇宙論的背景とともに語られていく。ここでもまた、『若きパルク』と同様に、自由と必然の葛藤に引き裂かれる自己が、自身の没落と滅却を介して永遠への復活を遂げる劇的反転が演じられているものと理解される。田辺は『イジチュール』の「夜半」が、深夜の時間の一点において時間そのものが無化され、時間の偶然性と永遠の必然性が合致し、絶対的運動が絶対的静止に転じるさまを表すものとみなし、その象徴性を次のように叙述する。「その動即静の理念の自覚においては、現在は相対現在として消滅しながら絶対として存続し、天上の星宿が命運の必然を象徴し、地表海面の波動が偶然を象徴しつつ、両者無限から分極して過去と未来との対立となり、遂に交互否定の極共に〈無〉に帰するに及び、現在のみただ〈時〉の終末即始元として〈永遠〉の象徴となり、一切現実的事物の根源たるものと思惟せられる[56]」。つまり田辺の理解によれば、「天上の星宿に象徴せられる運命の必然と、地上暴風海面の波浪に象徴せられる偶然不可測の動乱」が互いを否定し虚無へと没しながら、そこから一転して必然即偶然の絶対現在へと凝集する絶対転換の力動性こそが、『イジチュール』の詩的形象によって象徴化されたものと解されるのである。そして『イジチュール』の内にはすでに「双賽一擲」と題された章とその構想が含まれ、また偶然と必然の葛藤と和解という主題は、天界の星座と狂瀾怒濤の海との劇的対比の内で偶然を語る『双賽一擲〔双賽一擲決して偶然を廃棄することがない〕』へと引き継がれ、より大規模に展開されていく。

五　象徴の力学性

(1) 弁証論から弁証法へ

ヴァレリー『若きパルク』とマラルメ『イジチュール』の解釈において、田辺は詩的言語による象徴を絶対無の表現としての「無のメディウム」とみなし、そこに絶対媒介の力学の象徴的表出を見ようとしている。運命と偶然に直面しての魂の挫折と復活、死と新生を歌うそれらの詩作は、運命と自由、偶然と必然といった対極的で二律背反《アンチノミー》的な矛盾を正面から受け止め、果敢にもその対立の克服を試みる点で、カント的な「超越論的弁証論」を詩的に徹底しながら、その二律背反の底を破って、それを弁証法に転じる超絶的な試みと理解されるのである。カントからヘーゲルへの展開を通じて、形式論理では思考の挫折を意味した二律背反が、高次の論理性である弁証法への転機となるのと同じく、これらの詩作は、魂が自らを無化することによって、新たな生へと甦る転生を象徴的に表している。しかしながら、ヘーゲルにおいて弁証法が最終的に論理の絶対化に陥ったように、「弁証論」から「弁証法」への転換を詩的に具体化したとも言えるこれらの象徴的な媒介も、媒介自身の絶対化、あるいは媒介の硬直化と無縁ではない。実際、ヴァレリーの『若きパルク』における運命の昇華は、知性の絶対的自由と純粋性の確立を導き、「行為と思考の差異を痛感しながら、存在しないかもしれない言葉を、夢のような一致をひたすら追い、無力の中に身を持して音と意味の結合を試み、……当てもなく努力し精根を涸らす悪夢を白日の下に創造する」[57]純粋で無目的な創作意志へと凝集する。それは最終的には、創造行為そのものの創造、あるいは「純粋な試行」[58]（pure exercise）と呼ばれる知性の純粋主観性の自己目的的な遂行の内に閉ざされ、「方法」の自己完結的な抽象性に終始することになる。田辺はこれを、ヴァレリーにおける「懺悔道的宗教的根柢」に対する無自覚という仕方で表現するが[59]、それはまさにヴァレリーにおける純粋知性の自己完結性を指すものと考えることができるだろう。

　同じくマラルメの『イジチュール』に関しても、偶然と必然の和解は、偶然の必然化、偶然の無限化によって実現される。「かくしてこの人物は、ただ絶対のみの存在を信じ、夢の中でどこにでも行ける遍在者と自らを想像する。……しかし彼は偶然を無限に帰し、偶然はどこかに有るというとともに、またそれは無いものだともするのである」[60]（田辺訳）。意識自身を無限へと高めることによって偶然と必然の二律背反を解決するこうした思考の内に、田辺は――マラルメに対するヘーゲルの影響に言及しながら[61]――ヘーゲルにおける絶対精神による経験的偶然の廃棄と同種の論理を見て取っている。田辺の見るところ、偶然の事実性をその実在に関して宙吊りにする「遍在者」とは、広義における理性一元論の表現であり、それとともに実現されるマラルメのオルフェウス的宇宙論は、神秘的無限性からの一元論的な「発出論的論理」に帰着せざるをえない。そこでは、偶然性と主体的実存との弁証法的な関係が十分に顧みられることなく、偶然と必然性の二律背反は、弁証法的で創造的な媒介の手前で、絶対的一者の内に溶解してしまう。そのため田辺は、作中人物の服毒自殺を暗示する「空の硝子壜」の描写で終わる『イジチュール』の空漠とした結末を、そうした弁証法の不徹底と空虚さの現れとみなすのである。

媒介の象徴的表現をめぐるこれらの議論においても、田辺が目指すところは、『精神現象学』を『論理学』に解消するヘーゲルとは別の意味で媒介を徹底することであり、媒介の遂行性を論理の体系性の内に蹈鞴させることなく、その絶対媒介を貫徹することであった。つまり田辺にとって、絶対媒介とは、全面的な媒介、あるいは媒介自身をも媒介する事態を意味するのであり、ヘーゲル的意味での媒介そのものの絶対化とは区別されなければならない。そのため田辺は、媒介の遂行の内で論理性に解消しえない事実性を洞察し、自由な主観性の内に併呑しえない歴史の偶然性を、有限的・時間的性格をもつ媒体の構造として取り出そうとする(62)。その象徴表現として特筆されるのが、ヴァレリーが「一葉の紙面をついに星空の次元にまで高めることを試みた(63)」と評したマラルメ最後の作品『双賽一擲』である。この作品においては、天界の星々という超越的・必然的空間と、逆巻く怒濤の海洋に翻弄される難破船で演じられる賽子の投擲という偶然の行為が、タイポグラフィー上の多彩な意匠とともに、のちのアポリネールのカリグラムをも思わせる仕方で形象化され(64)、必然性と偶然性の相互媒介が、北極星と北斗七星の星間譜《コンステラツィオーン》の形象とともに象徴化され、偶然に対する宇宙論的・実存的な受容へと終局する。そのため田辺は『双賽一擲』こそが、『イジチュール』ではいまだ不十分であった偶然の形而上学的理解、あるいは時間の有限性に対する洞察を徹底したものと理解するのである。

「双賽一擲決して偶然を廃棄することがない」――偶然を廃棄することの不可能性を闡明するこの詩作は、しかしながら偶然に対する全面的敗北や人間的自由の根源的挫折を意味するわけではない。なぜなら、偶然の形象である賽子の投擲は、乱雑かつ無意味に散乱するように見えながら、その分散が北極星と北斗七星へと象徴化されることで、偶然を超える理念的世界をも暗示するからである。それはまさに、カントにおける自由と必然性の二律背反という超越論的弁証論の課題の克服を詩的に表現するものなのである。しかも「マラルメの〈星宿〉が北極星と北斗七星との静動一如として双々的統一であつたことが、マラルメの歴史主義的具体性であつた」とする田辺は、自由と必然性の一致という理念を、カントのように無時間的な統制的理念ではなく、力動性と静態性の相互性として、つまり根源的に時間的・歴史的本質をもつものとして捉えようとしている。ここで考えられている理念は、それ自身が経験的に現象することはないとはいえ、経験と二元的に対立する永遠の観念性などではなく、むしろ経験的次元から退去することによって経験的次元の現出根拠になるような根源的な媒介の生成である。そのため『双賽一擲』の象徴的宇宙においては、「普遍の理念を北斗七星の動的指方によつて捉へ、北極星の不動をそれとの相即相関に於て解釈」すること、つまり「極星の不動と北斗の歴史的変動とが、静動一如の理念」であることの自覚こそが、その理解の鍵を握るのである。(65) 偶然の世界を承認しながら、同時にその偶然的世界の内に自由と必然の理念的一致が生じることこそ、「決死復活の往還相即的緊張であり、それの具体的渦流構造が時間に外ならない」(66)。賽子の投擲として捉えられた偶然性の分散は、天界の中心で静止する北極星とそれを中心に回転運動を行う北斗七星の象徴を介して、静止と運動の振動という時間的構造として具体化される。経験的事実性の分散は、時間の根源的生成の振動と相即し、その両者の相互性において、絶対媒介がその力学性において遂行され、時間という媒体が自らを経験的に具象化しながら生起するのである。こうして田辺は、媒介の力学性と象徴性の理解を通して、その媒介運動の根底に根源的時間の構造を見出していく。

(2) 時間の根源的生起

時間における過去・現在・未来という構造化された諸様相は、時間そのものの生起ではなく、時間性の像であり、「図式」である。そして田辺が早い時期にハイデガーの図式論に対する批判を通じて示していたように、この図式を発生させる根源的生起は、将来への能動的で存在論的な地平投企に限定されることなく、むしろ事実的・存在的な負課性と自由な自発性との媒介でなければならない。偶然性という側面からこうした時間論を突き詰めた『双賽一擲』の解釈において、時間に対する理解をあらためて定式化するに際して、田辺はアウグスティヌスの時間論を踏まえて、それをさらに徹底させる途を採る。そこでは、記憶による「過去の現在〔現前〕」と、予期による「未来の現在〔現前〕」という時間の現象学的理解に従って、現在の内にも「現在の現在（現前）」といった二重性が目撃されることで、時間の根源的生起に具わる差延的構造が見出される。現在は具体的な時間様相としては自らを否定しながらも、それ自身の内に差異を内在させた時間性の現出として、自らに対して現前するのである。そのため田辺において、「自覚の緊張が現在において過去へはたらき、また現在そのものの緊張動性が未来を内に含みて、それの更新性を過去へ転入し、もつてこれを死復活せしめる自己否定的超越媒介」[67]こそが、時間の根源的生起とみなされるのである。

時間様相としての現在とは次元を異にする「現在の現在」は、直接的現前の意味での現在（「相対現在」）を否定しながらも、その直接的現前性を自らにとっての媒介契機として、自覚という二重化の意識の内でその現在を再び肯定するという構造をもつ（「絶対現在」）。そのため「現在の現在」は、直接的現前の否定を介した肯定という二重化と、直接性と非直接性の差異を含み、その振動を通して過去・現在・未来の時間様相を自らの内から分散させる。「現在の現在」においては、時間契機の否定とその止揚が遂行されることで、「死復活」と言われる絶対的位相の逆転をともないながら、経験的時間と根源的時間が相互否定的に結び合い、存在的次元と存在論的次元が相互陥入的に媒介される。

時間における絶対媒介の遂行は、時間の根源的生起としては経験的次元からは退去しながらも、それ自身が経験的時間として生きられる現実である以上は、自らを存在的＝存在論的領野の具体性において表現する。つまり根源的時間の構造は、それぞれの時間契機として分散し、偶然と必然の分極を引き起こしながら、具体的な生きられた世界として自らを表出するのである。そのためここでは、「時間図式」と「世界図式」として理解されていた生の根源的かつ具体的様相の二重性が、絶対媒介の遂行に即してあらためて弁証法的に記述されていると考えることもできる。媒介と媒体、力学性と象徴性をめぐる思考は、こうして再び絶対媒介の弁証法によって捉えられ、論理性に解消しえない偶然性・事実性という実存的課題をも、それ自身の内に媒介的に取り入れることになる。「論理が直接なる存在の思考規律であるに対し、弁証法は自覚存在たる実存の思考方法であるともいはれる。前者を一たび必然から解放し、否定を媒介に含む可能態にまで移動せしめ、それに依つて可能態の根柢を自覚する限り、後者の権能が発揮せられるわけである」(68)。しかしながらここで語られる弁証法はもはや、体系的に絶対化されたヘーゲルの弁証法ではなく、むしろマラルメにおいて象徴化された双賽の弁証法であり、「偶然」を論理的必然性の欠如としてではなく、根源的否定性（「あれでもなく、これでもなく」）として、それ自身の力学性の起動要因とするような弁証法である。「弁証法はどこまでも弁証法として固有の自己否定性を保ち、自らを同一性論理に化して完結体系を形造ることなく、飽くまで弁証法的自己否定的に自己を貫徹すべきである。これはまた必然に対する偶然の維持として特色附けることもできる。けだし同一性論理の必然的推論に対する否定欠隙こそ、偶然であり、従つて偶然の承認が即ち弁証法の要求だからである(69)」。

結　語——媒介の彼方

田辺の哲学は、純粋な横断の思想である。科学・数学・哲学・社会論・詩学など、さまざまな分野を脱領域的に横断しながら、それらの離接的共存を通じて、悟性的に秩序化された論理的空間を破って、横断と運動の論理である絶対媒介が遂行される。田辺が構想した「種」とはまさしく、個・類の論理的構造によって組織化しえない純粋な活動性であり、われわれの生の現実そのものであった。その際にその越境を突き動かすのは、けっして異なる領域との葛藤や外部からの圧力などではなく、それ自身の内部に働く自己否定的で動力学的な緊張であり、その限りでそれは「微分的存在動源」、「動源の動源」とも呼ばれる「絶対無」にほかならない。そのため田辺の「種の論理」とは、絶対弁証法という絶対無の論理に貫かれた生の哲学である。それはひとところにとどまることなく流動し、変貌を続ける現実的な生のあり方を、その動力学的な活動性に即して徹底することで、中間者とみなされる種をむしろ基体とみなし、その根源的・極微的活動から現実の一切を理解しようとする強靱な理論を切り開いて行く。

このようにして開拓された世界観を、田辺自身は『哲学入門――哲学の根本問題』(一九四九年)の末尾において、さながらドゥルーズがライプニッツ哲学をバロック期における「襞」の形象で語ったのを連想させるような仕方で[70]、「無限の網」といった形象によって語っている[71]。袋のように閉じた空間ではなく、外部と内部が自由に交流し合い、その網そのものも伸縮することで、結節点同士の位置関係を自在に変更する網、しかもその網自身が極大へと伸展し、けっしてどこかで閉じたりすることのない広大な光景を、ここで田辺は思い浮かべているのである。絶対的な繋留地をもたず、自由に運動する結節点をもった多孔性の無限の網――これが田辺にとっての現実そのものであった。理論と実践、論理と倫理、哲学と宗教というさまざまな対比項も、田辺にとってはこの無限の網のひとつの結び目にすぎない。世界は無限の結び目、無限の「と」から成り立ち、しかもそのひとつひとつの「と」が、同時に「あれでもなく、これでもなく」を意味する極微的な振動態なのである。異種混淆的に越境し合い、ひとつの組織的な体系の内に収まることのない生命の振動を見つめ、否定を本質とする弁証法の運動によって、類比的な構築への意志を解体しながら、排他性と共同性が否定的に共存する現実を産出していくありさまを凝視する——このような田辺の存在理解は、まさにひとつの中心をもたず、パラドクスそのものを世界観と化していったバロック的な自己増殖と有機的繁茂の思想と響き合うものをもっている。

自己矛盾と自己転換の共属は、バロック期のパラドクス的思考においては、しばしば「いたるところに中心をもちながら、どこにも円周をもたない無限の円」という形象によって語られていたように、[72]田辺もまた『懺悔道としての哲学』（一九四六年）の末尾において、この同じ比喩を引き合いに出しながら、さらにその世界観を「房状ダリア」の花の象徴に託している。「歴史的世界は有限な焦点距離を以て相対する一双の焦点をもつ楕円の無限多を、その切方（あるいは観方）の傾斜に従い多様なる切断面（象面）として展開する楕円体の回転に比されるであらう。更に房状ダリアの花を以てこの楕円体を象徴せしめるならば、その花房を成り立たしめる一々の単花は自我の中心に相当し、その房全体の中心たる単花が神の現成に比すべきものとなる[73]」。中心に鎮座する単花と周辺に回転する複数の単花というこの房状ダリア——田辺の言う「歴史的世界の曼荼羅」——は、マラルメ『双賽一擲』における北極星と北斗七星を思わせるばかりか[74]、「彷徨える星」（errantia sidera）が形成する無数にして不定の軌道が無限の空間において共存するブルーノのバロック的宇宙像、あるいは円環と球体の象徴群《シンボリズム》と綺想《コンシート》が織りなすジョン・ダンの形而上詩の世界観をも想起させる。(75)「ここでは球体が飛び出し、泡が湧き出る。／かしこでは休む間もなく多くの微小な球体が回転している。／すべてが生まれ出て、湧き出て、湧出が増大し、／すべてが波打ち、飛沫を上げ、流出している」(76)とバロック詩人マリーノが歌うように、バロックの詩的・象徴的宇宙は、円環と球体の形象群《イメジャリー》に取り憑かれ、それらの収縮と拡張の振動、あるいは無限の球体としての宇宙をその内部の無数の球体同士が多様な遠近法によって反映するモナド的宇宙の目眩《めくるめ》く分散の光景に満ち溢れている。こうして、多孔的で伸縮する無限の網や襞の力学性、そして中心が遍在する無限の球体という象徴性によって、田辺哲学の宇宙は数世紀を隔てて近世初頭のバロック的世界と共鳴するのである。

田辺哲学はその最後の局面において、絶対媒介の力学性と象徴性の統合を求め、ヘーゲルをも超えて弁証法を徹底するために、自由と必然、偶然と絶対の二律背反の象徴的表現に踏み込むことになった。フランス象徴詩の解釈を通して獲得されたその洞察は、時間性の根源的生起と、時間図式を通しての時間性の像化とのあいだに展開される自己否定と自己肯定を露わにし、偶然性をも自らの構成要件とする独自の弁証法へと行き着いた。田辺によれば、フランス象徴詩、とりわけマラルメ『双賽一擲』においては、力学の象徴性と象徴の力学性が弁証法的に媒介され、なおかつそこには、偶然の廃棄不可能性、および偶然による媒介の挫折さえもが象徴化されていると考えられる。「絶対作詩の象徴行為といへども、その標榜する絶対性を要求し得ざる筈であつて、その結果、詩人も作詩もつひに難破を免れぬ」のであり、『双賽一擲』こそが「人間存在の有限性、現実の二律背反」の表現とみなされるのである。[77] 絶対媒介をめぐるこうした理解は、媒介という遂行とその表現としての媒体の二義性を、力学性と象徴性、ないし遂行と像化というかたちで把握する可能性を開き、さらにそこにおいて、原理的に架橋不可能な差異性を洞察することにも通じるだろう。

根源的時間性の生起が、経験一般を可能にする世界として自らを表現しながら、それと同時にその根源性に関しては自らを隠蔽するように、媒介の超越論的な遂行は、自らを媒体として表現しながらそれ自体は経験の次元から退去せざるをえない。このような媒介と媒体との超越論的差異は、田辺の予想とは異なり、絶対弁証法をも含めた弁証法の空間を突き抜け、二律背反とその止揚という対比的論理によっては記述しえない次元を指し示しつつある。それというのも、弁証法の思考は、対立する媒介項を論理的推論とは異なった仕方で媒介し、媒介の遂行性の内から媒介項の生成を見ることを可能にするとはいえ、それはあくまでも媒介項と媒介の関係性にとどまるのであり、媒介における遂行と表現の相関性、およびその現象論的な相互否定性を十分に記述しうるものではないからである。偶然の介入によって破られる媒介の完結性は、媒介自身の有限的現出としての媒体の出現によって贖われなければならない。ここで問題となるのはもはや媒介と媒介項の関係ではなく、媒介と媒体の相互否定的な関係であり、端的には媒体自身の現出性の謎なのである。この領域においては、絶対弁証法といえどもなおも「弁証法」たることの呪縛に絡め取られ、その有効性を喪失せざるをえない。時間性の像化と世界の現出はいかに可能であるのか、具体的・特殊的媒体としての言語・歴史・身体はいかなる現出様式をもつのか、田辺哲学に即して言うなら「種」はいかに現出するのか――こうした問いを扱うには、弁証法の思考はあまりにも論理性の残滓をまといすぎている。媒介と媒体の位相的差異を反転させながら接合する襞を、その微細な陰影とともに捉えるには、止揚という論理は、なおも理性的総合の暴力性と光の強圧性を帯びすぎているのである。田辺の思考がともすると同一の論理の平板な反復にも見えてしまうのは、そうした弁証法的理性の限界の現れとも言えるだろう。ここで必要とされるのは、動にして静、極大にして極小、拡張にして収縮であるような、逆説的で流動的なバロック的世界に呼応し、自己矛盾に貫かれながらも、その撞着によって挫折することのない柔軟性と耐久性をそなえた現象性と表現性の論理であり、媒介が織りなす網の目の微かな揺蕩《たゆた》いに寄り添う繊細な思想的感性なのである。

註

(1) 田辺元『哲学通論』、『田辺元全集』第三巻、筑摩書房、一九六三―六四年、四九五頁。
(2) バロックにおける異種混淆と諸学芸の統合について、例えば以下を参照。G. Maiorino, *The Cornucopian Mind and the Baroque Unity of the Arts*, Pennsylvania 1990.〔マイオリーノ『コルヌコピアの精神——芸術のバロック的統合』ありな書房、一九九九年〕
(3) 哲学的思考におけるパラドクスの意味を概観したものとして以下を参照。R. L. Colie, *Paradoxia Epidemica. The Renaissance Tradition of Paradox*, Princeton, New Jersey 1966.〔コーリー『パラドクシア・エピデミカ』ありな書房、二〇一一年〕J. Simon, Das philosophische Paradoxen, in: R. Hagenbüchle, P. Geyer (Hgg.), *Das Paradox. Eine Herausforderung des abendländischen Denkens*, 2. Aufl., Würzburg 2002, S. 45-70.
(4) 田辺元「科学と哲学と宗教」『力学哲学試論』、『田辺元全集』第一二巻、一三四頁。
(5) 同「生の存在学か死の弁証法か」補遺二、『田辺元全集』第一二巻、五八三頁。同「種の論理の弁証法」、『田辺元全集』第七巻、二七五頁。
(6) 同「社会存在の論理」、『田辺元全集』第六巻、七二頁。
(7) 同『哲学通論』、『田辺元全集』第三巻、五〇四頁(強調は引用者による)。
(8) 大島康正「絶対媒介の弁証法と種の論理」、西谷啓治他『田辺哲学とは何か』燈影舎、一九九一年、一三四頁以下。
(9) 田辺元「西田先生の教を仰ぐ」『田辺元全集』第四巻、三一一頁。
(10) 同『哲学通論』、『田辺元全集』第三巻、五一一頁。
(11) 両者の思想の対比として以下を参照。西谷啓治「西田哲学と田辺哲学」、『西谷啓治著作集』第九巻、創文社、一九八七年、二二五―二五四頁。S. Koichi, Tanabe Hajime's Logic of Species and the Philosophy of Nishida Kitaro: A Critical Dialogue within the Kyoto School, in: B. W. Davies, B. Schoeder, J. M. Wirth (eds.), *Japanese and Continental Philosophy. Conversations with the Kyoto School*, Bloomington, Indiana 2011, pp. 52-

67.

（12）田辺元「西田先生の教を仰ぐ」『田辺元全集』第四巻、三〇八頁。

（13）同、三一一頁。

（14）同『ヴァレリイの芸術哲学』、『田辺元全集』第一三巻、二二二頁。

（15）同『数理の歴史主義的展開』、『田辺元全集』第一二巻、二一六頁。

（16）同『ヘーゲル哲学と弁証法』、『田辺元全集』第三巻、三一五頁。

（17）M. Heidegger, *Kant und das Problem der Metaphysik*, 4. Aufl., Frankfurt a. M. 1973, S. 165-197 (Gesamtausgabe, Bd. 3, 2. Aufl., Frankfurt a. M. 2010, S. 171-203).

（18）田辺元「綜合と超越」『田辺元全集』第四巻、三四二頁。

（19）同、三四四頁。

（20）ハイデガー自身が、一九二八年の講義『論理学の形而上学的始原根拠』において身体性の問題を論じ、それを田辺と同じく、「振動」と「分散」という隠喩法で叙述しているのは、興味深い事実である。Cf. M. Heidegger, *Metaphysische Anfangsgründe der Logik. Im Ausgang von Leibniz*, Gesamtausgabe, Bd. 26, Frankfurt a. M. 1978, S. 171-177.

（21）田辺元「図式〈時間〉から図式〈世界〉へ」、『田辺元全集』第六巻、一〇頁。

（22）同「綜合と超越」三四九頁。

（23）同「図式〈時間〉から図式〈世界〉へ」、『田辺元全集』第六巻、四八頁。

（24）同「種の論理の意味を明にす」、『田辺元全集』第六巻、四四九頁。

（25）この論点から、田辺思想をA・ベルクの風土論と対比したものとして以下を参照。嶺秀樹「田辺元と自然の問題」、小川侃編『京都学派の遺産――生と死と環境』晃洋書房、二〇〇八年、一二一―一六三頁。

（26）同「社会存在の論理」、『田辺元全集』第六巻、一〇四頁以下。

（27）同、一〇七頁。

(28) 同「論理の社会存在論的構造」、『田辺元全集』第六巻、三〇六頁。
(29) 同「種の論理の弁証法」、『田辺元全集』第七巻、二八九頁。
(30) 同「論理の社会存在論的構造」、『田辺元全集』第六巻、三〇七頁。
(31) この点で、「種の論理」の議論は、ネグリとハートが提起した「マルチチュード」の概念とも通じる性格をもつが、マルチチュードの場合は、種の論理において重視される基体的側面は希薄となる。Cf. A. Negri, M. Hardt, *Multitude: War and Democracy in the Age of Empire*, New York 2004.
(32) 田辺元「論理の社会存在論的構造」、『田辺元全集』第六巻、三一三頁。
(33) 同「種の論理と世界図式」、『田辺元全集』第六巻、二三五頁。
(34) 同「論理の社会存在論的構造」、『田辺元全集』第六巻、三二〇頁。この一節に対する豊かな解釈として以下を参照。中沢新一『フィロソフィア・ヤポニカ』集英社、二〇〇一年、一〇二―一一六頁。
(35) 田辺元「論理の社会存在論的構造」『田辺元全集』第六巻、三一六頁。
(36) 同『力学哲学試論』、『田辺元全集』第一二巻、一三一頁。
(37) 同、一二四、一二八頁。
(38) Platon, *Parmenides* 156d. 田辺元「永遠・歴史・行為」、『田辺元全集』第七巻、一四九頁。
(39) 田辺元「生の存在学か死の弁証法か」補遺四、『田辺元全集』第一二巻、六二五頁。
(40) 同「局所的微視的」『力学哲学試論』、『田辺元全集』第一二巻、五一頁。
(41) この点に立脚した優れた論評と批判が、一九三六／三七年に高橋里美によって提起された。高橋里美「種の論理について」、『高橋里美全集』第四巻、福村出版、一九七三年、二二一―二六七頁。これに対して田辺は、「種の論理に対する批判に答ふ」において、「種の直接性が却て絶対否定の否定たるが故に、直接にして同時に媒介せられたもの」であるといった応答を行っている。『田辺元全集』第六巻、四〇六頁。この論争についての考察として以下を参照。M. Ozaki, *Individuum, Society, Humankind. The Triadic Logic of Species according to Hajime Tanabe*, Leiden 2001, pp. 41-56.

(42) 田辺元「局所的微視的」、『田辺元全集』第一二巻、五一頁。
(43) 同『マラルメ覚書』、『田辺元全集』第一三巻、二〇二―二〇三頁。
(44) 同「生の存在学か死の弁証法か」補遺三、『田辺元全集』第一三巻、六一五頁。
(45) 同『マラルメ覚書』、『田辺元全集』第一三巻、二〇三―二〇四頁。クリステヴァを含め、現代の哲学・言語論におけるマラルメの意義を概観したものとして以下を参照。R. G. Cohn, Mallarmé's Wake, in: id. (ed.), *Mallarmé in the Twentieth Century*, London 1998, pp. 277-295.
(46) 田辺元『ヴァレリイの芸術哲学』、『田辺元全集』第一三巻、九四―九六頁。
(47) 同、九八頁。また類似の問題意識から、ベンヤミンに即して媒体（媒質）の現象を主題化し、言語・神話・象徴をめぐって豊かな議論を展開したものとして以下を参照。森田團『ベンヤミン――媒質の哲学』水声社、二〇一一年。
(48) 田辺元『ヘーゲル哲学と弁証法』、『田辺元全集』第三巻、三三七頁。こうした問題の文脈に関して、以下を参照。西谷啓治「田辺先生晩年の思想」、『西谷啓治著作集』第九巻、二九一―三二七頁。
(49) 田辺元『ヴァレリイの芸術哲学』、『田辺元全集』第一三巻、六八―六九頁。
(50) 同『マラルメ覚書』、『田辺元全集』第一三巻、二〇八頁。
(51) 同『ヴァレリイの芸術哲学』、『田辺元全集』第一三巻、九三頁。
(52) 同『マラルメ覚書』、『田辺元全集』第一三巻、二三四頁。
(53) P. Valéry, *La jeune Parque*, Œuvres I, Paris 1957, p. 105. 田辺元『ヴァレリイの芸術哲学』、『田辺元全集』第一三巻、八六頁。
(54) 田辺元『ヴァレリイの芸術哲学』、『田辺元全集』第一三巻、八六頁。
(55) 同、九八頁。
(56) 同『マラルメ覚書』、『田辺元全集』第一三巻、二三七頁。このマラルメの「夜半」を、ニーチェの「大いなる正午」との関係において捉えることは、哲学的に生産的な課題だろう。

(57) P. Valéry, Au sujet d'Adonis, in: *Variété, Etudes littéraires*, Œuvres I, Paris 1957, p. 480.
(58) Id., Lettre sur Mallarmé, *Œuvres* I, p. 643.
(59) 田辺元『ヴァレリイの芸術哲学』、『田辺元全集』第一三巻、一〇三頁。
(60) S. Mallarmé, *Igitur ou la folie d'Elbehnon*, Œuvres complètes, Paris 1945, p. 442. 田辺元『マラルメ覚書』、『田辺元全集』第一三巻、二五三頁。
(61) マラルメに対するヘーゲルの影響をめぐる研究史については、以下を参照。J＝P・リシャール『マラルメの想像的宇宙』田中成和訳、水声社、二五七—二六〇頁。
(62) この偶然性の問題を逸早く取り上げたのが、九鬼周造『偶然性の問題』であった。田辺はその原型となった博士論文の審査に当たっている。当時、九鬼とのあいだで交された議論に関して、以下を参照。嶺秀樹『ハイデッガーと日本の哲学——和辻哲郎、九鬼周造、田辺元』ミネルヴァ書房、二〇〇二年、二三二—二三八頁。
(63) P. Valéry, Le coup de dés. Lettre au directeur des marges, Œuvres I, p. 626.
(64) マラルメの原稿、校正刷りの推敲を含めた復刻は、以下に公刊されている。S・マラルメ『賽の一振りは断じて偶然を廃することはないだろう——原稿と校正刷、フランソワーズ・モレルによる出版と考察』行路社、二〇〇九年。
(65) この点で田辺の解釈は、田辺の歿年に公刊されたドゥルーズ『ニーチェと哲学』におけるマラルメ理解とは異なっている。ドゥルーズにおいては、「マラルメはいつでも必然を偶然の消滅として理解している」とみなされるのに対して、田辺のマラルメ解釈はむしろ、ドゥルーズがマラルメと対比しながら提示したニーチェ解釈に近づいていると言えるだろう。Cf. G. Deleuze, *Nietzsche et la philosophie*, Paris 1962, pp. 36-39.〔ドゥルーズ『ニーチェと哲学』江川隆男訳、河出書房新社、二〇〇八年〕
(66) 田辺元『マラルメ覚書』、『田辺元全集』第一三巻、二八七—二八九頁。
(67) 同、二九五頁。

(68) 同、二一八—二一九頁。
(69) 同、二六〇頁。
(70) Cf. G. Deleuze, *Le pli. Leibniz et le Baroque*, Paris 1988, pp. 20-37.〔ドゥルーズ『襞——ライプニッツとバロック』宇野邦一訳、河出書房新社、一九九八年〕
(71) 田辺元『哲学の根本問題』、『田辺元全集』第一一巻、一三〇頁。
(72) 古い伝統をもつこの表現、および円環・球体の隠喩に関しては以下を参照。M. H. Nicolson, *The breaking of the circle: studies in the effect of the "new science" on seventeenth-century poetry*, New York/London 1960.〔ニコルソン『円環の破壊——一七世紀英詩と〈新科学〉』みすず書房、一九九九年〕G. Poulet, *Les métamorphoses du cercle*, Paris 1961.〔プーレ『円環の変貌』国文社、一九九〇年〕
(73) 田辺元『懺悔道としての哲学』、『田辺元全集』第九巻、二六七頁。
(74) 房状ダリアと星座配列の対応は、すでに以下のものにおいて正確に指摘されている。細谷昌志『田辺哲学と京都学派——認識と生』昭和堂、二〇〇八年、一三〇頁。
(75) Cf. H. Blumenberg, *Die Legitimität der Neuzeit*, 2. Aufl., Frankfurt a. M., 1988, S. 638-700.〔ブルーメンベルク『近代の正統性』全三巻、斎藤義彦・忽那敬三・村井則夫訳、法政大学出版局、一九九八—二〇〇二年〕
(76) G. Marino, *Adone*, Canto IX, stanza 108, Milano 1988, p. 475.
(77) 田辺元『ヴァレリイの芸術哲学』、『田辺元全集』第一三巻、三九頁。

第Ⅱ部　思想史の形象

――人文学の星間譜《コンステラツィオーン》1――

第一章　思想史のキアロスクーロ
——ブルーメンベルクのクザーヌス、ブルーノ解釈をめぐって——

序　時代の境界

バロック・マニエリスム期に流行した絵画技法の一つにキアロスクーロと呼ばれるものがある。明暗対比法とも訳されるその技法は、強力な照明の当たった部分と闇の中に沈んだ部分との圧倒的なコントラストによって、画面中の対象を迫真の力をもって観照者の目に焼きつけるものである。カラヴァッジョなどを思い浮かべてもらえばよいだろう。強力な光の当たった部分は、背景に横たわる漆黒の闇の中に忽然と浮かび上がり、それ自体の存在を強烈に主張する。目を射る光が闇の重さを際立たせ、闇の底なしの深さが、画面を地平的な遠近法の及ばない次元へと拉し去る。これは写実主義的な絵画技法とは異なり、まさにマニエリスム好みの鬼面人を驚かす「驚異」の技法なのである。

ともすると過去の思想を並べたてた「愚者の画廊」（ヘーゲル）と思われがちな思想史の分野にも、そうした驚異の技法を思わせるものが存在する。ここで紹介しようとするブルーメンベルクの思想史がまさにそうしたたぐいのものであろう。哲学・神学・科学・文学など、西洋思想のあらゆる分野を相手に、輪郭を隈取濃く描いていくその思想史は、まさしくキアロスクーロとも言えるような側面をもっている。とりわけ、彼の最初の大著『近代の正統性』（一九六六年）（邦訳全三巻、法政大学出版局）は、「近代」という時代がどのような経緯を経て、それ自身として自立し、自らを「新しい時代」（Neuzeit）として自覚するにいたったかを主題としているため、中世と近代との境目を際立たせるように、そこでの照明はいやがうえにも強力なものとなる。ある角度から強力な照明を当てることによって、中世と近代の異質性、翻って言えば、中世と近代というそれぞれの時代各々の独自性を明確に浮彫りにすることが試みられるのである。思想史の中に連続性よりも断絶、なだらかな一貫性よりも突発的な飛躍を認めようとするこうした着想は、『近代の正統性』が出版された時期に湧き起こったある思想の一連の変動に呼応するものでもあった。

一九六〇年代という時代は、精神科学の分野ではガダマーの『真理と方法』（一九六〇年）から始まり、科学史の領域でもT・クーンの『科学革命の構造』（一九六二年）、人類学ではレヴィ＝ストロースの『神話論理』全四巻（一九六四―七一年）など、既製の学問の枠組みそのものを問い直す大著群が現れており、現実の政治の領域でも、六七年には学生運動の高まりによって新しい理想の到来が渇望された。そして何よりも、『近代の正統性』が刊行された一九六六年は、相前後してフーコーの『言葉と物』が世に問われ、「プチパンのように売れた」年でもあった。この『言葉と物』では、十八世紀の古典主義時代以降の近代と、中世を含むそれ以前の時代との変革が「エピステーメー」の転換として叙述され、またクーンの『科学革命の構造』では、従来の合理的な発展史観に対して、近代科学の誕生が「パラダイム」の突発的変化の歴史として語られた。いずれにしても、それらの科学史上の枠組みの変化は、前もって予測されたり、合理的な推論によって説明しうるものではないと考えられている。時代の変革とは、突然の異議申立てなのである。このように、一九六〇年代というこの一〇年《ディケイド》間は、「近代」や、近代の特徴とされる合理性が疑いの眼差しで見られ、中世・ルネサンスなどの文化固有の意味が捉え直され始めた時期だったと言えるだろう。それに応じて中世もまた、単に近代を準備した「暗黒の時代」というのではなく、それとして完成した豊かで生産的な文化であることが見えてくる。

このような時代の息吹を呼吸した『近代の正統性』の議論もまた、近代への徹底的な反省と歴史理解の見直しを行うものであった。しかし歴史とは、予期しえぬ飛躍を重要な要素としながら、他方では歴史が歴史である以上、そこには何らかの連続性が語られなければならないのも事実である。フーコーやクーンの議論も、歴史における断絶を強調するあまり、その断絶がなぜ断絶として認識可能になるのかという問題に関しては、十分に答えきれない恨みがある。これに対してブルーメンベルクは、カッシーラーの『実体概念と関数概念』（一九一〇年）を手がかりとして、機能的転換としての歴史という思想を提起する。つまり、思想の歴史には幾多の変転と紆余曲折があるにせよ、それらは常にある一定の問題に対する解答として提示されるのであり、その意味では、思想史全体を貫く問いがある種の機能的枠組みとして一貫した連続性を支えるものとみなされる。歴史の中での変化は、その枠組みを埋めていく個々の実体の交換として説明される。これがブルーメンベルクの思想史の基本的着想をなす「代替」（Umbesetzung 再充塡）の理論である。機能的枠組みは一定していながら、それを埋める主体が次々と交替していく。ある時代にはその機能を十分に果たしえたひとつの思想も、時代が変わることによってその任に堪えることができなくなり、おのずとその枠内から脱落することで空白域が生じる。その空位を次の思想が埋めて行くことによって、思想史の転換がなされるというのである。そのため、機能を現実に埋めていく個々の思想という表層のみを見るなら、その歴史は確かに劇的に変化しているが、その交換を支えている機能的枠組みそのものは、その担い手の変化にもかかわらず、恒常的で一定したものなのである。

思想とは、常に何らかの問いに応じ、それに積極的に答えようとする人間の思考の努力であるといった基本的な理解が、ブルーメンベルクの機能的な歴史観をその根底で支えている。世界の中で生きる人間に向かって現実が突きつけてくるさまざまな過酷な問いに対して、人間はその思考の力の限りを尽くして応答し、それぞれの時代に最善と思われる解答を思想として構築しようとする。そのような世界と人間が切り結ぶ猶予のならないぎりぎりの緊張が、思想史の中に現れるのである。そのため、ブルーメンベルクにとっての思想史は、既存の思想を客観的に記述した教科書のようなものではない。ブルーメンベルクに関する初の本格的研究論文集（一九九九年）には「生存の技法」（*Kunst des Überlebens*）という標題が付されているが、まさしくその思想史は、実証的な歴史研究に終始するものではなく、思想史の叙述を通してある種の生の哲学、あるいは現象学的人間論とでもいった独自の哲学を展開するものである。それはまさに現実の人間の駆使する多様な「生きる技法」、あるいは、ブルーメンベルク自身の論文集の標題を借りれば、「われわれが生きているさまざまな現実」の記録なのである。

われわれの生の現実に対するこうした強い関心が、彼の思想史の中で放たれる照明となり、時代の節目を鮮烈に浮かび上がらせる。とりわけ『近代の正統性』のなかでもその第四部（邦訳第三巻）においては、時代転換をめぐって、中世思想の伝統とその最終局面が分析される。そして中世と近代が分かれる境目が、十五世紀のクザーヌスと、十六世紀の最後の年に火刑に処せられたブルーノとのあいだに見出される。一般の哲学史では、クザーヌスとブルーノは、コペルニクスを挟んで無限の宇宙という理解を、クザーヌスは「知ある無知」の逆説的な思考によって先取りし、ブルーノは宇宙の複数性と無限性についての思考によって思弁的に追認したという意味で、ともに近代の宇宙論の先駆者たちとして理解されることがあるが、ブルーメンベルクはむしろ、その両者のあいだの微妙な溝を、強力な照明を当てることによって鮮烈に浮き上がらせようとするのである。

一　グノーシス主義と中世の危機

人間はいかにして世界の中で自身の生きる場所を見出し、安定した世界観を構築することができるのか。ブルーメンベルクにとって、思想や哲学といった人間の営みは、単なる余暇の産物などではなく、人間が自らの生存を賭けて世界全体と相渉り、自らの「生存の技法」を鍛えていく営みである。哲学という仕方で世界と人間についての思考が始まって以来、常につきまとっていた問い、つまり世界とその根拠をめぐる問いもまた、そのような根本的な動機に支えられていたと考えられる。自らの生存の意味を見出し、世界の中での位置を見定めようとする人間は、同時に自らの存在に絶えず不安を覚え、その解決を求めて止まない不安定な存在でもある。人間の存在の意味を脅かすニヒリズムは、十九世紀末にニーチェがこの「すべての訪問者のなかで最も不気味な客」の来訪を告げるはるか以前に、時代の先回りをしてすでに到来していたのである。そのようなニヒリズムを、ブルーメンベルクは「グノーシス主義」と総称される現象の内に一括している。グノーシス主義とは、プラトン主義的なイデアと質料の二元論を背景として、物質によって造りなされたこの世界を、悪に染まって堕落した汚辱の世とみなし、そこから救済されるための「知識《グノーシス》」を求めるものであった。ブルーメンベルクはこのような極端な現世厭離の思想と超越的な異世界への憧憬を、歴史の中で繰り返し現れるニヒリズムの原型をなすものとみなしている。そのためここでの「グノーシス主義」は、歴史上一—三世紀に、ユダヤ教・キリスト教と並んで登場した特異な宗教運動そのものに限定されるわけではなく、むしろ歴史を貫く定数のようなものとして理解しなければならない。かつてＥ・ドールスが「バロック」という概念を、歴史上の特定の時代を表す用語としてではなく、歴史の中に繰り返し出現する特定の傾向として、「時代精神《アイオーン》」と呼んだのを思い合わせてもよい。ドールスは、その「アイオーン」という定数について、「恒久的なものが一つの歴史をもち、永遠が変遷を被る」と語っていたが、ブルーメンベルクにとって、グノーシスはそのような意味で、範疇でありながら歴史でもある「アイオーン」なのである。したがって、「近代はグノーシス主義の克服」であるとする『近代の正統性』の中心テーゼも、中世に対する近代の優位を謳うものではなく、むしろ人間が生存の意味を確立する際のさまざまのヴァリエーションを叙述するものと理解すべきだろう。

こうして、ブルーメンベルクによる古代・中世から近代にいたる長大な思想史は、このような「問い」ないし「アイオーン」としてのグノーシス主義を中心に考察される。物質によって構成されたこの世界を悪とみなすグノーシス主義にとっては、世界を創造した「旧約聖書」の神は悪の源であり、「悪しき造物主」である。魂の救済に達するには、悪神とその世界から離脱し、創造の神とはまったく異なった救済の善神に向かわなければならない。そのためにグノーシス主義は物質や身体にまつわる事柄をことごとく拒絶し、場合によっては極端な禁欲を唱えるのである。これに対抗してキリスト教は、神が創造した世界に悪が存在することの根拠を、物質という原理とは異なったところに求めることで、この問題を回避しようとする。世界に存在する悪の根拠を探求し、創造神を弁護する「弁神論」の成立である。なかでも「古代最後で最大の教父」アウグスティヌスは、グノーシス主義的なマニ教からの離反を通じて、善・悪、精神・物質の二元論を克服し、悪の源泉を人間の自由意志に求めることで、「悪はどこから来たか」(Unde malum?) という根本的な問いに一定の解答を与えることになった。こうして、悪の問題は人間へと転嫁され、神の免責がなされることで、キリスト教的な世界観の分裂が回避された。

キリスト教弁神論は、創造神と救済神を一つの体系の中で保持することによって、グノーシス主義の「第一の克服」を果たし、統一的な世界観を打ち建てることができた。救済論・弁神論をめぐる幾多の論争を潜り抜けることで、キリスト教思想は「グノーシス主義」の危機を脱し、安定した思想体系を生み出すことに成功する。その体系はやがて、十三世紀の盛期スコラ学の神学的・哲学的議論によって支えられ、『神学大全』に代表される壮麗な伽藍を産み出すにいたるのである。しかしながら、その世界観の根底をなす「創造」という思想は、その体系の内に新たな緊張を導き入れ、再び解体の危機を招き寄せる要因ともなった。善・悪、あるいは魂の救済という問いを離れて、純粋に理論的に考えた場合、全能の神が創ったこの世界がなぜ不完全なものなのか、神はなぜこの世界しか創らなかったのかといった存在論上の問題は、あいかわらず未解決のままに残らざるをえなかったのである。世界の成立をめぐるこのような存在論的・宇宙論的な議論が、とりわけ十三世紀頃から中世末期にかけて問題として再燃する。十三世紀の盛期スコラ学において、イスラーム圏を経由したアリストテレス哲学がラテン・アヴェロエス主義というかたちで導入され、スコラ学を体系化するに当たって大きな思想的源泉となったが、そこでは同時に、ギリシア哲学とキリスト教思想との緊張関係があらためて浮かび上がることともなった。例えば、世界の永遠性を唱えるギリシア哲学は、キリスト教的な創造思想とは相容れないものであり、そのような対立をめぐって、再び世界と神の関係についての議論が湧き起こる。その典型的な例が、一二七〇／七七年になされた、パリ司教エティエンヌ・タンピエによるアリストテレスに対する断罪・禁令であった。

中世末期には「創造」という思考がはらむ難点がますます徹底的に考察されるようになり、その難問《アポリア》はいよいよ深刻さを増していく。全能なる神がこの一つの有限な世界のみを創造したとする思想そのものが、むしろ神の全能を制限するものではないのかといった疑念が抱かれるのである。神の全能を制限することなく、なおかつ神がこの有限な世界のみを創造したということをいかにして説明するかということが、焦眉の課題となった。この問題に対処するために、中世末期の唯名論の代表者オッカムが提示したのが、神の「絶対的能力」(potentia absoluta)

と「秩序づけられた能力」（potentia ordinata）の区別という考えであった。つまり、われわれの住まうこの世界は確かに神が創造したものではあるが、それは神の全能である「絶対的能力」のすべてを汲み尽くしたものではなく、その限定した現れにほかならず、有限な「秩序づけられた力」の実現にすぎない。神本来の「絶対的能力」は、この世界の創造に何ら限定されるものではないため、神の「秩序づけられた能力」にしか触れることのできないわれわれにとっては、理解を絶したものであるとされる。つまりオッカムは、神の絶対的能力の超越性を強化し、それをわれわれの世界から隔絶した場所に置くことによって、神の絶対性・全能性を護ろうとするのである。

このようなオッカムの試みは、神の絶対性というキリスト教思想の中枢を保持する一方で、超越と内在とを分裂させ、中世の思想体系の内に解体の危機を招き入れることになった。このように超越と内在が徹底的に乖離し、超越的な神意はもはや人間の知によっては一切把握できないとするなら、その世界観は人間にとって安んじて身を任せられるものではなくなるからである。そのため中世末期には、このような危機を背景として、それに対処するための多様な世界観が成立する。つまり、超越を知解不可能な闇の中に置き、それとの情感的な合一を求める神秘主義、超越に関する学知を断念し、もっぱら被造的世界についての表層的な知識を展開する唯名論、実践的な宗教体験によって超越に接近しようとする霊性運動「新しい敬虔《デヴォティオ・モデルナ》」など、さまざまな思潮が並存し、スコラ学による統一的な世界観を脅かし始める。

二　クザーヌス——逆説の論理

神と世界、超越と内在が乖離し始めた中世末期において、ブルーメンベルクが「グノーシス主義」のもとに総称した二元論の危機がいま一度現れる。人間はここで再び、超越から切り離されることで自らの存在意味を喪失し、生存を保障していた思想的背景を失うのである。そのような時代の精神的混迷の中、クザーヌスは中世的体系をその最後の可能性まで汲み尽くすことによって、解体を食い止める最後の努力を行おうとする。そのためクザーヌスは、ブルーメンベルクにとってまさしく時代の境目に立つ「危機の思想家」なのである。そして、中世末期の危機的状況にあって、クザーヌスが採ったのは、超越と内在を共に強化するという逆説的な方向であった。つまりクザーヌスは、神の絶対性をますます強調する一方で、超越を知解する人間の思考をその限界にまで高め、その緊張が最も張りつめたところで、逆説的にその両者を統一しようとするのである。

超越と知性のあいだの緊張関係は、すでに初期スコラ学において、カンタベリーのアンセルムスなどにも見られたものである。その著書『プロスロギオン』の中で、アンセルムスは神を規定するに際して、神を「それよりも偉大なものは考えられない何ものか」と定義する一方で、その同じ神に対して、「考えられうるよりも偉大な何ものか」と呼びかけている。前者が、知性の側から思考の限界として捉えられた超越論的な神概念であるのに対して、後者において名指されているのは、人間の知性から完全に隔絶した超越としての神である。しかしながらアンセルムスにおいては、この両者は矛盾としてよりも、知解を信仰へと飛躍させるための跳躍台とみなされた。これに対してクザーヌスは、知性を信仰に委ねる前に、知性の側からの考察をさらに徹底し、超絶的な高みにまで知性を上昇させようとする。神の知解をめぐるこのような原理的な場面に徹し、近代の反省理論を思わせる犀利な議論を展開することによって、クザーヌスは中世の末期に顕在化した超越と内在の分裂に応答しようとするのである。創造論・宇宙論に関する考察も、そのような徹底した知性理解にもとづいてあらためて展開されることになる。もとより、議論が先鋭化されることによって、問題の複雑さはますます明瞭になり、解決はいよいよもって困難になる。そのようにして現れる逆説に満ちた課題に応答するために、クザーヌスが提示したのが、「反対物の一致」という、パラドクスそのものの論理のような、論理《ロジック》と呼ぶにはあまりにも異様な異《パラ》・論理《ロジック》であった。

「無限な半径をもつ円は直線である」、「無限な三角形は円であり、球である」。こういった数学的・幾何学的逆説を次々と繰り出すことで、クザーヌスは日常的な思考の内に、超越へと開かれた場を見出そうとする。円の半径を徐々に延ばしていくと、円周の曲率は小さくなり、さらに無限の半径を想定するなら、円周はついに直線に一致してしまう。したがって、無限の円は直線なのである。このように、クザーヌスの幾何学的比喩は、「無限」という圧倒的に異質なものを有限な知性の内に導き入れることによって、知性が行っている通常の思考をその内部から強引に破壊しようとする。ブルーメンベルクが「破砕の比喩」と呼ぶものである。このような逆説を端的に示しているのが、主著の標題でもある「知ある無知」(docta ignorantia) である。これによって、ソクラテス以来の「無知の知」の伝統を踏まえながらも、そこにクザーヌス独特の緊張感溢れる思弁が盛り込まれる。クザーヌスの「知ある無知」とは、自らの無知を悟る懐疑主義に終わるものではないし、かといって、知性の限界で合理性を断念させ、「知性の犠牲」を要求するものでもない。「知ある無知」とはむしろ、「知」と「無知」とがそのままに衝撃的な出会いを経験する場所を指し示しているのである。それはいわば、「神の視点」と「人間の視点」が緊張のままに共に保持される逆説の極みを志向している。クザーヌスの「知ある無知」は、「人間の視点」を「神の視点」の内に溶け込ませようとする神秘主義とは異なり、人間の知という場所を堅持しながら、そこに耐えきれないほどの負荷をかけることで、一挙に超越の視点へと反転させる暴力的技法なのである。矛盾と逆説の力によって撓められ、引き絞られた知性の弓は、思弁の矢を遠く放って超越の高みにまで飛翔させる。

こうしたアクロバティックな思考によって、神そのものも、思弁的撞着語法《オクシモロン》とでも言うべき特異な表現によって語られる。「神は中心がいたるところにあり、円周がどこにもない無限の円である」といった、古代のヘルメス主義、そして後代のヘルメス文書『二四人の賢者の書』に帰せられる言い回しがそれである。神に近づこうとする際に、人間の知性にとって最大限可能なことは、このような異貌の論理によって論理を解体し、知性自身のあり方を相対化し無効にしていくことである。知性は、それ自身の有限性を突破するために、幾重もの否定を経て、自分自身を超出し、思弁の限りを尽くして自らの壁を打ち破ろうとする。しかしながら、そのような否定による操作によって目指される神は、それ自身の内に何ら否定を含むものではない。神そのものは、知性を解体する撞着語法や矛盾の彼方にある超越的な単純性であり、一切の否定を超えているからである。知性は知性である以上、たとえ論理の自己否定というかたちであっても論理に依拠するため、結局のところ神はあくまでも知性的把握の彼方にある「隠れたる神」にとどまる。こうして、神の超越性と知性の有限性のあいだの緊張が、知性の遂行の内部で再び確認される。このような神の超越と知の有限性との相違は、「非-他なるもの」(non aliud)といった特異な概念においても端的なかたちで現れる。人間の知性はすべての対象を比較において、つまり「他なるもの」との対比において規定するほかはないが、神はそのような否定による規定の構造自体を超えており、論理的処理の彼方、つまり「他なるもの」の論理では「あらざる」ものとして、「非-他なるもの」と言われるほかはないのである。

超越と知の緊張の内で展開されるクザーヌスの思考は、超越を限りなく強化する反面で、被造物の認識に関しても、新たな知の領域を産み出すことになる。常に対比を通じて行われる被造物の認識は比較による認識である以上、そこにはかならず、計るものと計られるものとのあいだの距離が生じる。比較は、「他なるもの」との関係である限り、完全な合致はありえないからである。そのため被造物の認識は、厳密さに到達しえない「非厳密」なものにとどまる。これは、有限な認識のもつ欠陥と言えるものではあるが、クザーヌスはこの「非厳密性」を強調することによって、ある新たな認識理想を発見する。つまり、厳密さを極点としながら、そこへ無限に近づいていくという意味で、ここに知の無限の発展という理念が成立するのである。このような不定無限(ヘーゲル的に言えば「悪無限」)の思想によって、「進歩」が希望として語られる近代の発想の素地が作られることになった。

クザーヌスにとって、対象的世界固有の「非厳密性」は、人間の認識のみならず、有限な被造物すべてに帰せられる特徴である。そして、この「非厳密性」の原理が宇宙論に適用されたときには、伝統的なアリストテレス的宇宙観を破壊する効果を及ぼすことになった。つまり、天体の円軌道の厳密性、規則的な周期運動の厳密性、宇宙の中心に地球が存在するという位置づけの厳密性といった、これらすべての厳密性が成り立ちえないことを示すことで、地球を中心とした同心円状の宇宙という中世的な世界観が否定されることになったのである。アリストテレス＝プトレマイオスによる完結して閉ざされた宇宙論から、脱中心的で無限の宇宙への転換、いわゆる「閉じた世界から開いた宇宙へ」（A・コイレ）の移行が、クザーヌスにおいて実現される。これはもちろん、天体観察によって裏づけられた実証的で科学的な知見ではなく、クザーヌス独特の「知ある無知」から思弁的に導出された「想定」である。そのため、このような脱中心的宇宙観をもって、ただちにコペルニクスの先取りとすることはできない。しかしながら、ここには大きな思想的転回を窺わせる何らかの変動が兆し始めていたのは事実なのである。

三　ブルーノ――生成する宇宙

　圧倒的な超越と内在との緊張の中で展開されたクザーヌスの思想は、無限なるものと有限なるものとのあいだにはいかなる比例も存在しないという思想に貫かれていた。これはともすると、中世末期に生じた体系の危機を一挙に加速させるようにも見えるのだが、クザーヌスの思想はそれを最後の地点で、ぎりぎりの緊張のままに踏みこたえようとする。超越と内在は、両者を強化することを通じて、再び衝撃的な仕方で結び合わされるのである。それがクザーヌスの思想の核心を成す「縮限」の論理であり、それを集約的なかたちで具体化するキリストの受肉という思想である。受肉の逆説は、超越と内在、無限と有限を極端にまで区別し、両次元の共通性を一切否定しておきながら、その隔絶性にもかかわらず、超越が有限の中に具現する秘義を肯定しようとする。この形而上学的パラドクスの論理はまさにこれ以上の逆説はないような仕方で、しかも最も根本的な次元で究め尽くされる。論理の限界でありながら、キリスト教の世界観そのものの核心をなすこの逆説に耐えうるかどうかに、中世の思想体系を維持する試みの成否が掛かっていたのである。

クザーヌスにおいて、中世の思想的体系は、中世の末期において超越と内在へと分裂しかけたその寸前に、なおもこのキリストの受肉という紐帯によって繋ぎとめられていた。ここでは、「グノーシス主義」の危機は辛うじて喰い止められてはいたものの、その結合の論理は、思想体系全体にとって極度の緊張を強いるものであった。逆説に次ぐ逆説、思考の解体に次ぐ解体といったその思考の道筋は、あまりにも負荷の大きなものだったと言えるだろう。そして、クザーヌスがそれに耐えるだけの思考を展開したのに対して、一六〇〇年に火刑に処せられた異端者ブルーノはその緊張を異なった方向で解決し、それによって中世の体系は近代の思考へとその場を明け渡すことになった。ブルーノは、クザーヌスと類似の思考の枠組みを用いながら、それとはまったく異なったタイプの解答を提示し、問題を解決するというよりは、むしろ問題そのものを解消するという方向を採る。そうすることによって、中世の体系はついに近代の思考への転換を果たすというのが、『近代の正統性』第四部の結論である。ブルーメンベルクの見るところ、中世と近代とを隔てる微妙な一線を分かつもの、それは一言で言うなら、クザーヌスの縮限の論理の拒絶であり、受肉の否定であった。

クザーヌスにおいて、縮限、そしてまた受肉の論理とは、有限な被造物の内に無限なる超越者が、その無限性を失うことなしに顕現し自らを表現するという論理であった。したがって、キリストは神であると同時に人間であり、その両者は切り離すことができない。それと同様に、世界はそれ自体としては被造物でありながら、同時に神そのものの顕現であった。しかしそこでは人間と神の断絶、世界と神の差異も、けっして乗り越えられないものとして理解されている。神は人間が把握しうるものではないし、世界と神が同一視されることもありえない。その点では、中世末期にオッカムが提示した神の「絶対的能力」と「秩序づけられた能力」の区別は、変形されたかたちではあっても残されているということになるだろう。この区別がある限り、両者の乖離の危機は潜在的に残されているのであり、だからこそクザーヌスはそこに「縮限」という新たな論理を編み出さねばならなかった。これに対して、ブルーノはもう一つの可能性、つまり、神の「絶対的能力」と「秩序づけられた能力」の区別を完全に撤廃する仕方で、両者の分裂に対して異なった解答を与えようとする。そこで、神の「絶対的能力」がすなわち「秩序づけられた能力」であり、神が即ち世界であるといった汎神論的方向が開かれる。ブルーメンベルクの見るところ、これはまさに、クザーヌスが中世末期に答えようとした問題に対して、まったく別の解答を与える試み、すなわち「代替〔再充填〕」の起こった場所であった。ブルーメンベルクはこの事態を、「かつては神的意志の至高性が占めていた場所を、神的なるものから世界内的なるものへの自己譲渡の必然性によって再充填すること」として、あるいは

「かつて神的意志の至高性が占めていた地位を、可能性と現実性の同一化、つまり神の〈絶対的能力〉と〈秩序づけられた能力〉との同一化によって再充塡すること」と叙述している。こうして世界そのものが「無限なるもの」として語られるようになる。そこからブルーノが引き出す結論は、宇宙の二重の無限性、つまり量の無限性と数の無限性である。宇宙は空間的な量としても無限であり、そのような宇宙が一つではなく、無数に存在するという結論である。無限宇宙論と複数世界論がここに姿を現す。

ブルーノの思考においては、超越と内在、有限と無限の差異が消失する。神はそのまま世界であり、有限である宇宙はそのまま神なのである。ここには、クザーヌスにおいて見られた、差異性の緊張の中で遂行される同一性といった論理は存在しない。クザーヌスの縮限の論理が、無限と有限を繋ぐ垂直軸を一挙に一点の内に圧縮するような緊張をもっていたのに対して、いまやブルーノの世界は垂直軸を欠落させ、水平方向に果てしなく広がっていく。ブルーノにおける神は、世界として顕現することによって、その可能性のすべてをあますところなく展開している神のであり、クザーヌスにおける神のように、自らを世界として展開しながらも、その世界はなおも神そのものからは絶対的に隔たっているという逆説は存在しない。現に創造された世界以外に可能性としてありえた世界が、実現されない可能性のままに保留されたということはなく、ありうる世界はすべて現実に実現されている。ここからも世界の複数性と無限性が帰結する。このような世界に関しては、可能性と現実性のあいだに優劣は存在しない。そのためブルーノの世界では、アリストテレス的な理論とは異なって、可能性が現実性にいたることが終局なのではなく、そこで実現された現実性はそれ自身再び次の現実を準備する可能性へと転じ、不断に変転を繰り返すのである。宇宙とは、求心的な力をもってその中心点に達することで全体が充実にいたる目的論的運動ではなく、特定の目的をもたずに分散し、不断に変転を遂げる輪舞である。こうした運動を支配している論理は、クザーヌス的な縮限ではなく、むしろ変容《メタモルフォーゼ》であり、自己増殖の法則である。世界は神の再生産なのであり、その中では何の中心もなく、すべてが流動し変遷していく。

クザーヌスにおいては、神が「中心がいたるところにあり、円周がどこにもない無限の円」と規定されたのに対して、ブルーノにとっての神すなわち世界は、どこにも中心を有さず、世界の意味を集約するような凝縮した一点をどこにももっていない。そのためブルーノにおいては、キリストの受肉と言われることも、何ら特権的な出来事ではなく、さまざまに変遷する無限の流れの中の一齣にすぎない。こうして唯一の超越的な神をめぐる神学が解体されるとともに、クザーヌスが先鞭をつけた脱中心的な宇宙観への傾向がいっそう強化されることにもなった。超越の次元を欠落させ、一切の中心を欠き、唯一の平面の中で褶曲と捩れによって多様性を作り出していくこのような宇宙は、こののち十七世紀に大規模に展開されるバロック的な世界の先駆けにもなる。そのため、ここで叙述されたブルーノの世界観は、現代においてバロック的な哲学の復権を果たそうとしたドゥルーズのライプニッツ論『襞』（一九八八年）などと響き合うものをもっているのである。

水平的に広がり、変転に変転を重ねてとどまるところを知らない流動性は、それを表現する言語の内にも浸潤し、ブルーノの著作を特異なものとしている。ブルーノは、異教の神の変身譚を好んで模倣し、キリスト教的世界観に対する辛辣な揶揄をたっぷりと染み込ませた諷刺譚《サタイヤ》を書き連ね、その表現形態においても伝統に対する反逆者であろうとする。古代のメニッポスに由来する混淆的分野「メニッペア」の諷刺的作法がペトロニウス、セネカ、マクロビウスを経て脈々と承け継がれ、ブルーノにいたって再び大胆に甦る。半神半馬のケンタウロスを記述するために、「そこでは一つの位格が二つの本性から成り立ち、二つの実体が実体的統一において出会う」などと語り、故意にキリスト論の語法を歪曲し、嗤いのめすくだりで、その諷刺の徹底ぶりは頂点に達する。それはあたかも、セネカがメニッポス的諷刺『南瓜と化した皇帝《アポコロキュントス》』において「神と化すこと《アポテオシス》」の語を揶揄《からか》い、「神《テオス》」の代わりに「南瓜《コロキュンテ》」の語を入れることで「アポコロキュントス」なる語を造語したのを思わせる。中心を欠いたブルーノの世界においては、静止的な秩序や整然とした分類は意味をもたず、たとえ一時的にそうした秩序づけがなされたにしても、次の瞬間にはその枠組みはたやすく破られ、再び自由な混沌へ向けて開かれる。ブルーノの著作の書きぶりも、文体の統一を平然と破り、ジャンルの垣根をやすやすと越えてゆく。バフチンの言う「ポリフォニー」をも髣髴させるその著作は、素早い思考と感覚の運動によって伝統的な世界観の秩序を切り裂きながら、無限の空間を疾駆する。

一切の垂直軸を欠いたブルーノの世界においては、超越が内在の内に具現化する「象徴」は存在せず、人間もまた「大宇宙《マクロ・コスモス》」を反映する「小宇宙《ミクロ・コスモス》」などではない。類比は超越と内在の内にではなく、内在の領域そのものの平面の中に求められる。この世界の内部にとどまったまま、互いに似ても似つかないものを結びつけ、思いもかけないものを短絡的に連続させるところに、思考の強靭さと才知が認められることになるのである。諷刺において好んで用いられる一種の暴力的比喩である濫喩《カタクレシス》がここに世界観の裏づけを獲得する。ブルーメンベルクの所説を離れて、さらにその思想の連鎖を追うなら、このようなブルーノの世界観は、続く十七世紀においてグラシアンや『アリストテレスの望遠鏡』（一六五四年）のテサウロが展開した比喩論・才知論に接続し、さらにはその文学的な実現である形而上詩に繋がっていくことだろう。意想外のものの電撃的な邂逅によって、詩的というより観念的な悦びを産む形而上詩、とりわけディオニュシオス・アレオパギテスの象徴論に拠りながら、実作においてそのありようを変質させていったジョン・ダンの綺想《コンシート》の内には、生成の只中で非類似の類似を見出すブルーノの思考の反響を聴き取ることもできる。『コルヌコピアの精神――芸術のバロック的統合』（一九九〇年）のマイオリーノもまた、ブルーノを中心に据えてバロック精神を論じることによって、こうした見方を補強してくれる。

言語表現からも中心を追放するブルーノは、存在論的な次元においては、超越をどこまでも内在化し、神をある種の自然的原因の一種にまで引き下げることで、世界の脱中心性を徹底して推し進めることになった。世界は超越という外部をもたない完結した内在領域として完成する。いまやまったき閉域として完結する世界は、超越を欠きながらも、水平次元に限りなく延び広がることで、流動的で生産的な場として確保される。こうしてブルーノは、超越と内在の媒介であるキリストの座を奪うことによって、それと知らずに、新たな時代を呼び寄せることになった。つまりは、近代的な世界観の誕生である。このように捉えられた新たな世界の無限性を、クザーヌスにおける同様の思考と比べてみるならばその相違は明瞭だろう。クザーヌスにおいて世界は、神と絶対的に隔絶しているからこそ、厳密な限定を受けることのない不定無限の場に開かれるという意味で「無限」——より正確には「無限定」——であるのに対して、ブルーノの世界は、超越の不在ゆえに世界そのものが神と同一視され、したがって「無限」として寿がれるのである。この世界そのものが積極的な意味で「無限なるもの」と呼ばれ、もはや人間の知を脅かす外部をもたないものとして完成したとき、近代という徹底して内在的な時代もまたその緒に就くのである。

このようにブルーメンベルクは、人間を思想的な窮地に追い込むニヒリズムを「グノーシス主義」のもとに一括し、強引とも言える整理によって思想史全体を概観していく。そうした独特の視角から強力な照明を当てることによって、ともすると見落とされがちなクザーヌスとブルーノのあいだに横たわるわずかな相違が如実に浮かび上がってくるのである。時代の変化は、人目を引く大事件によってなされるわけではなく、表面的にはさしたる変化とも見えない思想という底流において実に密かに進行する。ブルーメンベルクは、そのような微妙な変化をまさにキアロスクーロさながらに、明暗のコントラストの中に劇的に浮き上がらせ、そこに中世と近代の大規模な思想的断層を鮮やかに指し示すことになった。

第二章　近代理性のオデュッセイア

――ブルーメンベルク『近代の正統性』について――

序　不可視の思想家ブルーメンベルク

「われわれはブルーメンベルクが書いたものについて多くのことを知っているが、彼自身のことはほとんど知らない」――ブルーメンベルク（一九二〇―九六年）の存命中に『ハンス・ブルーメンベルク入門』（一九九三年）を著したF・J・ヴェッツは、その著作をこのような言葉で始めている。『近代の正統性』（一九六六年）を始めとして、『コペルニクス的宇宙の形成』（一九七五年）、『神話の変奏』（一九七九年）といった、四〇〇-六〇〇頁の大著をズーアカンプ社から陸続と公刊していったブルーメンベルクは、その居並ぶ著作の圧倒的な存在感にもかかわらず、とりわけ一九八五年にミュンスターでの大学教授生活を引退してのちは、公の場に姿を見せることも少なく、ましてやマス・メディアに華々しく登場するようなこともなかった。

「なるほどブルーメンベルクを読むことはできるが、見ることはできない。……私自身、例えば私の指導教授のオド・マルクヴァルトが、かつてブルーメンベルクの姿を何度か見たことがあると請合ってくれなかったら、ブルーメンベルクなる人物が実在するということを疑いかねない状態だった」。私人としてのブルーメンベルクは、不可視の存在として、早くも伝説と化しているような観がある。

大学教授時代のブルーメンベルクも一風変わった存在だったらしく、ボッフムで彼のゼミナールに参加したE・ヴァイグルも、ゼミナールでも滅多に口を開かないその寡黙さを伝えている。しかし、ときおり漏らす示唆は新鮮なものであり、その数はけっして多くはなかったものの、「覚えておけばかならず役に立つものであった」と言われている。このヴァイグル自身、六分儀や顕微鏡といった「小道具」を通じて近代知の成立を浮彫りにした刺戟的な『近代の小道具たち』（青土社、一九九〇年）を著しているが、この著作の着想源は、十八世紀の理神論者ライマールスをめぐるゼミナールでブルーメンベルクがつぶやいた言葉――「避雷針というのは取り組み甲斐のあるテーマです」という思わせぶりな一言――であったという。このような、独特の視角から繰り出される忘れがたい指摘は、ブルーメンベルク自身の著作の随所にちりばめられている。そうした一見すると意表を衝く示唆を通して、観念同士の思いがけない連繫が、思想史の深みから立ち現れてくるのが、ブルーメンベルクの著作の魅力のひとつだとも言えるだろう。その主要著作はいずれも読み手を呆然とさせるほどの大冊であるため、ともすると壮大で大味な概説を思わせがちだが、そこでの行論を丹念に追うならば、一つひとつの記述からそうした多様な連想の鎖が網の目のように延びていることが分かるだろう。実際、ブルーメンベルクの最後の講演のひとつは「断片的なるもの」をめぐってなされ、そこにおいて「断片的なるもの」は、人間の有限性の具体化であると同時に、絶対的なものを先取りする想像力の働きとして語られたとのことである。思想史上の断片的な事実を核にして、そこに思想史的な象徴的身振りを読み取り、そうした独自の読解の積み重ねから、やがては思想史の転回を画する全体的な文脈を構築するというブルーメンベルクの手法を思わせる見解である。

ブルーメンベルクの著作は、哲学、科学史（とりわけ天文学）、神学、文学といったさまざまな領域を横断し、対象とする時代も、古代から現代に跨るヨーロッパ思想史の広範な領域に及んでいる。まさに八面六臂にわたるその活動は、専門分野の「教区主義《パロキアリズム》」（クルティウス）とは無縁のものであった。その点では、思想史研究を学科や国籍・言語で分断する旧来の慣習に逆らって、複数の領域を連繫させる独自の「観念史」を構想し、『存在の大いなる連鎖』（一九三六年）を著したラヴジョイなどとも一脈通じるところがある。しかしラヴジョイが自ら「観念史学会」を主催し、その成果を大規模な『観念史事典』〔『西洋思想大事典』一九六八年〕としてまとめたのとは異なり、ブルーメンベルクの場合は、学派の中心となって百科全書的な企画を組織するというよりも、むしろアルチンボルトの絵画『司書』さながらに、自ら自身を古今の書物の集積体とする道を選んだようである。もちろん、膨大な学識で重装備したこの思想家の影響は、ドイツの思想界の中でも注目に値するものではあった。例えば、一九六三年にギーセンで学際的な研究グループ「詩学と解釈学」が創設される際には、受容美学で目覚しい活躍を行ったH＝R・ヤウスやW・イーザーらとともに、ブルーメンベルクが重要な役割を演じている。このグループの機関誌である論集『詩学と解釈学』、とりわけその第四回コロキウム（一九七一年）の『テロルと遊び——神話受容の諸問題』でも、ブルーメンベルクの論考が中心的な位置を占めていた。しかし、同じく「詩学と解釈学」にも加わっていたマルクヴァルトが伝えているように、「彼は文書によってのみ交流する関係を望んでいた」ため、一九七四年の第七回コロキウム以降は、このグループとの実質的な関係も薄れていったようである。ブルーメンベルク自身、学会などでの華々しい活躍よりも、どこまでも不可視であることを好んだように思える。

ブルーメンベルクが研究者としての活動を始めた一九五〇年前後のドイツでは、解釈学の興隆と相俟って、哲学上の概念を中心にその内実の変遷を歴史的に辿る概念史の研究が盛んになっていた。元来ドイツでは、古くはライプニッツ的な普遍学《マテシス・ウニウェルサリス》に遡るように、哲学的概念を網羅的に包括する辞典編纂《レキシコグラフィ》の着想が根深く、十九世紀末のアイスラーの著名な『哲学概念辞典』（一八九九年）などはそうした傾向を代表するものである。一九二〇年代頃からは、こうした術語集の内に歴史的な問題史の観点が取りこまれ、一九五五年には、ロータカーが監修に当たった『概念史集成』の企画が開始され、その後一九七四年からは、リッターを主幹として浩瀚な『歴史的哲学概念辞典』（全一二巻）の企画が立ち上がり、二〇〇七年の索引巻の公刊をもって完結している。ブルーメンベルク自身は一九六〇年に、前者の『概念史集成』に、『隠喩論《メタフォロロギー》のパラダイム』を発表している。しかしこの「隠喩論」と呼ばれるものは、概念化によって抽象化される以前の象徴的な隠喩を考察対象とする点で、いわゆる概念史とは一線を画すものであった。そうした事情に対応して、ドイツ哲学界の総力を結集したような『歴史的哲学概念辞典』がブルーメンベルクを遇したやり方はいささか興味深いものがある。この辞典の第一巻冒頭に付されたリッターの序文、および本文の「概念史」(Begriffsgeschichte) の項目においては、ブルーメンベルクの名前とともに「隠喩論」(Metaphorologie) が言及されてはいるが、この隠喩論の構想に対して辞典の企画全体が取った最終的な態度決定は「断念」というものであった。つまりリッターは、「概念化への解消に抵抗する隠喩」こそが、「概念に優る根本的な意味での歴史をもつ」ことを認めはするものの、「概念史」の企画にとってはそのような考察を盛り込むのは荷が勝ちすぎるとして、ブルーメンベルク流の隠喩論の導入を「遺憾ながら断念」する旨を語っているのである。

こうした一例に代表されるように、ブルーメンベルクは、一九四七年に中世・スコラ学の存在論に関する学位論文を、また一九五〇年にフッサール現象学について教授資格論文を著すことでその研究生活を始めてはいるものの、最終的には特定のどの学派に属するということもなく、いわば分類不能な巨艦として、独自の活動を貫き通した。そのような多面にわたる著作活動は、威圧的なまでに該博な知識やテクストに対する独自の読解によって裏づけられている。またそこでの議論の展開は、通例の「思想史」といったものが陥りやすい単純化や図式化に真っ向から逆らうように、精緻と煩雑を極めたものであり、その論述は、気楽な読書を拒む独特の晦渋な文体を身にまとってもいる。そのためブルーメンベルクの著作は、高度の内容と密度の濃さゆえの魅力を放ちつつも、その難解さゆえに、読み手の読解力をどこまでも挑発するものであり続けている。

一　『近代の正統性』——機能的連続としての歴史

『近代の正統性』は、そうしたブルーメンベルクの最初の代表作である。中世末期から近世の初頭に焦点を当てて、「近代」の成立過程を追うこの著作においても、古代ギリシアから二十世紀の精神分析学や現象学にいたるまで、ヨーロッパ思想の全体を見渡す議論が展開されている。その意味でも『近代の正統性』は、脱領域的で特異な書物として異彩を放つ。その叙述の密度と晦渋さも群を抜いており、ウォリスによる『近代の正統性』の英訳（一九八三年）への書評の中で、M・ジェイは、「ほぼ六〇〇頁にわたる極度に繊細かつ濃密で、しかし残念なことにしばしば絶望的なほど難解な議論」ということを語っている。しかしいかに特異な書物であろうとも、書物はやはり時代の風を受け、時の風紋を刻印している。特に、『近代の正統性』の初版が公刊された前後の年は、二十世紀の思想書の年代記にとっては意味深い時期である。何よりも、『近代の正統性』初版の刊行年である一九六六年は、来る「五月革命」を目前にして、奇しくもフーコーの『言葉と物』、アドルノの『否定弁証法』、ラカンの『エクリ』といった超弩級の名著が綺羅星のように並んだ年であった。またその直後には、デリダの『グラマトロジーについて』（一九六七年）、ドゥルーズの『差異と反復』（一九六八年）が続き、さらにこの数年をはさんで、レヴィ＝ストロース『神話論理』全四巻（一九六四―七一年）が公刊されている。反対に数年を遡るなら、T・クーンの『科学革命の構造』（一九六二年）、ガダマー『真理と方法』（一九六〇年）といった著作に出会う。それぞれの分野において問題意識を一新した二十世紀思想の古典とも言えるこれらの著作において提起されたのが、「近代」という時代、ないしヨーロッパ近代の合理的思考そのものの徹底した見直しであり、またそのような反省を可能にする歴史認識の問いであった。『近代の正統性』も、こうした時代状況に即応しながら、近代という独特の時代の成り立ちを歴史的に反省し、その独自性を浮彫りにしようとしている。近代理性が複雑な経緯や多様な要素を絡み合わせながら成立するさまを、その微妙な綾を捨象することなく、繊細な眼差しをもって辿っていくのが、『近代の正統性』の狙いである。この著作においてブルーメンベルクは、近代理性がその成立までに経巡ってきた紆余曲折を記述し、いわば近代理性のオデュッセイアを叙述しようとするのである。そしてその近代の「独自性」という問題は、本書の標題にある通り、近代の「正統性」の問いとして論じられる。ただし、ここで言う「正統性」(Legitimität) とは、権威と正嫡性をともに主張する意味での「権威の正当性」(Orthodoxie) に尽きるものではない。近代を「権威の正当性」の語彙によって語るなら、そこには近代の「擁護」という動機が働いていることになるが、近代の「正統性」という概念は、そうした自己正当化という戦略的な意図からは離れて、近代固有の性格を他の時代の要素に還元することなく記述するために提示されている。つまりここでの「正統性」とは、あくまでも、「歴史学的カテゴリー」として、近代という時代を際立たせ、その独自の存在意義を見極めるために用いられる用語なのである。

近代の特性を明示するために「正統性」という語を用いるには、正統化を必要とするそれなりの文脈、つまり近代を「非正統的」とみなす論議が想定されているはずである。それが、ドイツのプロテスタント神学において論じられた「世俗化」(Säkularisierung) の問題である。「世俗化」の概念は、元来は、三十年戦争を終結させたウェストファリア平和条約（一六四八年）において、教会財産を没収し世俗君主へと移行することを意味していた。しかしやがてこの語は、そうした狭義の意味を離れて、キリスト教的意味での聖なるものと俗なるものとの関係一般を指すようになり、それと並行して、世俗の世界としての近代を論じる際のモデルを提供することになった（ただし、ブルーメンベルクも議論の元としているこの語源的繋がりは、現在では疑わしいものとされている）。神学では、ゴーガルテン、ブルトマン、ボンヘファー、ティリヒ、また社会学においては、ヴェーバーなどにも見られる問題関心である。「世俗化」をモデルとしたこのような近代理解は、ヨーロッパ近代におけるキリスト教の意義を強調すると同時に、近代を特徴づけるさまざまな事象が、元来はキリスト教に根をもつものであること、それどころか、そうしたキリスト教的要素の弱められた変奏にすぎないことを主張する。例えば、カール・シュミットのテーゼ「近代の国家論の要をなす概念のすべては、世俗化された神学の概念である」を始め、「近代物理学による自然の法則と構成に関する問題設定は、創造思想の世俗化された亜種である」などといったかたちで、世俗化モデルは近代が独自に築き上げたかに見える思考形態を、キリスト教という淵源へと差し戻そうとするのである。このような見取り図によるなら、近代が理性の自律を声高らかに謳い、いかに「暗黒の中世」からの脱却を主張しようとも、つまるところ近代は、「それ自身が自称する特徴のすべてを神学から密かに受け取っていながら、自分自身に対して目をふさいで、その当の神学を攻撃している」のであり、その意味で、近代は中世の遺産の簒奪者として、非正統的なものにすぎないということになる。

　近代をキリスト教的中世の世俗化と見るこうしたある種の還元主義は、個別の研究領域においてもとどまるところを知らない。ボードレール風の十九世紀末のダンディズムはキリスト教の聖人の世俗化であり、スペインの悪漢小説《ノヴェル・ピカレスカ》はアウグスティヌスに始まる『告白』の系譜に連なり、マルクス主義は世俗版のメシア信仰であり、果ては、入学試験は世俗化された最後の審判であるといった具合である。このような雑多な説を許してしまう世俗化モデルを批判する際に、ブルーメンベルクはその個々の説の是非を問題とするのではなく、より原理的にその背景に前提されている歴史観そのものを検討している。その際に直接の論敵として想定されているのがK・レーヴィットである。それというのも、レーヴィットは『歴史の意味』（一九四九年〔ドイツ語版『世界史と救済の出来事』一九五三年〕）において、近代の歴史意識を聖書的・キリスト教的終末論の世俗化と捉え、キリスト教的中世と近代との連続性を強調するかたちで、「世俗化」の問題と歴史意識との関係を論じていたからである。このタイプの世俗化モデルにおいては、キリスト教的中世の遺産が変形された仕方で近代へと受け継がれていると考えられるため、キリスト教的中世と近代とは連続した同一の実体とみなされる。このように歴史をひとつの「実体」の連続と見る歴史観そのものに対して、ブルーメンベルクは、カッシーラーが提起したような「実体概念から機能〔関数〕概念へ」といった発想によりながら、「機能」の連続としての歴史というモデルを対置するのである。

こうした文脈において、ブルーメンベルク独自の「代替」（Umbesetzung 再充塡、再占拠）の概念が導入される。「配役の交代」を指すこの言葉は、同一の役割を別の物で代替するという意味で一般化され、一方で機能的枠組みの連続性を表しながら、同時にその枠組みを充当する担い手の交代を示す概念となる。歴史上に現れるさまざまな思想は、それぞれの歴史的状況において、世界全体の内で人間が自らの位置を定めるための基本的な役割を果たすが、そうした機能を満たす具体的な内実は、かならずしも一定したものではなく、時代によって大きく変遷する。そのため、ある時代には有効に働いていた思想体系も、時代の変動に連れて徐々にその有効性を失い、人間の基本的な問いに応答する機能を失うことがある。そのような過程において生じた機能上の空白域を、別の思想が充塡することで、「代替」という事態が成立する。思想史をこのような役割の交換過程と捉えることによって、ブルーメンベルクは、時代ごとの決定的な変化を強調するだけでなく、歴史の統一性をも示そうとしている。そのためブルーメンベルクの歴史理解は、一方でフーコーやクーンと同様に、世俗化のテーゼに代表される単純な実体的連続性に対する批判を含むものとなっている。しかし、フーコーの「エピステーメー」やクーンの「パラダイム」が、歴史の内での非連続な断絶や飛躍をもっぱら強調するのとは異なり、ブルーメンベルクの歴史理解は、なおも歴史の一貫性を放棄することはない。むしろその歴史理解においては、「代替」を要求する問題が問いとして見えてくるためには、その背景となるところが何らかの仕方であらかじめ想定されざるをえないという思考が働いているのである。その意味では、ブルーメンベルクの歴史論は、「問いと答えの弁証法」という仕方で歴史の運動性を理解するガダマーの哲学的解釈学と共通の側面をもつとも言えるだろう。

このように、連続性と非連続性とのどちらかに単純に与することはないため、キリスト教的中世に対する評価も当然のことながら、一義的な否定には終わらない。近代の正統性を提示しようとする場合には、中世には存在していなかった近代独自の特徴が強調されるのは当然であるが、「代替」の理論は、同時に中世においてキリスト教が直面していた問題を、近代の成立にとって不可欠な機能的枠組みとみなすものでもある。非連続を浮かび上がらせるには、むしろその非連続を断絶として際立たせるための連続した枠組みが明瞭に示されなければならない。したがって近代の成立の理解のためにも、近代の成立の背景となった中世思想、およびその核心をなすキリスト教神学の立ち入った考察が避けられないものとなる。ここでは、中世の母胎から近代が成立する過程をその総体において問わねばならない以上、哲学と神学をあらかじめ区別して、両者を別個の領域に分断してしまうことは避けなければならない。ブルーメンベルクの議論が幾重にも錯綜し、通常の哲学史においては同列に論じられることの少ない、純粋に哲学的な問題と神学的問題とを横断して論じている所以である。

二　グノーシス主義の克服としての近代

キリスト教的世界観に支えられた中世から、そこには解消されえない「新しい」時代としての「近代」(Neuzeit 新しい時代)が生じる際には何が問題となったのか、あるいは、近代とはどのような「問い」に対する「解答」として提示されたのか——こうした問いかけが『近代の正統性』を一貫して支配している。言い換えれば、まさに近代が近代として始まる際の「代替」が何をめぐって生じたのかというのが、この著作全体の焦点をなしていると言ってもよいだろう。こうした問題を背景に、近代をグノーシス主義の超克として捉えるブルーメンベルク独自のヨーロッパ思想史理解および近代観が浮かび上がる。「近代はグノーシス主義の克服である。このことは、中世初期におけるグノーシス主義の克服が持続的には成功を収めなかったことを前提としている。また、数世紀にわたる意味の構造体としての中世が、古代末期および初期キリスト教のグノーシス主義との闘争から出発しており、体系化を志向するその意志は、グノーシス主義との対立を克服しようとする姿勢から一貫して理解されうるのである」。

キリスト教の正統的教義の成立と時を同じくして形成されたグノーシス思想とは、徹底して二元論的な世界観を背景に、現実世界に対する極端に否定的な態度を要求するものであった。二世紀半ばのマルキオンに代表されるグノーシス主義は、プラトン主義の極端に二元論的な解釈に立って、この世界における悪の起源という問題を追求し、神的精神と対立する物質の内に悪の源泉を求める。そのためグノーシスの教えにおいては、物質的世界を創造した神と、精神を救済する救いの神とが区別され、悪は世界の創造神の側に由来するものとみなされる。世界を創造した神――旧約聖書の「創世記」における神であると同時に、プラトン的な造物主《デミウルゴス》でもある神――は、魂を物質世界に繋ぎとめ、汚辱と罪の世界に沈ませる悪神なのであり、魂の救済のためにはこの悪神を拒絶し、真なる救いの神に対する認識《グノーシス》に到達しなければならないとされる。その点でグノーシス主義は、この世界の中での人間の生存を脅かすニヒリズムを主張し、そこからの脱却を目指すものである。こうした思想に対抗すべく、古代末期から初期中世のキリスト教思想家たちは独自の論陣を張った。つまり彼らは、神という原理の次元を二重化することで悪の問題に答えるという方向を採らず、むしろ人間の自由の内に悪の起源を求めることによって、原理的な二元論を回避しようとするのである。アウグスティヌスなどに見られる、グノーシス主義克服の最初の試みである。それはまた同時に、キリスト教的な枠組みの中で、安定した宇宙《コスモス》に対する信頼という古代ギリシア的な世界観をどこまで維持できるかという問題とも並行していた。こうして、グノーシス主義のもつ現世蔑視・厭離穢土の傾向に逆らって、世界に対する信頼を回復する方途が模索される。

キリスト教がグノーシス主義との対決を通じて成し遂げたのは、悪の問題の解決だけではなかった。世界理解の枠組みが大きく転換することによって、現実に存在する人間のありさまがことごとく変容を被っていく。そこでブルーメンベルクは、原始キリスト教以来、キリスト教にとって懸案となっていた終末論にまつわる問題を取り上げる。原始キリスト教の時代において、期待されていた終末における救済が現実には到来せず、悪と不正に満ちた世界が相変わらず存続しているという、終末の遅延の問題である。キリスト教は、この終末の遅延に対処するにあたって、主の到来への期待を徐々に弱めて、その時々の現在における終末の現存という理解を導入することになる。これによって、歴史という次元が、終末の延期の場として——原理的には消極的な仕方においてではあるが——それ独自の位置を獲得する。グノーシス主義においては、人間が生きているこの世界は、それ自身として意味をもたないものであり、「歴史」という固有の充実した意味を担いうるようなものではなかった。しかしながら、延期された終末というキリスト教の理解によって、現世は救いを待つ場所という独自の位置を確保し、歴史を全体として捉える視座が獲得される。そのため、歴史という理解そのものの成立も、「終末論の世俗化」という世俗化のテーゼによって説明することはできない。ブルーメンベルクが「終末論の世俗化ではなく、終末論による世俗化」（第一部Ⅳ標題）ということを語るように、世俗化はむしろ終末論によって初めて可能になったのであり、終末論はそれ自身によって「歴史化」されたのである。

ブルーメンベルクの理解では、中世的世界観は、このようなかたちで古代ギリシア的な世界への肯定とキリスト教的神学とを混在させることによって、グノーシス主義的なニヒリズムを克服しようとするものであった。しかし、緊張関係にある要素を共に取り込むことによって世界に対する信頼を回復しようとした中世的世界観は、同時にその均衡の危うさを内在させている。そのため、四大公会議などを通じてキリスト教の正統的教義が完成し、グノーシス主義的な二元論が克服されることになっても、グノーシス主義が提起した問題は、キリスト教そのものの中でも熾火のように燻り続ける。実際に、ブルーメンベルクを離れて、キリスト教霊性史の代表的な文献においても、キリスト教におけるグノーシス主義の問題が霊性史全体を貫く要素として次のように記述されている。「キリスト教霊性は、神によって創られたものとしての世界への愛と、悪魔の道具としての世界に対する憎しみのはざまにある。しかしそれは、当の愛憎の中間の何ものかに落ち着くこともできず、あるいはどちらか一方だけを選ぶこともできない」（ブイエ『教父と東方の霊性』）。そこで、グノーシス主義的傾向は、ヨーロッパ中世史においても伏流として存在し続け、歴史のさまざまな局面で表面に浮かび上がることになる。歴史的にも、十二世紀におけるカタリ派やボゴミル派などに、グノーシス主義が形を変えて現れた姿を目撃することができる。しかし『近代の正統性』において問題となるのは、歴史学的に跡づけることのできるそうした事実に尽きるものではない。むしろ古代ギリシア的宇宙論とキリスト教的な神理解とが緊張の内に辛うじて保持されていた中世の世界観の中に、思想体系としての綻びが生じることこそが問題となる。

古代哲学とキリスト教神学との葛藤は、両者の総合に最も成功したかに見える十三世紀スコラ学の内にすでに兆していた。そのことを端的に窺わせる象徴的な現象としてブルーメンベルクが言及するのが、一二七七年、パリ司教エティエンヌ・タンピエによって公布された、アリストテレス哲学に対する禁令である。ラテン・アヴェロエス主義的なアリストテレス解釈を禁じたこの禁令の発布は、世界を永遠に存在し続ける安定した秩序と捉えるアリストテレス的な宇宙論と、創造によって開始される被造物としての世界というキリスト教思想の融和しがたい矛盾が、まさに時代の問題として自覚された事件だと言えるだろう。世界の存立と神の自由な創造とのこうした緊張は、中世的世界観の体系に亀裂を生じさせ、やがて中世末期にいたって、その体系そのものの瓦解を導く大きな要因となる。ブルーメンベルクは、十四世紀の中世末期の唯名論、およびそれと並行する主意主義の世界観の内に、中世の世界観の最終的な解体を見て取ろうとする。なぜなら、唯名論の世界観においては、意味を欠いた事実の集積としての世界と、それを創造した神の自由な意志とが二元的に区別され、両者のあいだを架橋する可能性が最終的に断たれるからである。それは、ウィリアム・オッカムにおいて、「神の絶対的能力」と「神の秩序づけられた能力」との区別という仕方で顕著に現れる。オッカムにとって、神は現実に成立したこの世界の創造主に尽きるものではなく、そうした「秩序づけられた能力」に限定されない「絶対的能力」をもつものである。現実の世界に解消されない神の「絶対的能力」は、有限な人間の知性が把握できるものではない。神の絶対化を極端にまで推し進めるこのような「神学的絶対主義」によって、人間と超越とのあいだの距離は、限界にまで押し広げられ、神は人間にとって完全に理解しがたいものとなる。それにともなって、人間は寄る辺を失い、世界への信頼、意味への期待、歴史に対する合理的確信といったものが潰え去る。「唯名論の神は、余分な神であり、それは……偶然と置き換えてみても同じことなのである」。「近代はなるほど死せる神の時代として始まったわけではないが、隠れた神の時代として始まった。隠れた神なるものは、〈効果としては〉死んだ神も同然である。唯名論の神学は、人間と世界との関係のある種のあり方を呼びかける。それは言ってみれば、〈人間は神が死んでいるかのように振舞わなければならない〉という要請のかたちで言い表すことのできるような関係であった」。

こうして、人間から隔絶した神によって絶対的意志をもって創造された世界は、人間の側からはその意図と計画を付度することができない。こうして世界は、それ自体の意味を読み解くことのできない、剥き出しの事実が散乱する廃墟となる。意味の体系の中に繋ぎとめられていた人間の世界理解は、繋留されていた支点を失い、あてどない漂流を始める。それ自体の内に意味を担うことのできない世界は、人間の前に無秩序のまま投げ出されることになるが、これは逆に言えば、人間が世界に対して自ら意味を付与し、意のままに力を揮う可能性を拓くことでもある。世界の形而上学的な不確実性が、人間に対して自己確立と世界の統御とを要求する。超越の次元を喪失した人間は、近代においてそれ自身が世界に対して造物主《デミウルゴス》として振舞う権能を獲得するのである。近代における人間の自己主張の誕生である。「自己主張とは、ある歴史的状況の中で自らの実存を遂行する際に人間が従う生存のプログラムである。このプログラムの中で、人間は自らを取り巻く現実にいかに対処するか、そして自らの可能性をいかに実現するかが、あらかじめ決定されることになる」。近代における人間の「自己主張」とは、中世末期の「神学的絶対主義」に抵抗し、人間が自らの生存を確立するために選び取られた思想的プログラムなのである。「絶対的能力」によって世界の位置を切り下げてしまう中世末期の神に対して、人間がそれ自身として確立し、自らの存立の権限を樹立することによって近代という自己完結的な時代が幕を開ける。こうして人間の自己主張という主題が、生存の確保としての「自己保存」の問題と重なり合う。付言すると、近代的理性と自己保存というこの繋がりは、すでにアドルノとホルクハイマーが『啓蒙の弁証法』（一九四七年）で指摘していた主題でもあった。

「近代は、自己保存をあらゆる存在者の根底的なカテゴリーとみなし、それが物理学の慣性の法則から、生物学の欲動構造、さらには国家形成の法則性にいたるまで確認することができると考えた」。この「自己保存」という主題は、すでにディルタイが論考「十七世紀における思考の自立、構成的合理主義、汎神論的一神論――それら相互の連関」の内で取り上げ、その起源をストア学派に見ていたものであるが、ブルーメンベルクは、この「自己保存」という理解の内に顕著に現れる自己関係性と完結性に着目し、ここに近代独自の性格を見て取ろうとする。自己の外部を必要とせずに、自らの存立をその内部から保証するカテゴリーである「自己保存」は、人間の安定した存立を脅かす「神学的絶対主義」から守られた堅牢な領域を確立する。古代末期から中世初頭において焦眉のものとなったグノーシス主義の克服の問題が、ここに最終的な解決を見るというのが、ブルーメンベルクの所見なのである。中世末期の唯名論、およびそれと表裏一体の関係にある主意主義的で恣意的な「隠れた神」は、近代の成立にとって、中世の幕開けにおいてグノーシス主義が果たしたのと機能的には同じ役割を担っているものとみなされる。それゆえにこそ、ブルーメンベルクは中世末期から近代の初頭を「グノーシス主義の第二の克服」と呼ぶのである。

近代における自己主張と自己保存の確立にともなって、人間が遂行する知的営為に対する評価もまた同時に変遷する。近代は、人間自身が世界に向き合うときの知のあり方にどのような位置づけを与えるかという点でも、それ以前の時代から明確に区別される。古代から近代にいたるまで、人間の知が被るそうした変遷過程が、第三部「理論的好奇心に対する審判のプロセス」において、委曲を尽くして論じられている。古代において宇宙に対する観照《テオリア》として成立した学知は、知の獲得と人間の幸福を重ね合わせることができたが、キリスト教における救済への関心によって、古代的な学知の理念は後退することになる。ここでも分水嶺となるのはアウグスティヌスである。アウグスティヌスにおいては、世界内の事柄に関する関心は、「目の欲」として拒絶されるばかりか、とりわけ天文学に代表される宇宙全体に対する学知は、人間の「不遜な傲慢」として斥けられる。救いへの気遣いこそが最も重要なものであるならば、世界に関する個々の知識は副次的なものであり、救いへの関心に従属するものでなければならない。しかし、中世末期の神学的絶対主義の成立にともない、人間の救いが人間自身の知性を超えるとき、それまでキリスト教によって抑圧されていた知は、再び世界内での幸福を享受するために活用され始める。終末論による世俗化によって世俗の歴史的世界が独立した意味をもち始めたように、救済に関する知が人間の手に届かないところに置かれることによって、世界内の事象に関する知的関心がそれ自体として肯定される余地が生じるのである。こうして古代的な観照《テオリア》は、キリスト教による抑圧を経て、近代にいたって技術知のかたちで確立される。人間の自己保存と知の活用とが結びつく瞬間である。

世界内の事象に対する知的好奇心の解放に関しては、近代の初めに位置するペトラルカとダンテが、二つの世界観のせめぎ合う恰好の境界事例として引かれている。「ただ有名な山の頂きを見たいという欲求から」ヴァントゥー山に登り、近代的な「風景」の発見者の栄を担うペトラルカは、山頂での景観に圧倒されながらも、携えていったアウグスティヌス『告白』の袖珍本を繙き、外界に対して驚嘆する感動から、内面性と魂への配慮へと引き戻される。ここでは、世界を見る好奇心が一旦は解放されたかに思えるが、その眼差しは近代的な好奇心の肯定に踏み込む一歩手前で、目の欲望を斥ける中世的な世界観へと引き返してしまうのである。このように、近代的な知の全面的肯定と中世的な知の禁欲のあいだで揺れ動くペトラルカと同様のことが、ダンテ『神曲』「地獄篇」第二六歌におけるオデュッセウスの物語でも語られている。ここでのオデュッセウスは、ホメロスの伝えるものとは異なり、イタケーに帰郷せずに、「徳と認識を獲得するために」、「ヘラクレスの柱」を越えてさらに航海を続けるが、煉獄の山を目にしながらも、そこに到達することなく「狂ったように飛び回り」難破する。ここには、伝統によって課せられていた限界を突き破り、知識を求めて闇雲に突き進む熱狂が描かれると同時に、そうした努力がけっして成就せずに、あえなく挫折する運命にあることも書き込まれている。そこには、近代の入り口に差し掛かりながら、なおもそこで尻込みする姿が示されているのである。しかし時代が降って、ベーコンの『大革新』の扉絵において、ヘラクレスの柱を越えて大河へと躍り出す船々が描かれ、「多くの人が通っていくであろうし、知識は増大するであろう」という銘が刻まれることで、このような動揺は払拭される。限界を越えることの禁忌は消滅し、知識の増大と視野の拡大を目指して、近代の知は「未知の土地《テラ・インコグニタ》」を求めてひたすら邁進を始めるのである。

三　時代の敷居――クザーヌスとブルーノ

近代が「新たな時代」を自認し、先行する歴史から自らを切り離し、自身の独自性を主張するという過程は、まさに近代の「自己主張」の一貫した帰結である。「暗黒の中世」といった常套句《クリーシエ》も含め、近代と前近代という鋭い対立が、近代自身の視線によって、近代そのものの自己理解を強化するかたちで成立する。中世においては、古代との連続性を強調することで自らの正統性が示されていたため、歴史上の分断という意味での歴史意識は希薄である。以前の時代から自らの時代を際立たせ、その固有性にひたすら固執するというのは、近代によって生じた新たな現象であり、それに応じて「時代《エポック》」という語そのものも、まさに近代固有のカテゴリーとして、十八世紀末から十九世紀にかけてその用法が確定する。こうした「時代」理解の成立の経緯を詳細に辿るのが、『近代の正統性』第四部の最初の課題である。この「時代概念の諸相」の章が初版以降大幅に書き加えられているところからも分かるように、この問題はブルーメンベルク自身にとっても、幾度も再考を促すような論点であったと言えるだろう。時代区分、あるいは近代論という問題設定そのものが卓れて近代的であるということを明らかにすることによって、近代を近代として論じ、その特徴を「自己主張」の内に見るというそれまでの論旨が、大きく経巡ってループを閉ざす。近代という「時代」を主題とすること自体が、きわめて「近代的」な問題設定に沿っていることが明らかになるのである。そうしたことを考えると、この第四部は、ともすると「補遺」のような位置づけに見えるにもかかわらず、そこでの議論は、「時代」というカテゴリーそのものを主題とすることで、近代の誕生をめぐるそれまでの論述をメタ・レヴェルへと押し上げる働きをしているものと考えられる。ここにおいて、近代をめぐる考察は、その反省の階梯を一段昇ることになるのである。

時代区分そのものについての抽象度の高い議論を経たのちに、近代の時代転換の具体的指標が論じられ、それが『近代の正統性』第四部の中心部分をなしている。時代の境界線は、客観的な事実として確認できるものではなく、むしろ指標となる二人のあいだに「内挿」することによって、初めてそれとして浮彫りにされる。そこで、思想史上の証人として、時代を区切る敷居の前後に位置する二人の思想家が取り上げられる。中世末期を代表するニコラウス・クザーヌスと、近代の最初に位置するジョルダーノ・ブルーノである。このクザーヌスとブルーノという二人の名前は、それまでも近代という時代を論じる際には、しばしば浮上してくる名前であった。クザーヌスは、十九世紀後半から二十世紀初頭にかけて、ユーバーヴェークを始め、ドイツの名立たる哲学史家たちによって再発見が進み、カッシーラーの『ルネサンス哲学における個と宇宙』（一九二七年）やハイムゼートの哲学史研究などもそうした流れに掉さしている。ブルーメンベルク自身も、一九五七年には、クザーヌスの主要著作のアンソロジー『憶測の技――クザーヌス精選著作』を編集し、自ら長文の序文を寄せている。とりわけ『近代の正統性』の公刊二年前の一九六四年はクザーヌスの歿後五〇〇年に当たり、生地ベルンカステル・クースで国際会議が開催され、クザーヌス研究がひとつの節目を迎えたという外的な事情も一役買っている。ヤスパースの『ニコラウス・クザーヌス』（一九六四年）も公刊され、クザーヌスの社会理論についての研究などもこの前後に目立つようになる。ブルーノに関しても、その同じ一九六四年に、狙いすましたかのように、イェイツが『ジョルダーノ・ブルーノとヘルメス主義の伝統』（一九六四年）を世に問い、ブルーノ研究に新生面を切り開いている。平板な合理性に塗り込められた近代像に対して、ルネサンス思想以来のパラドクスの系譜を博捜し、否定神学の伝統とクザーヌス、ブルーノに発する言語感覚の軌跡を鮮やかに描いてみせたコーリー『パラドクシア・エピデミカ』（一九六六年）も、『近代の正統性』と同じ刊行年をその扉に刻みつけている。まさに時代の風である。近代という時代がその危うさを露呈するときにこそ、近代の可能性を探る意味でも、また近代のもっている両義性を究め尽くす意味でも、クザーヌスとブルーノという二人の思想家が、創造的な――時として妖しげな――魅力を放ち始めるかのようである。

第四部の標題にもあるように、ブルーメンベルクの議論において、このクザーヌスとブルーノを対比する考察において要となっているのが、「自己限定」(あるいはクザーヌスの言葉を借りて自己「縮限」)と「充全なる自己展開」という対比である。これは言い換えれば、世界を神の「限定」とみなすか、「表現」と捉えるかという相違であるとも言えるだろう。この問題自体は、中世末期に生じた「神学的絶対主義」のひとつの系とも言えるものである。神が絶対的なものであるならば、神にとって被造物である世界はどのような意味をもつのかといった形而上学的な問いが中世末期には解きえない問題として残されていた。神が絶対的であるなら、この有限な世界が現に存在するということは、神の力をこの世界の創造のみに制限するような限定を意味してしまうからである。論理的には別様でありえたにもかかわらず、神はなぜこの世界を現にあるように創ったのかという問いに対して、中世末期の主意主義的な神理解においては、ただ神がそれを欲したからとしか答えようがなかった。この世界を創った神の意志とその意図は、人間によってとうてい推し量ることはできない。これに対してクザーヌスは、超越が絶対的にまで高められた中世末期のこのような傾向に直面しながら、内在の側を超越と拮抗するまでに強化することによって、時代の状況に対応しようとした。そのためクザーヌスは、「反対物の一致」、「知ある無知」、「中心がどこにでもある球」といった逆説に満ちた思弁的撞着語法《オクシモロン》を徹底して駆使しながら、超越と内在をめぐる思考をその限界にまで追い詰めていく。そして、神と世界の問題を解決する理論的装置としてクザーヌスが最大の関心を抱いたのが「受肉」の問題であった。絶対的超越と有限性との緊張に満ちた統一が、この受肉の出来事の内に求められる。「縮限された絶対的なもの」と言われる御子キリストにおいて、神自身が絶対的でありながら自己を世界内に限定するという逆説が、まさしく世界内のひとつの現象として生起する。この「縮限」というクザーヌスの根本概念においては、超越と内在という最も離れた両極が衝撃的に結び合わされる。こうした極度に張り詰めた思弁のエネルギーによって、中世の体系はその最後の可能性を汲み尽くすのである。

近代の扉を叩いたブルーノがクザーヌスから区別されるのは、まさにこの「受肉」という中心的問題をめぐってのことであった。ブルーノはもはや、神の自己限定によって超越と内在が媒介されるといったクザーヌス流の解決策を取ることはない。それに代わってブルーノが提示するのが、世界は大きさにおいても数においても無限であるという思想であった。神は創造に際して、自らの内に何の留保も残さずに、すべてを惜しみなく与え尽くすのであり、そうである以上、創造によって生じる世界は無限の広がりをもつばかりか、無数に存在しなければならないというのが、ブルーノの抱いた確信であった。地球中心主義、人間中心主義がここでともに相対化され、地球は他の天体と変わることのないものと考えられ、人間もまた被造物のなかで取りたてて優位をもつものとはみなされなくなる。それに応じて、イエス・キリストという一人の人間を、超越と内在を媒介する仲保者として要請するような世界観が崩れ去る。こうしてオッカムの提起した、神の「絶対的能力」と「秩序づけられた能力」との区別が消失し、神が意志によって何らかの世界を選び取るといった可能性も消去される。そればかりか、神は人格性を剥奪され、単なる自然的原因へと切り下げられるのである。そのため、世界はひとつの超越的意味を中心にして構成されたものではなく、空間・時間はどの点を取っても均質であり、互いに中立的である。こうして、アリストテレス＝スコラ学的な中世の宇宙観の解体が徹底して行われ、近代的宇宙観への移行がその最後の帰結まで推し進められる。世界から一切の目的論的秩序が取り去られ、徹底した脱中心化が図られ、近代的な時間・空間理解の端緒が開かれる。そのため、ブルーノがその諷刺的な著作の中で好む古代的な変容《メタモルフォーゼ》のイメージも、神話的世界への後退などではなく、むしろアリストテレス的な質料・形相論を無効にし、「実体」という概念を解消する効果をもった文学的意匠であった。その点で、一見すると異教的な雰囲気に満ちたその表現形態は、実体的な形相概念から近代物理学における機能的な定数概念への移行をなぞっているのである。

宇宙論を舞台に繰り広げられたブルーノの思想は、アウグスティヌスが忌避した天文学の「傲慢」を、近代的な英雄的な熱狂へと転じ、その正負の符号を逆転させることになった。受肉という一点において中世的思想と強固に結びついていた最後の鎖が断ち切られ、理論的好奇心が近代的な天文学という形を取り始める。その点で、クザーヌスがいかに近代を先取りする思想をふんだんに展開していようとも、その思想はやはり中世に属す思弁的体系なのであり、コペルニクス理論との親近性がいかに指摘されようとも、両者のあいだにはなおも乗り越えがたい時代の境界が立ちはだかっているというのが、ブルーメンベルクの判定なのである。こうして、クザーヌスとブルーノのあいだに、近代の開始という時代の敷居が内挿されることになる。

とはいうものの、ブルーメンベルクの分析は、クザーヌスが中世最後の思想家で、ブルーノが近代の幕開けを記す思想家という単純な二分法に尽きるものではない。むしろブルーメンベルクの精細を極める読解は、中世的思考に固執するクザーヌスの中に、クザーヌス自身の自己理解に反して近代的要素が萌していることを指摘し、自らの焚刑というパフォーマティヴな表現によって近代の幕開けを朗々と宣言したかに見えるブルーノの内に、それでもなお残っている中世の残滓を嗅ぎ取ろうとさえするのである。中世に属しているはずのクザーヌスの中に、近代の進歩の思想を準備する「非厳密性」の概念が見出され、近代の新しさを言挙げしたブルーノが、彼自身は古代の復興を自認しているといった具合に、思想史の中の入り組んだ事情が単純化することなく提示される。クザーヌスとブルーノをめぐる『近代の正統性』第四部は、世俗化や理論的好奇心、グノーシス主義の克服といった、第一部から第三部までの議論を踏まえながら、これらのモチーフが二人の思想家の具体的なテクストの中で多様に絡み合い、境界を前後しながらリゾーム状に交差するその複雑な景観を愉しむというところに、その醍醐味があると言ってもいいかもしれない。思想史の考察は安易な図式化に陥ることなく、細部への拘泥や領域の逸脱をものともしない忍耐を要求するものである。処方や結論を気安く引き出すことを許さないブルーメンベルクの晦渋な論述は、そうした思想史的な反省のうねりを擬態《マイム》し、ここで主題とされる近代という時代そのものの両義性を、自らの身振りで暗示しているかのようである。

時代の敷居は、年代の順序で単純に線引きすることのできない入り組んだ地形図をなしている。そして近代理性が航海する思想史の海は、難破を誘う波濤が立ち騒ぎ、さまざまな逸脱を誘うセイレンの声に満ちているのである。

第三章　哲学的文化史から形象論へ

――哲学と図像――

一　文化史と文化哲学

十八世紀においてヴォルテールが、政治史とは区別される人間生活万般の歴史を「歴史哲学」と呼び、ヘルダーが人間精神の変遷を「文化史」（Kulturgeschichte）と名づけることによって、国家的活動に限定されない広義の文化現象が、歴史叙述における独立した領域として主張されることになった。人類の文化の盛衰を大規模に描き出す『人類歴史哲学の理念』（一七八四―九一年、未完）の構想などにおいて、ヘルダーがそれぞれの「民族精神」とそれらに固有の歴史・文化に着目すると同時に、カント批判である『純粋理性批判に対するメタ批判』（一七九九年）によって理性における言語の働きを強調したように、「文化史」をめぐる問題意識の内には、カントの超越論的哲学とは異なり、歴史・言語といった人間の経験的・現実的現象に対する洞察が主導的となっている。文化を担うのは純粋理性ではなく、経験的な事象に媒介された具体的な人間精神だからである。文化史とはいわば受肉した精神の歴史であり、精神が物質的世界に自己自身を転換する表現の緊張を形象化したものなのである。

文化史においては、神話や祭祀に彩られた原始的心性から、高度に発達した理知的文明にいたるまで、それらに通底する包括的な契機が論じられなければならない。そのためヘルダーと同時代のヴィーコは、神話時代から近代にいたる独自の文化史を『新しい学』(一七二五年)として構想し、理性的概念とは異なる「想像的普遍」(universali fantastici)といった形象的・感性的契機を重視する。『新しい学』においては、デカルトの批判的理性である「クリティカ」に対して、形象的・比喩的思考である「トピカ」が強調されるように、ヴィーコの提唱する『新しい学』とは、言語・歴史・形象・感性など、理性的・合理的哲学によっては十分に捉えきれない問題を集約した領域として構想される。そこでヴィーコとヘルダーはともに、文化史を展開する言語として、理性的概念ではなく神話的伝承や詩的言語などを重視するとともに、神話や民話に形を取る人間精神の活動様態を「精神の語彙集」(dizionario mentale〔ヴィーコ〕; Wörterbuch der Seele〔ヘルダー〕)と呼び、そこにカント的な範疇とは異なった文化理解の可能性を見出そうとする。

歴史主義の潮流の高まった十九世紀において、ランケらの実証的な歴史学に反撥して、むしろ十八世紀の文化史構想を引き継ごうとしたのが、『ギリシア文化史』（一八九八―一九〇二年）の著者ブルクハルト、あるいはヴィーコの仏訳者でもある民衆史家ミシュレである。ブルクハルトにとって文化史の課題とは、「規範的な生の把握と思考法の叙述」であり、「活動する諸力そのものの認識」であった。そのためブルクハルトは、国家や宗教という「固定した力」とは異なった「生成する力」としての文化を中心に、その創造と破壊の諸力を追跡しようとする。同様にミシュレは、「法の象徴学」の試みにおいて、法の内に潜む詩的・物語的古層に注目し、近代的な法学においては看過される民衆の声を重視し、現代の「アナール学派」の先駆けともなる。ミシュレが文化創造の活動として「ルネサンス」の語を提唱し、ブルクハルトが『イタリア・ルネサンスの文化』（一八六〇年）によって文化の生成史を語り始めるというのも、文化の力動性に対する両者の鋭敏な感覚を示すものである。

具体的な歴史記述の場面で展開された「文化史」の問題は、十九世紀末から二十世紀初頭の新カント学派において、「自然科学と精神科学」という学問論的関心に導かれながら、「文化哲学」というかたちで再提起される。とりわけ文化哲学を推進するため中心的な役割を果たしたのが、ゲオルク・メーリスを主幹として一九一〇／一一年に創刊された雑誌『ロゴス』であった。「文化哲学のための国際雑誌」という副題が添えられたこの年報には、狭義の新カント学派にとどまらず、マイネッケ、トレルチ、ジンメル、ヴェーバー、ヴェルフリンなどの錚々たる執筆者が名を連ねている。創刊号では、ヴィンデルバントの「文化哲学と超越論的観念論」によって文化哲学の指針が示されるばかりか、フッサールの「厳密な学としての哲学」が掲載され、現象学の誕生が宣言される。ドイツ語版と同時に、ロシア語版、やや遅れてイタリア語版も公刊され、ベルクソン、ブートルー、クローチェなどの協力が見られる。その巻頭言では、文化諸学の多様性とその哲学的意味の解明が謳われている。「われわれの時代は、ある一つの体系によって支配されているのではなく、哲学的なさまざまな個別研究が自由かつ多様に展開されているのがその強みとなっているが、それらの究極的な意味が明らかになるのは、やはりある体系の構築においてのみであろう」（巻頭言）。ここには、学際的で領域横断的な柔軟性を保持しながら、そこに哲学的にも統一的な意味を見出そうという意欲が表明されている。しかしながら『ロゴス』は、一九三三年のナチズムの擡頭とともに、その副題を「ドイツ文化哲学雑誌」と改め、国家社会主義への傾斜を示すことで、その所期の理念から離れていくことになる。

『ロゴス』に代表されるヴァイマール期の文化運動が新たな方法論や統一的な方針を見出し

えないままに四散していったなかで、カッシーラーは、『認識問題』（一九〇六―二〇、一九五〇年）に代表される該博な哲学史・思想史をまとめ上げる一方で、『象徴形式の哲学』（一九二三―二九年）によって文化哲学の新たな可能性を模索していった。認識の発生論的理解というマールブルク学派の問題意識から出発しながらも、カッシーラーは『象徴形式の哲学』においては、言語・神話・芸術といった「象徴形式」に取り組み、精神の発達と形態化を分析し、ゲーテ的な「形態学」を踏まえながら「精神の形態学」（Morphologie des Geistes）を構想する。カッシーラーにおいて、認識の形成そのものに関わる象徴形式とは、主観にあらかじめ内在する認識の形式ではなく、むしろ主観と客観のどちらかに単純に割り振ることができない一種の中間領域であり、自我と世界が総合される創造的媒介を指す。そのためカッシーラーの狙いは、象徴形式を静態的に羅列することではなく、「一切の形態化作用の根源」である象徴形式を精神の創造的な媒介活動と理解することであった。

「言語」「神話」「認識」という『象徴形式の哲学』の各巻の標題が示すように、カッシーラーが追求するのは、言語・神話・芸術を含む人間の多様な認識形態である。論理的に配列可能な範疇とは異なり、象徴形式は、互いに独立で相互に還元しえないという点で、文化の重層性と多様性を表しているのである。そこでは、ヴィーコやヘルダー以来の文化史の主題のみならず、文化を表現する「精神の語彙集」といった問題意識が自覚的に展開されていると見ることができるだろう。

二　美術史と観念史

ヴァイマール時代のドイツにおいて、文化史の独自の方法論と領域を開拓したのは、大学人を中心とした『ロゴス』よりも、「文化学」の構想のもと、一私人でありながら美術史や考古学・人類学など広範な領域に取り組んだA・ヴァールブルクであった。富裕な銀行家の家系の長男に生まれたヴァールブルクは、家督を次男に譲り、豊かな経済力を背景に「ヴァールブルク文化学図書館」を創設する。そこに蒐集された多方面の文献・図像資料はカッシーラーをも驚愕させ、『象徴形式の哲学』の成立に多大な影響を与えている。カッシーラーの象徴形式の理論的表明である「精神諸科学の構築における象徴形式の概念」（一九二一／二二年）が、最初にヴァールブルク文化学図書館で発表されることになったのは、両者のそうした交流にもとづいている。

ヴァールブルク自身は、早くからブルクハルトへの共感を示し、古代世界の「生きた残存」

という複雑な歴史意識ともども、ルネサンスという最初の研究課題をブルクハルトから継承している。ヴァールブルクにおいては、ブルクハルトに見られる「活動する諸力」としての文化史の叙述が美術史における図像資料の研究と結びつき、そこにきわめて独創的な想像力論・図像論が誕生する。そのためヴァールブルクが最も関心を払ったのが、イメージの運動論ないし情動論であり、「情念定型」と呼ばれるその表現形態であった。カッシーラーの象徴形式が、基本的にはカントの超越論的哲学の延長上で、「経験の統一的条件」を探求していたのに対して、ヴァールブルクはそこに時間と生成の次元を導入し、さらに身体的・感情的表現を、その形象的表現形態ともども積極的に追求する。自身が精神疾患を病んだヴァールブルクが、イメージの力動論の深層に迫る「歴史心理学」を構想した所以である。そしてその研究対象は、ヨーロッパ世界にとどまらず、ホピ族の蛇儀礼に関する研究にまで及んでいく。

ナチス政権下においては、ハンブルク大学総長であったカッシーラーが亡命を余儀なくされたのと並んで、ヴァールブルク文化学図書館もロンドンへと移転し、ウォーバーク研究所として英語圏での後継者を生み出していく。E・パノフスキーの「図像学」（イコノロジー）の確立、E・ヴィントによる美術史の展開、そしてロンドンのF・イェイツによる思想史が、ヴァールブルクの思想圏から育っていく。何よりもイェイツは『ジョルダーノ・ブルーノとヘルメス主義の伝統』（一九六四年）や『エリザベス朝のオカルト哲学』（一九七九年）などを通じて、ルネサンス理解を刷新し、『世界劇場』（一九六九年）に代表される著作群によって近代思想史研究に新局面を開いている。従来の思想史では正当に評価されることのなかったヘルメス主義などの隠秘学的《オカルト》伝統を、思想史の内で大胆に展開したという点で、このヴァールブルク学派の運動は、同時代に南スイスのアスコナを中心として、文化理解の内に神話・宗教、秘教的伝統やユング心理学を導入したエラノス学派の活動とも響き合うものをもっている。

ヴァールブルクが活動していた同時代のアメリカでは、A・O・ラヴジョイによる「観念史」（History of Ideas）の構想が展開されていた。「単位観念」という基本概念を通じて、哲学・思想にとどまらず、文学・美術をも一貫して捉えようとするその構想は、思想史の範囲を大幅に拡げ、領域横断的なさまざまな成果を生み出していく。その成果の一つであるラヴジョイの『存在の大いなる連鎖』（一九三六年）では、「充満」「連続」「階層」といった単位観念の組み合わせと変遷から、十八世紀における思想史の転回を跡づけるなど、のちにフーコーが『言葉と物』（一九六六年）で提示した十八世紀におけるエピステーメーの転換という議論を思わせる主張を展開していく。しかもラヴジョイは、この「観念史」の運動を学際的・国際的なものへと拡げていく努力を惜しむことなく、ジョンズ・ホプキンス大学に「観念史学会」を設立し、現在にまで続く機関誌『観念史学報』を発刊している。ラヴジョイの歿後、その遺志を受け継いで、「単位観念」を見出し語とした全五巻の大規模な辞典『観念史事典』(一九六八年〔邦訳『西洋思想大事典』〕)が公刊される。ラヴジョイの後継者として『観念史学報』の編集にも当たったM・H・ニコルソンも、『暗い山と栄光の山』(一九五九年)、『円環の破壊』(一九六〇年)などを通じて、文学・美術にわたる資料を駆使しながら、観念史の方法論の豊かさを示している。

三　概念史と形象論

第二次世界大戦後のドイツでは、新カント学派以降、「現象学運動」(スピーゲルバーグ)と呼ばれる哲学上の新たな動きが生じる。現象学そのものは、直接に文化史の計画に関わるものではないが、フッサールの提起した「地平性」や「生活世界」の概念や、『ヨーロッパ諸学の危機と超越論的現象学』(一九三六年)における近代科学の叙述、そして何よりもハイデガーの企図した「解釈学的現象学」が、新カント学派における精神科学の問題やディルタイの「歴史的理性批判」といった問題設定を引き継ぎながら、ガダマーの「哲学的解釈学」に結実していったのは、思想史・文化史の展開にとって大きな意味をもっている。ガダマーの『真理と方法』（一九六〇年）は、数理科学を模範とする近代的な「方法」理解とは一線を画し、芸術・歴史・言語を真理の顕現の場とみなす点で、ヘルダーの文化史、あるいはヴィーコのトピカの着想を継承するものである。

ガダマーが自らの哲学的解釈学の課題を「〔ヘーゲルの〕『精神現象学』を逆向きに辿ること」と述べていたように、解釈学は「絶対的精神」における統一を目指すのではなく、むしろ精神の多様な現象形態をその重層性を含めて考究しようとする。その試みは歴史哲学・言語哲学・芸術学・文芸学などの分野にも及び、ギーセン大学のヤウスやブルーメンベルクをメンバーとして研究グループ「詩学と解釈学」が形成され、その成果は大冊の論集叢書『詩学と解釈学』として、「醜の美学」「時代と時代転換」「偶然性」「否定性」など、独特の主題を特集に掲げて続々と公刊される。

その一方で、解釈学の中心的な関心事が言語と歴史にあるところから、「精神の語彙集」の展開と言える「概念史」の構想が生まれ、リッターを中心として『歴史的哲学概念辞典』が企画される。この辞典は、元来アイスラー『哲学概念辞典』（一八九九年）の増補改訂という意図で構想されたものだが、オイケンの示唆のもと、ロータカーやガダマーが、一九五九年から「歴史的哲学概念辞典の予備資料」として『概念史集成』の編纂を始めるなど、概念史辞典という構想が独立した計画として動き始める。そうした流れの中で、一九七一年から『歴史的哲学概念辞典』の公刊が始まり、三〇年以上の歳月をかけて、一五〇〇人以上の著者による三六七〇項目を含む全一二巻の大事典が二〇〇四年に完成する（二〇〇七年に索引巻が公刊）。『歴史的哲学概念辞典』の巻頭言において、「本辞典は、哲学とその概念における歴史の地平とその歴史的由来を主題とするものであり、歴史的な叙述こそが、概念の理解にとって必要で望ましい形態として選ばれる」と語られるように、そこでは平面的で機能的な通常の辞典編纂の形態が拒否され、概念の内実を叙述する各項目が同時に歴史叙述であることが要求されている。哲学的概念は、単なる記号や便宜的名称とは異なり、それ自体が歴史的に生成する創造的現象であるという理解が、この辞典の理念を支えているのである。

『歴史的哲学概念辞典』は、言語と歴史との創造的な関係を包括的に捉えようとする意欲的な試みではあったが、そこでは一種の作業仮説として、「概念」という枠組みが前提とされていた。そのため『歴史的哲学概念辞典』では、前述したようにブルーメンベルクに代表される「隠喩論」（Metaphorologie）の試みは、その重要さが承認されながらも、辞典の方針からは排除されることになった。カッシーラーの「象徴形式」の思想を継承・発展させ、「比喩」「隠喩」を哲学的に重要な表現形態とみなすブルーメンベルクの構想は、辞典という現実的目的には噛み合わないものとみなされたのである。しかしブルーメンベルクが『隠喩論《メタフォロロギー》のパラダイム』（一九六〇年）で語るように、隠喩や象徴こそが、哲学の営みをその深層で規定し方向づけると考えることも可能である。実際にブルーメンベルクは『近代の正統性』を始め、『書物としての世界〔世界の読解可能性〕』（一九八一年）などの大冊群によって、「隠喩論」を基本とする思想史を展開していった。

さらには、ヴィーコの独訳者アウエルバッハの「フィグーラ」（figura 修辞的形象）理論や、ルネサンス研究者で『形象の力』（一九七〇年）の著者であるグラッシの形象論、あるいはリクールの『生きた隠喩』（一九七五年）が示唆するように、形象や比喩は単なる表現形態であるというより、連想や暗示によって次々と新たな表現を生み出す創造力と生成の力をもっている。そのため、アウエルバッハの「フィグーラ」やグラッシの「像」も、単なる定型表現や特定の図像を意味するわけではなく、むしろ非概念的な形象表現がもつ創造的な力やその変形の可能性を念頭に置いたものであった。そこからグラッシは、神話学・文化史・美術史などの新たな動向をも射程に収め、「ローヴォールト・ドイツ百科全書」（Rowohlts deutsche Enzyklopädie）叢書の主監として、G・R・ホッケの『迷宮としての世界』（一九五七年）や『文学におけるマニエリスム』（一九五九年）、あるいはJ・ホイジンガ『ホモ・ルーデンス』（一九三八年）、M・エリアーデ『聖と俗』（一九五七年）などを積極的に紹介していった。

　こうした流れを承けて、さらには解釈学や図像学が各領域に定着したこともあって、一九九〇年代以降は文化論の一つの形態として「形象論」（Bildwissenschaft）が提唱され、一九六〇年代の「言語論的展開」（linguistic turn）にならって、「形象論的転回」（pictorial turn; iconic turn）が主張されるようになる。ヴァールブルク〔ウォーバーク〕研究所や観念史学派の成果が注目されると同時に、現象学・解釈学における「像」（Bild）の議論が背景となって、哲学的思考と思想史的考察のあいだに生産的な交流が可能となり、哲学的文化史にも新たな局面が開かれてきた。その際には、ミッチェル編『イコノロジー』（一九八六年）やベーム編『像とは何か』（一九九四年）といった論集が、現象学に代表される哲学的考察と、現代の新美術史や新歴史学などを連繋させる切っ掛けとなったと考えられる。ベームは現在も、フィンク社の叢書「像とテクスト」を中心に、ブレーデカンプやベルティングらとともに、「像」をめぐる創造的な論集を公刊し続けている。二〇〇七年には、『歴史的哲学概念辞典』では断念されたブルーメンベルク的な「隠喩論」を積極的に辞典として編集するコナースマン編『哲学的メタファー辞典』なども公刊されている。

現象学における図像資料の導入という点では、ロンバッハの「ヘルメス学」(Hermetik)が孤立した試みであったのに対して、一九九〇年代以降の形象論の試みは、メディオロジーやカルチュラル・スタディーズなどをも視野に収めながら、着実に拡大の傾向を示している。哲学的な文脈を考慮するなら、形象論の問題は、現象学における可視性・不可視性の議論と繋がり、非概念的・形象的思考は、解釈学における言語・非言語といった主題と密接な関係をもつ。それはまた、異種のものを想像力によって出会わせるアナロジーの思考の復権でもある。現代哲学における「脱構築」の運動が、あまりにも偶像破壊的・イコノクラスム的な傾向を強めたことを考え併せると、形象論の内には、現代における創造的思考の再興の萌が認められる。破壊や断絶ではなく、むしろ創造的な構築や連繋の動きが、哲学的にも生産的な思考を背景に、新たな展開の局面を模索し始めているようだ。

第Ⅲ部　知の結合術

——人文学の星間譜《コンステラツィオーン》2——

第一章　近代知と方法

――シモニデスの裔と、痕跡を追う猟犬――

序　方法の勝利

「われわれの十九世紀を特徴づけるのは、科学の勝利ではなく、科学に対する科学的方法の勝利である」。近代的な知の「方法」が諸学を一様に覆い尽くし、学の内実から自立した独自の支配力を揮うにいたったありさまを、十九世紀も終盤に近づいた一八八八年にニーチェがこう語っている。このアフォリズムに呼応するかのように、「デカルト主義者」ヴァレリーが、『レオナルド・ダ・ヴィンチの方法序説』（一八九五年）において、マラルメ以来の象徴詩《サンボリスム》の詩学を方法的に構築し始める。数学的明晰さをモデルに展開される意識の詩的状態は、「ラグランジュ、ダランベール、ラプラス、アンペール」、さらには「ファラデー、マクスウェル」といった数学者・物理学者の「方法」を範と仰ぐかたちで記述される。ヴァレリーが望んだのは、まさしく「これらの方法を、物理学の領域の外にまで延長すること」であった。デカルトの「方法」の理念が徹底され、彼の説いた「普遍数学」の構想が輝かしくも成就されるかのように見える。しかもここで記される純粋意識の状態は、ほどなくフッサールの『イデーン』（一九一三年）において、現象学という斬新な方法意識をもって哲学的に記述されることになる。そしてそのフッサールは、のちに『デカルト的省察』（一九二九年講演）をもって、現象学によるデカルト主義の徹底を果たそうともしていたのである。

デカルトを代表とするこのような近代的な方法理念に対しては、哲学においても、二十世紀の前半から中頃にかけて批判的な議論が澎湃として湧き起こっている。ハイデガーは『物への問い』（一九三五／三六年講義）において、ギリシア的な学知から近代における数学的方法への変質過程を分析し、そこに存在論的な真理を喪失した近代的世界観の成立を見ている。元来は、事柄に即して「道を辿る《ホドス メタ》」という意味での探求を指していたギリシア語の「方法《メタホドス》」概念がデカルトとともに変貌し、探究されるべき対象のあり方をあらかじめ決定するほどの圧倒的優位をもつとされるのである。真理は物の側にではなく、世界全体を表象し、方法を設定する主体の側に求められる。そのような方法の一元的支配に対して、伝統的に哲学の背景に追いやられていた修辞学的な知の復権を試みたのが、ガダマーの『真理と方法』（一九六〇年）である。近代的な方法の内には掬い上げられることのなかった人文主義の遺産が取り戻され、組織的に方法化することのむずかしい「賢慮《プルーデンティア》」といった豊かな実践知が顕揚される。しかし、デカルト的近代と修辞学的人文主義とを対比して、人文主義の遺産を再興しようとするこの『真理と方法』と同じ年には、ギルバート『ルネサンスの方法概念』が公刊され、近代の方法概念の成立においてルネサンス人文主義者たちが果たした役割が強調されてもいるのである。

一　記憶術と方法

近代における方法の成立という主題にとって、ひとつの時代を画する思想家として挙げられるのが、十六世紀中葉以降、論理学と修辞学の改革を行ったペトルス・ラムスである。オング『ラムス――方法、および対話の衰退』（一九五八年）が鮮やかに描き出したように、ラムスはキケロ的修辞学の道具立てを用いながら、「論理的技芸」の名のもとに伝統的な弁証論（論理学）と修辞学を統合し、一個の包括的な論理を構築している。そこにおいては、修辞学の五分野である「発見・判断・美辞・記憶・演示」のうちから、「発見」と「判断」とが論理の基本的要素として選ばれ、さらにこれを元にして、その各々を次々と二分割していく仕方で下位区分が形成される。巨大な系統樹をなす単純にして明快なラムスのこの「一なる方法」は一世を風靡し、十六世紀に「方法」といえば、それは直ちにこのラムスの弁証論を意味したほどであった。その点で、デカルトの『方法序説』（一六三七年）も、その方法理解に関しては革新というよりは延長であり、新たな始まりというよりは、旧来のものの徹底化と洗練であったとさえ考えられる。

ラムスのこの革新的方法は、その方法理解ゆえに近代を準備する一方で、その根は古く古代の修辞学、とりわけその中の「記憶術」に根を降ろしている。古代ギリシアの詩人シモニデスに発するとされる記憶術は、具体的な建物や部屋を思い浮かべ、その各々の「場所」に記憶すべきものを配置して、イメージとともにその記憶を定着させる独特の知識の技法であった。宴会場が事故で崩落した際、偶然に席を外していたシモニデスが、圧死して見分けがつかなくなっている客人たちの遺骸を、その席の配置の記憶を元に次々に言い当てていったという故事に由来する（キケロ『弁論家について』第二巻）。そのため、記憶術と呼ばれるこの技術の中には、記憶のために用いられるさまざまな場所や寓意が蓄積され、膨大な図像のストックが蓄えられていった。天国や地獄の地図なども、記憶のための場所として利用されたのであり、ダンテの『神曲』もその末裔に属すと言えるだろう。いわば『神曲』全体が、罪や徳の目録を空間的に配置した記憶術的な空間なのである。このように記憶術で用いられる図像は、イメージを喚起して記憶を容易にする一方で、空間的配置の助けを借りて、個々の知識を整頓し秩序づける役割をも果たしている。空間そのものが意味を帯電させ、知識を吸引する磁場として機能するという特異な文化が、そこには確かに存在していた。そしてこの記憶術は、知識が知識である限りは同一の空間の内に同列に配置されるという意味で、まさに知の分類と編成としての方法理解の原型という意味合いをもっている。

ラムスの方法とは、こうした記憶術の伝統を継承しながら、それをより論理化したかたちで再編しようとするものであった。手写本から印刷術への移行期に当たったこともあり、詳細な分類による系統樹的な図表も複製が容易となることで、二分法にもとづく論理的構造が、記憶術における具体的な建物や図像に取って代わることになる。イェイツ『記憶術』（一九六六年）の言うところの「内面世界の偶像破壊」である。そのため、確かにラムスの方法においては、伝統的な「記憶術」がもはや特定の分野の名称としては用いられていないのだが、それは記憶術の評価が下がったということではない。むしろ、ラムスの方法全体が記憶術の役割を引き受けたために、下位の部門としての記憶術はもはや必要なくなったのである。「ラムスが成し遂げた記憶の論理学への吸収や、彼が主張する方法問題と記憶問題との同一視は、実在の分類機能を果たすものとしての方法という考え方の誕生を告げることとなった」(ロッシ『普遍の鍵』一九六〇年)。このようにラムスの「方法」が修辞学における記憶術の等価物として構想されたとするならば、まさにガダマーが『真理と方法』で復権しようとした修辞学的伝統が、実はその対立物としての「方法」を裏から支えていたということになるだろう。

二　狩猟としての知

方法を記憶術と重ね合わせるこのような議論は、知識を統一的に整理するという方法のひとつの側面を見事に照らし出す。しかしここでは、方法が知の秩序化の枠組みとしていわば形式的・静態的に捉えられており、近代知を特徴づける「知への意志」といったものは見えづらくなっている。知を追い求めてやまないそうした近代知のファウスト的な衝動を理解するのに示唆を与えてくれるのが、ブルーメンベルクの『近代の正統性』(一九六六年)の議論、とりわけその第四部のクザーヌス解釈である。近代が成立する微妙な瞬間を見届けようとするブルーメンベルクの解釈によれば、スコラ学的合理主義が解体するなか、勃興しつつある唯名論の潮流に浸されたクザーヌスの思想は、多くの点で近代的知の特徴を体現するものであった。例えば、クザーヌスの『憶測について』（一四四二年頃）では、比較・考量を通してなされる人間の対象的認識は真理の「厳密な」把握には到達することはできず、その認識は常に近似的な「憶測」にとどまらざるをえないとされる点で、近代科学的な認識観が先取りされている。もとよりこれは、超越たる神の捉えがたさの現れであり、人間の認識の有限性を強調した表現ではあるのだが、同時にそこには、認識の無限の進展という考えが導入されることによって、近代的な知における「進歩」の理念が芽生えることになる。

そして、近代における「方法」理解との関連で注目されるのが、クザーヌス最晩年の『知恵の狩猟について』（一四六三年）で集大成される、真理の探究としての「狩猟」というイメージである。ブルーメンベルクは、『知ある無知』（一四四〇年）をめぐる論敵ヴェンクとの応酬でクザーヌスが用いた「痕跡を追う猟犬」のイメージを重視し、とりわけその「痕跡」の理解の内に、中世的世界観と近代的世界観との相違を見て取っている。中世において伝統的な痕跡の比喩は、原型たる真理の類似像の意味合いを強くもち、原像との内的連関を含んでいるが、唯名論的思想を背景としたクザーヌスにとって、痕跡は、もはや真理の類似や似像ではなく、単に「記号」としての意味しかもたない。痕跡は獲物がその通り道に偶然に残していった目印にすぎないのであり、その足跡と獲物のあいだに本質的な関係や類比は何もない。そのためこの痕跡は、真理の達成を約束することもなければ、それを保証するものでもなく、ただひたすら探究の眼差しを惹きつけ、獲物を追う意欲を駆り立てるばかりなのである。「近代的思考にとって方法概念が支配的となるにあたって、そこに常に結びついている〈探究〉としての狩猟という考えがここに始まる」。「憶測」に含まれる進歩の理念と相俟って、近代の理論的好奇心は、真理の約束を欠いたまま、残された痕跡を炯々たる眼差しをもって憑かれたように探し求めることになる（ベーカー街の私立探偵が「猟犬」に喩えられるのを思い出してもよいだろう〔シービオク『シャーロック・ホームズの記号論』参照〕）。

しかし、知への情熱に駆られたこの狩猟は、何の方策もたずに闇雲に行われるわけではない。「高楼に陣取る観察者」のイメージで語られる「知ある無知」が狩猟全体を統帥する役割を果たしている。痕跡のみに目を奪われている探究者は、いわば近視眼的に目前の足跡を追っており、全体を見渡すことができないが、高楼の観察者はそうした狩猟の場を大局的に眺め渡し、適切な方向づけを与えることができるのである。こうして、唯名論的な記号とみなされた事実を探究する「狩猟」と、それを統括して全体としての研究方法を指示する「高楼の観察者」という二つの要素が、まさしく近代の「方法」の雛型を形成するという流れが、ブルーメンベルクによって示される。しかしながら、ここでは積極的な役割を果たしている「知ある無知」という逆説的思考は、知のありさまに対して独特の危うげな二重性を与えてしまうようにも思える。なぜなら「知ある無知」は、「あらゆる方法を合一する」ものとして、対象的な知の全体を統括し、その方向を示すものではあるが、それはまた同時に、対象的知そのものを一挙に相対化し、超越に向けて自らを開こうとするものだからである。「無知」のもつ否定性は、対象的次元で働くときには、憶測における不定無限を産むような仕方で機能するが、それはまた同時に、知そのものが知である限り内在させざるをえない否定性でもある。知は自分自身の限界を自らの内で自覚し、それを突破する可能性をもっている。近代の方法理解の基盤を準備したかに見える「知ある無知」は、同時にそうした方法を内側から破砕してしまう特異な契機をも内包している。

このようにごく簡単に一瞥しただけでも、近代知の特質とみなされる「方法的思考」の内には、単純化を許さない多様な層が重畳するさまを見ることができる。「専門領域を超えた」(ultra crepidam) 考察の試みが必要になる所以である。そうすることによって初めて、近代の学知からは排除された記憶術という忘れられた古層を掘り起こすこともできるし、中世末期の世界観の葛藤が知への意欲という形を取り始める過程を目撃することもできるだろう。とりわけ、近代の方法理解の根底に、クザーヌスの「知ある無知」の構想を読み込むならば、近代知は、無限の進歩の希望を抱きながら、知の組織的な探求に邁進していくのみならず、知自身が自らの有限性に徹することによって、むしろ対象的次元の「方法的」思考そのものを超えてしまうような契機を内在させていることが分かるだろう。実際に、フッサールが『デカルト的省察』を著す一方で、「デカルト主義からの訣別」(L・ラントグレーベ)の道を歩み始め、ハイデガーが近代形而上学の表象的性格を徹底して解体することを通じて「別なる始源」を求めようとしたことは、そうしたことの証左とも考えられる。近代の知はそれ自身のあり方を徹底することによって、自らその限界に突き当たり、それ自身のありさまを変貌させざるをえない局面に差し掛かっているようである。ヴァレリーが『覚書と余談』(一九一九年)の書き込みで、「方法」をいま一度、「精神の一切の問題を変形させる独自な一習慣」と規定し直しているように、ここで問題となるのは、まさに精神が自らを自由に変形させる独特の作法《ハビトゥス》なのである。そしてこのような作法を身にまとった精神は、自らの反省能力を発条として自分自身を否定できるほどにまで強靭なものとなるかもしれない。だがこの靭《つよ》さは、同時に徹底した弱さの別名でもあるのだろうが。

第二章　知の劇場
――蒐集された宇宙、「驚異の部屋《ヴンダーカマー》」――

一　汎知の目録

キケロ『弁論家について』（二・二二）以来、「貝を蒐める」（conchas legere）というラテン語成句が、「実りある閑暇」の過ごし方を表すものであったように、蒐集と知的好奇心との結びつきは古くから語られている。童心に戻ってひたすら珍らしい貝を拾い集める所作こそが、実益や利害関心から離れた純粋な知性の活動とみなされ、それがやがては世界全体を理解する「汎知」のモデルとなるのである。十七世紀イエズス会の博物学者ボナンニは、この成句の伝統に倚りながら、legere のもつ「蒐める」と「読む」の二つの語義をさらに発展させ、万象の蒐集と世界の謎の読解との繋がりを示唆している。「貝を蒐める」ことは同時に「貝を読む」ことでもある。稀少かつ珍奇な事物は、いまだ読解されていない古代言語の写本や神聖文字《ヒエログリフ》にもなぞらえられ、それらの蒐集と分類が、世界の内に秘められた暗号を読解する鍵とみなされる。こうして、「書物としての世界」という古来の隠喩が博物学的関心と手を結び、知的好奇心と審美的関心、さらには世界の驚異に対する神秘的感覚とが渾然とした「美神《ムーサ》の館（博物館）」という一連の文化現象を引き起こす。ヨーロッパ的学知の原型をなす蒐集は、個人的な趣味の範囲を大きく超え、神の事跡を読解し、世界の核心に触れる知的営為となった。

古代最大の図書館を擁したアレクサンドレイアの学堂がギリシア語で「ムセイオン（美神の館）」と呼ばれ、同義のラテン語「ムーサエウム」に由来するmuseumが「博物館」と「美術館」を指すように、蒐集の運動は、文化・自然、人工物・自然物の別なく、知性と美を総合する驚異の殿堂を生み出していく。一見雑然と見える膨大な標本や化石といった蒐集物は、個々の断片を繋げることで、世界という一幅の壮大な絵画を描き、一つひとつの蒐集物を字母とする宇宙の物語を語り出すのである。十七世紀の言語蒐集家ドゥ・カンジュが、「ムーサエウム」と「モザイク」の語を語源学によって関連させているのも故なしとしない。

蒐集の神話的祖型は、「ノアの方舟」に求められる。世界を大洪水から救《セイヴ》い出すためにすべての動物を雌雄一体ずつ収蔵《セイヴ》したこの方舟は、人類最古の理想的博物館でもあった。ヨーロッパ文化の中では、「ノアの方舟」を人為的に再現するかのように、「方舟」「万象殿」「劇場」

「宝物館《キャビネット》」「書斎」などの名称のもと、自然と人工の珍品奇物の蒐集活動がさまざまな個人・共同体によって連綿と行われる。それらの収蔵館は、自然の珍品奇物を展示する「驚異の部屋《ヴンダーカマー》」と、古代の遺跡や美術・工芸品、技術的制作物を収める「工芸の部屋《クンストカマー》」に大別されるが、それらは共に相補うかたちで、世界全体を縮小して掌中に収めようとする知的所有欲を実現していく。それら収蔵館の膨大な蒐集品は、プリニウス『博物誌』（七七年）に範を取って、目録として整理・分類され、知の総体をまとめた「百科全書」として記述される。こうして世界は、蒐集物の総体として表象されるのみならず、カタログとしてテクスト化されていくのである。すでにプリニウスが「二千冊の書物から二万の事象を蒐集した」と語っていたように、テクスト化された世界は、再び別の書物の内に取り込まれ、テクスト同士の相互引証が始まる。「カタログのカタログ」（catalogus catalogorum）なるジャンルが生まれるなど、テクスト化された世界は無限に増殖し、「世界という書物」はけっして完結することがない。知の全体を捉えようとする欲求は、同時に無限に対する眩暈にも似た感覚をともなうのである。

二　バロックの「驚異の部屋」

この全体性と無限性の感覚は、とりわけルネサンス・バロック期において、自然の驚異に対する敏感な感受性、および新プラトン主義的な宇宙論と響き合い、「驚異の部屋」の爆発的な流行を閲《けみ》する。この時代には、メディチ家のフランチェスコ一世の「書斎」、「プリニウスの再来」と呼ばれたアルドロヴァンティの「書斎」、メルカーティの鉱物コレクション、インペラートの薬物コレクション、チェージ候のアカデミア・デイ・リンチェイの陳列室、「百学芸の師」キルヒャーによるイエズス会ローマ学院の博物館「キルヒェリアーヌム」など、君主や教皇庁、あるいはイエズス会といった強大な庇護者に支持された「驚異の部屋」が競って形成される。

その蒐集範囲は、古代学から自然学、医学・薬学、建築、さらにエジプト学・中国学、そして近代初頭の機械学にまで及び、大航海時代を経て発見された新大陸の知識をも取り込み、「驚異と占有」（グリーンブラット）をふたつながら実現していく。その規模も、個人の蒐集室から、果ては一国の財政を傾けるほどの壮大なものにまで及ぶ。文化政策に力を注いだハプスブルク家は、フェルディナント一世、「中世最後の騎士」マクシミリアン一世、ルドルフ二世といった庇護者のもと、「日の沈まぬ」その大帝国は、多民族・多言語を包括する文化の坩堝の様相を呈する。とりわけ、プラハのルドルフ二世の宮廷は、ヘルメス主義やカバラなどをも積極的に導入し、デッラ・ポルタ、ブラーエ、ケプラーなどの自然学者や、綺想の芸術家アルチンボルドやヘーフナーゲルを迎え入れ、壮大な「魔術の帝国」（エヴァンズ）を具現する。

ルネサンス・バロック期の「驚異の部屋」は、息詰まるような物量で空間を埋め尽くし、乱雑に見えながらすべてが連関し合った万物照応《コレスポンダンス》の濃密な世界を現出させる。それらの「驚異の部屋」は、細部にまで張り巡らされた「類比《アナロギア》」の可視化であり、有限の空間の中に無限を宿らせようとする知的野望の発露であった。これらの「驚異の部屋」では、新プラトン主義的な神秘的宇宙論や自然魔術を拠りどころとして、一角獣やドラゴン、さらには人造人間《ホムンクルス》の標本といった、現代では一笑に付される珍品が誇らしげに展示される一方で、アリストテレスやガレノス、イスラームの医学などを模範としながら、実験や観察が推し進められ、近代科学に繋がる独自の経験主義が培われていく。

近代初頭においては、印刷術の発明や、木版画から銅版画への移行といったメディア革命にともない、「驚異の部屋」の収蔵品目録も、膨大な図版を取り込んだ大著として編まれる。キルヒャーの一連の著作がそうであるように、それらは自然学的知見と芸術的創意を結合させた幻視のような意匠を生み出すのである。テクスト化された「驚異の部屋」とも言えるバロック期の博物学的著作においては、カミッロ『記憶の劇場』の記憶術や、ルルスやラムスの結合術、テサウロ『アリストテレスの望遠鏡』のバロック的修辞学などが動員され、独自の分類体系が作られる。アルドロヴァンティやキルヒャーの著作は、しばしば「体系表」(methodi)や「総覧表」(tabulae)と呼ばれる図表を含むばかりか、『怪物誌』(アルドロヴァンティ)や『地下世界』(キルヒャー)など、異形の生物の挿画や、地球規模・宇宙規模の図版を組み込み、まさに世界全体を一冊の書物の内に凝縮しようとするのである。

三 「驚異の部屋」と近代思想

「驚異の部屋」は、近代初期の自然魔術と、黎明期の数学的自然科学とが交差し、創造的な知的運動を生み出す知のユートピアであった。それはまた、三十年戦争に代表される新教・旧教入り乱れての複雑な宗教抗争の中、知的活動の自由を保障する理想郷でもある。カンパネッラ『太陽の都』(一六二三年)やベーコンの『ニュー・アトランティス』(一六二七年)における

「ソロモンの館」が、「驚異の部屋」の趣を濃厚に漂わせ、ライプニッツもまた、「自然と人工の劇場」の試案を構想しているのも、けっして偶然ではない。ガリレオの弟子にして、蒐集家として知られるペイレスク（ペレスク）も、ガッサンディとの交流に促され、天文学・生理学・古生物学などに業績を残し、またケプラーが完成させた惑星運行表が、庇護者ルドルフ二世にちなんで「ルドルフ表」と名づけられるなど、ここには古代以来の博物学的業績と近代科学とがいまだ明確に区別されないままに共存している。

バロック期には、機械仕掛けや自動噴水などで宮廷をも壮麗に彩った初期の機械技術が、「驚異の部屋」と「工芸の部屋」を埋め尽くし、初期の望遠鏡・顕微鏡や精緻な自動人形が、古代の遺跡や鉱物・動物標本と並び、「古代への崇敬と機械への信頼」（ブレーデカンプ）が結びつく。人間が自然と人工の境界を自在に跳び超える存在となり、創造主としての神が同時に「機械工《エンジニア》」とみなされる近代初頭の動きが、ここからは垣間見える。その点では、機械論的自然観と呼ばれるものも、けっして近代に固有のものではなく、むしろ古来の「工芸の部屋」の嫡出子であると言うこともできるだろう。こうした「古代」と「機械」との奇妙な結びつきは、廃墟に巨大な建築機器や機械類を描き込んでいったピラネージの大版画群にまで引き継がれていくことになる。

その一方で、十七世紀から十八世紀にかけて、文化全体の知的枠組みの変化は水面下で静かに進行する。十八世紀になって博物学者ビュフォンが、アルドロヴァンティの著作を評して、「これらすべては記述ではなく伝説である」と語っているが、これは観察の精度や記述の正確さの問題ではなく、文化全体の「コード」、あるいは「エピステーメー」の変質であった。書物同士の相互引証や増殖する言説を通じて世界を捉えようとするプリニウスの伝統が終熄し、「書物としての世界」の感性そのものが衰退していくのである。「世界の散文」から「表象としての世界」（フーコー）への移行であり、伝承や神話といった言語の厚みから離れた「表象」の世界の誕生である。それと同時に、「驚異の部屋」や「工芸の部屋」は、整然と区分された公共財である近代的な博物館・図書館・美術館に取って代わられ、その使命を終えていく。

近代初頭における「驚異の部屋」の流行は、宗教的抗争によって断片化した世界を、人知によって再び総合しようとする試みでもあった。有限な断片の内に宇宙を輝かせ、世界の統一を果たす希望がそこには籠められていた。時代を隔てて二十世紀前半、近代社会が再び多様化と断片化を始め、戦火を予感し始めた頃、「驚異の部屋」を思わせるいくつかの試みが再浮上する。フロイトは書斎と診療室に設《しつら》えた極小の「キャビネット」によって、古代エジプトを始め、散逸した過去を想起する儀礼を執り行い、ヴァールブルクもまた、「ムネモシュネー」の構想のもとに、古代の資料を蒐集する計画を立て、私財を投じて「ヴァールブルク文化学図書館」なる「工芸の部屋《クンストカマー》」を作り出す。ベンヤミンが孤独に試みた『パサージュ論』もまた、「歴史の屑拾い」という蒐集行為によって、近代社会をカタログ化し、紙上に展示する野心的な試みであった。彼らもまた、「貝を蒐める」という古代の故事にならい、断片化した事物を拾い集め、モザイクとしての「ムーサの館」の顕現を願った「驚異の部屋」の後継者だったのかも知れない。

第三章　自然と言語の百科全書
――フンボルト兄弟――

序　百科全書の世紀

十八世紀は「百科全書」の時代である。十七世紀末においてフランスのピエール・ベールが、世にはびこる偏見・予断の類を浩瀚な『歴史批評事典』（一六九四年）へとまとめあげ、啓蒙主義の先鞭をつけることで、啓蒙主義の十八世紀が、まさしく「百科全書」の世紀として幕を開ける。イギリスにおいてハリスが『技術用語事典』（一七〇四―一〇年）、そしてとりわけチェンバーズが『サイクロペディア――技芸・学問の総合事典』（一七二八年）を公刊し、技術的・実用的知識を、図解ともども一般読者に提供した。こうした趨勢を承けて、十八世紀中葉の一七五一年には、ディドロとダランベールの記念碑的な『百科全書』の公刊が始まり、政治的にも紆余曲折を経ながら一七八〇年に完結する。この『百科全書』の執筆者には、ヴォルテール、ケネー、コンドルセといった当時の名だたる自由思想家が名を連ねるとともに、別巻の図版集によって、技術・工芸・医学などを図解する大量の視覚的資料が提供された。この『百科全書』と前後して、ビュフォンが『自然誌』（一七四五―一八〇四年）を公刊し、博物画を添えた博物誌の金字塔を打ち立てる。フランスの『百科全書』の成功にならって、一七六八年には、イギリスでも『大英百科事典《エンサイクロペディア・ブリタニカ》』の公刊が始まる。さらに、シュレーゲルやノヴァーリスの断片に残された多数の「百科全書」や「新たな聖書」の試みや、コールリッジの『首都百科事典《エンサイクロペディア・メトロポリターナ》』（一八一七―四五年）の企画など、十八世紀から十九世紀にかけては、分野を問わずに「全知」の欲望が肥大化し、「絵心溢れる科学《アートフル・サイエンス》」（スタフォード）とも言われる視覚的メディアの活用をも巻き込みながら、あらゆる知識を一望のもとに収め、知の一覧表《タブロー》を作成しようとするうねりのような運動が起こっている。哲学においても、ライプニッツ＝ヴォルフ学派の「普遍学」構想に始まる十八世紀哲学は、フィヒテの「知識学」によって、すべての学的知識の反省とその構成といった理念にまで高められる。そして「ミネルヴァの梟は迫り来る黄昏に飛ぶ」と『法哲学』（一八二〇年）に綴ったヘーゲルが、その言葉通り、世紀が変わってから、『エンツィクロペディー』（一八一七、二七、三〇年）、すなわち文字通り「百科全書」として自らの思想を体系化し、この「百科全書」の世紀を総括することになる。

二人のフンボルト、つまり兄ヴィルヘルムと弟アレクサンダーは、こうした十八世紀的な時代の動向を受け継ぎ、科学と人文学両面における百科全書的精神を具現化した類い稀な兄弟であった。アレクサンダー晩年の大作『コスモス』（一八四五年）は、探検旅行を通じて身をもって体得した知見を集大成し、地球の成立と現況を総覧する百科全書であり、プリニウス以来の自然誌の伝統を継承し、自然、とりわけ地理学的知識の総括を試みるものであった。『コスモス』第一巻の扉には、「自然の諸事物の威力と尊厳をその要素のすべてにわたって確信するには、われわれの魂がその諸事物を全体において捉えなければならない」というプリニウス『博物誌』（七七年）の一節（第七巻一）が銘として掲げられ、アレクサンダーにとって個々の自然現象は、宇宙のメカニズム全体において初めて理解されるものであったことが示される。天体論から動植物の生態、さらに地球の内部構造までを含む『コスモス』は、第四巻まで完成したところで、アレクサンダーの死によって中断され、遺稿をまとめた第五巻（一八六二年）はその歿後に公刊される。そのため『コスモス』の全体は未完のままに終わったとはいえ、ここには確かに、十八世紀以来、多くの野心的な知性に宿った全体知への壮大な欲望を認めることができる。

一方ヴィルヘルムは内務省の行政官として、プロイセンの教育行政に当たり、旧態依然たるベルリン・アカデミーを改革するばかりか、学知を総合する新たな大学を構想し、その実現に向けて奔走する。その結果、初代総長にフィヒテを迎え、神学部にシュライエルマハー、法学部にサヴィニー、医学部にフーフェラントを配してベルリン大学を創設し、さらに古典文献学者のヴォルフ、古代史家ニーブールや言語学者のボップなど、錚々たる碩学たちを呼び寄せる。この設立にあたってフィヒテは、「全学問的素材の有機的統一は全学問の哲学的百科全書《エンツィクロペディー》と言うべきものであり、これがすべての個別的学問の不動の基準となるべきである」(フィヒテ「ベルリンに創立予定の高等教授施設についての演繹的計画」一九節)と述べ、大学の教育・研究と「百科全書」の理念との結びつきを語っている。大学として用いられた宮殿には、「学芸の統一のために」(Universitati Litterariae)の銘が刻まれ、ここにも学の有機的統一という百科全書の理念が鮮やかに示されている。

百科全書を可視化するかのような学術研究施設の設立と並行して、ヴィルヘルムが何よりも力を注いだのは、バスク語を始め、ヘブライ語、サンスクリット、アメリカ原住民の言語などの個別言語の研究であり、さらには実証的な言語研究を踏まえた人間精神の総体的解明であった。言語と人間の精神の密接な関係に着目したヴィルヘルムは、「比較言語学」と並行して「比較人間学」を構想し、その前提として「言語学的知識を総覧する百科全書」を企画する。これは、当時すでにアーデルングとファーターによって公刊されていた言語の百科事典『ミトリダテス――約五〇〇の言語・方言による〈主の祈り〉を言語見本として付載した一般言語史』（一八〇六―一七年）の不備を補うものとして計画され、中南米探検を行ったアレクサンダーに対して、アメリカの言語について、資料面での協力を呼びかけている。ヴィルヘルムによる言語の百科全書は最終的に実現されることはなかったが、ヴィルヘルムは言語についての関心を終生抱き続け、晩年にはジャワ島の雅語であるカヴィ語について大部の『カヴィ語論』（一八三六―三九年）を執筆する。この浩瀚な著作は、その哲学的序論とも言うべき『人間の言語体系の多様性と、人間精神の発達に対するその影響について』（通称『カヴィ語論序論』一八三六年）を含み、世界の認識にとっての言語の積極的機能を、思弁的な考察によってではなく、具体的な実証研究とともに示そうとしたものである。しかしながらこの大著は、ヴィルヘルムの死によって未完に終わり、秘書のブッシュマンが編集し、弟アレクサンダーによって公刊されるにいたる。

『コスモス』に具現するアレクサンダーの宇宙論、そしてヴィルヘルムによる言語的百科全書の企画、および『カヴィ語論』によって計画された言語と精神の総合的理解を見るなら、そこには百科全書的な知の総合が主導的な理念として息づいているのを鮮やかに感じ取ることができる。そして、それらの計画がともに志半ばで中断し、未完の百科全書に終わっている経緯は、百科全書の理念そのものにとってもきわめて象徴的なものに思える。なぜならそれは、百科全書という知の総合の計画が生まれ、やがてはそれが一個の夢として潰えて行く十八世紀から十九世紀の知的状況を物語っているように見えるからである。

一　アレクサンダー・フォン・フンボルト

（1）　探検家アレクサンダー

「彼ほど多様な学問、生き生きした知識を身につけた者があるだろうか。あのような博識多彩な人物にはいまだかつて会ったことがない」（エッカーマン『ゲーテとの対話』一八二六年一二月一二六日）。老ゲーテをこのように驚嘆させたアレクサンダーは、地理学・地質学・海洋学・火山学・植物学・鉱物学といった自然の諸学に通じ、等温線の利用、気候の分類、地磁気の測定、植物の植生分類など、現代にも通じる多岐にわたる業績を残している。フンボルトの名前は、海流、湾や河川、氷河・動物などの名称として刻み込まれ、その大規模な探検の足跡はいまも消えることがない。当時の博物学や地理学が、ヨーロッパを中心とした地球の一部の地域に限定され、実地の調査よりも書籍による情報に依存していた時代に、一個の天体としての地球を全体において一望し、その成立と機構とを自らの目と経験によって確かめようとするところに、アレクサンダーの学問的野心があった。

アレクサンダーは、幼少期を兄ヴィルヘルムとともに、ベルリン郊外のテーゲルの館で過ごし、その教育は主に家庭教師によって、あるいはときには大学教授を招いて行われた。C・W・ドームが地理学・経済学などを教授し、啓蒙主義時代の指導的人物であるJ・J・エンゲルが哲学を教えるなど、その教授陣の顔ぶれは、当時の一線の学者を含むものであった。ライプニッツ＝ヴォルフ学派の伝統を受け継ぐエンゲルは、体系的・総合的学知の理念という点で、ヴィルヘルムとアレクサンダーの二人に対して大きな影響を与えたものと推察できる。その後アレクサンダーは、一七八七年に兄とともにオーデル河畔のフランクフルト大学に入学して、財政学を始めとする諸学を学んだのち、ベルリンで植物学に没頭し、一七八九年からはゲッティンゲン大学に学び、古典学や博物学・医学など、多くの学問を吸収し、とりわけブルーメンバッハによって生理学・人類学への関心を強めている。しかしながらアレクサンダーは、旺盛な知識欲の赴くままにすべてを貪欲に取り込むことには飽き足らず、それらの知識を有機的で全体的な体系として総合することを早い時期から目指していたようである。ゲッティンゲン時代に、ヘルムシュテット大学のバイライスを訪れた際の手紙では、バロック風「驚異の部屋《ヴンダーカマー》」の名残りをとどめるその標本陳列館に対して、その浅薄さを皮肉っている。そのため後年の『コスモス』でも、「序文」冒頭において真っ先に、「対象の広範さと多様さゆえに、百科全書家の浅薄さに陥ったり、断片的な知識を網羅して辟易させる」ことがないように自戒している。

一七九〇年、二〇歳のアレクサンダーは、探検家G・フォルスターに同行し、ライン川下流からベルギー、オランダ、イギリスへの調査旅行を行っている。この旅行の計画者フォルスターは、クックの第二回世界周航に参加して多くの成果を挙げ、『世界周航記』（一七七七年）によって令名を馳せた人物である。領土の拡大や貿易の利便といった政治的・経済的動機を支えとするのではなく、純粋に知的・科学的な探検を行った先駆的な存在とも言えるだろう。ドイツ第一級の文筆家として、その豊かな表現力が賞讃されていたこのフォルスターは、自然地理学をめぐってカントと論争を行った人物でもある。自ら調査旅行を行い、自身の経験を背景に麗筆を揮ったフォルスターにとっては、経験にもとづかないカントの自然地理学は、「偏った体系主義者」の空論と映ったのである。アレクサンダーは、このフォルスターによって、思弁的な抽象論を斥けて経験と事実を尊重する姿勢を学び、その調査に同行することで、数年後の中南米の大調査旅行への下地を調《ととの》えるのである。

ライン川下流地域の調査旅行の成果が、『ライン地方の若干の玄武岩に関する鉱物学的考察』（一七九〇年）としてまとめられたところから窺えるように、この時期のアレクサンダーは鉱物学・地質学に多大の関心を抱いている。その興味に従って、一七九一年からはザクセン地方のフライベルクの鉱山アカデミーで、当時の代表的な鉱物学者であるA・G・ヴェルナーに学び、間もなく鉱山監督官に着任する。地層や鉱物は、大地の成立過程を如実に示すという点で、まさに大地に刻みつけられた百科全書なのであり、地質学や鉱物学はいわばその「自然という書物」の解読でもあった。そのため地質学・鉱物学は、実証科学としてのみならず、ロマン主義にとっても象徴的な意義を担っている。アレクサンダーと同じ時期にはバーダーが、少し遅れて一七九七年末にノヴァーリスが、このフライベルクの鉱山アカデミーで同じくヴェルナーに師事しており、この時期に書かれたノヴァーリスの「一般草稿」には、自然を構想力によって捉える「百科全書」の着想が記されている。フライベルクにおいてアレクサンダーは、「水成説」の支持者であったヴェルナーを通じて、当時の地質学において争点となっていた「水成説」と「火成説」の論争を間近で知ることになる。

こうした研鑽を経て、一七九九年から五年の歳月をかけて行われたアレクサンダーの中南米探検は、スペイン国王からの許可を得て、植物学者A・G・ボンプランをともなって敢行された。まずは大西洋を越えてヴェネズエラ北部から内陸に入ってオリノコ川を遡り、さらにはキューバ、コロンビア、エクアドルへと調査を進める。そしてエクアドルのチンボラソ山の登攀に成功するが、それは学術調査としては当時最高の標高を記録するものであった。この調査においては、きわめて精密な観測機器を使って、そのつどの緯経度および標高を測定している。それと同時に、「フンボルトはアメリカ大陸を旅行鞄に詰めて持ち帰ってしまう」という評言さながらに、それまでヨーロッパに知られていなかった多数の植物を含め、一万二千点にも及ぶ植物標本を蒐集する。ペルー、メキシコにまで足を伸ばし、インカの古代文明の遺跡にも感銘を受けている。その後、ヨーロッパに戻ってからは、パリとベルリンで調査旅行の膨大な成果をまとめる作業に当たる。調査旅行への熱意は老年期に差し掛かっても衰えることなく、六〇歳になった一八二九年には、ウラル・シベリア・アルタイ地方への調査旅行を行い、『内部アジアの山脈と火山について』、『中央アジア――山脈と比較気候学に関する研究』(一八四三―四四年)を刊行する。実際に調査された地域は限られたものであったとはいえ、これらの著作は、アジアの地理学の先駆的業績であった。

アレクサンダーは、調査旅行の実施のみならず、その成果の公表に関しても精力的であり、その表現に関してもさまざまな新機軸を導入している。とりわけ中南米の調査に関しては、三〇年近くの歳月をかけて、三五巻に及ぶ『新大陸赤道地方紀行』（一八〇五―三四年）を公刊し、千点を優に越える図版を掲載した。こうした著作群において何よりも注目されるのは、地理学・植物学の図版に用いられた視覚化のための新たな技法である。例えば、『植物地理学の理念』（一八〇七年）に付された銅版図版「アンデスの自然図」では、標高によって異なるチンボラソ山の植物の植生を、色分けされた垂直の断面図によって視覚化するという描写法が取られている。アレクサンダーは、自然を生きた全体として捉える自らの記述をしばしば「自然図譜」（Naturgemälde）と呼んでいるが、このチンボラソ山の図版は、そうした「自然図譜」の実現であった。植物をその機能や形態によってではなく、その植生において示そうとする「自然図譜」の試みは、自然生態学《エコロジー》の先駆という側面をもつとともに、その背景には、十八世紀初頭にリンネが成し遂げた機能的な植物分類を、自然全体の中で生きた姿で把握するという狙いが籠められている。「リンネが植物種を分類するアルファベットを作り出してから、すでに膨大な植物が自然の秩序に従って配列された。……いまやフンボルトは、植物をその群生の姿のまま把握した」とゲーテが述べているように、アレクサンダーの目的は、「一覧表《タブロー》」としての百科全書的な分類に命を吹き込み、表層的な分類によっては捉え切れない自然の活動を表現するところにあった。ここには、機能的・表象的な分類をめざす十八世紀の「古典主義的思考様式《エピステーメー》」（フーコー『言葉と物』）の枠を越え、自然とその表象のあいだに「生命」という新たな次元を切り拓こうとする試みを見ることができる。初期の小品「生命力、あるいはロドスのゲニウス」（一七九五年）においても、機械論的自然観に抗して、自然の根底に躍動する生命力を称揚するその神話的描写が、自然の内に躍動する根源的諸力という思想を物語っている。

（2）『コスモス』の理念

生命に対するこうした理解にもとづき、さらに豊富な調査・探検の成果を踏まえて展開されたのが、「自然を内的諸力によって動かされて命を吹き込まれた全体として捉えること」（『コスモス』序文）を目指した晩年の大著『コスモス』にほかならない。「〈書物としての自然〉を模する〈自然についての書物〉」（ブルーメンベルク）とでも言うべきこの壮大な著作は、遍在する生命力に裏打ちされた宇宙論的調和という構想を具体化するものであった。「自然は自由の王国である。自然の感性に授けられる景観と感情を生き生きと描き出すには、その言葉は常に、卓抜な技倆によってのみ得られる尊厳と自由によって導かれるべきであろう」。自然を「必然性の王国」と規定するカントの理解とは対照的に、アレクサンダーにとっては、「自然」

こそ、その無機的・物理的現象をも含めて、生命力が奔放に活動する「自由」の領域であった。言い換えれば、アレクサンダーにおいては、因果律による必然性と、道徳的存在としての人間の自由とはけっして二元的に対立するものではなかった。兄ヴィルヘルムがアレクサンダーの試みを指して、「物理的自然の研究と道徳的本性の研究とを結合し、それを一個の総体、……または真の調和にもたらすこと」（K・G・v・ブリンクマン宛書簡）と語っているように、『コスモス』の理念は、自然と人間の融和であり、いわば必然性と自由の総合であった。

『コスモス』を導いているのは、物理的現象から動植物、さらには人間にまで及ぶ自然の連続性という思考である。「世界誌《コスモグラフィ》からは、無機的な大地の一片にも、動物や植物といった有機体を構成するのと同じ基本物質が存在していることが分かる。……それゆえ、自然を観察するわれわれの精神にとっては、地上の物理的現象から、その最高の頂点まで、すなわち植物の形態発展と動物的有機体における自己規定的な運動までを追跡することが必要である。こうして、有機的生命の地誌学（植物と動物の地誌学）は、無機的な自然現象の描写へと繋がっていくのである」（『コスモス』第一部「自然現象の概観」）。ここでは、機械論と対立する意味での生気論ではなく、むしろ有機的・非有機的なものを通底して働く根源力の存在が認められている。大地の形成から動植物の生態、さらに人間の文化へと及ぶ『コスモス』の全体的構成は、全存在に行き渡りそれに命を与える根源的生命力の構想によって支えられているのである。

アレクサンダーは、調和の取れた完成体としての「コスモス」像を、フォルスターの模範や、「文は人なり」と語ったビュフォンの伝統に即して、文体的な表現の限りを尽くして活写しようとする。それに加えてアレクサンダーは、「アンデスの自然図」に代表される「自然図譜」といった表現技法によって、十八世紀的な「絵心溢れる科学《アートフル・サイエンス》」という可視化の動向に沿いながら、自然の多様性と統一性を視覚面でも表現する試みを実現している。大著『コスモス』についても、こうしたアレクサンダーの意図に即して、その図解のための図版集が考案され、ベルクハウスによって『自然学図譜集《アトラス》』（一八三八—四八年）が、また自身も旅行家であったブロメによって、『コスモス』本文とはまったく判型の異なるフォリオ判の『図譜集《アトラス》』（一八五一年）が作られる。これらの図譜集では、彩色を施された多数の図版によって、天体の仕組みから地層の断面図にいたるまで、宇宙規模の地理的・地質学的構造が視覚的に鮮やかに描かれている。『コスモス』は、十八世紀の博物学的思考から十九世紀の生命論的思考への過渡期の試みであった。そのため、そこにはいくつかの要素が混在し、時には相反する思考が共存することになる。アレクサンダーの「生命力」の理解は、一方では、大宇宙と小宇宙の照応関係というルネサンス的な「類似《アナロギア》」の世界観にもとづく一方で、ドイツ観念論の思弁的思考を経たシェリングの自然哲学にも接近するものであった（E・A・ポオがその壮大な幻視的宇宙論「ユリイカ」〔一八四八年〕に、「アレクサンダー・ファン・フンボルトに捧ぐ」と献辞を記しているのも興味深い事実である）。そこにおいては、すべての存在の全面的調和が支配する完成した宇宙といった理解と、新たな関係を次々と産出する生命力の創造的な発展という思想が共存し、「コスモス」の理念の内にある種の動揺を生じさせている。また、当時の地質学における「水成説」と「火成説」の論争に関しては、ヴェルナーの影響を受けて「水成説」を取っていた時期とは異なり、『コスモス』においては、「火成説」に与する側へと徐々に移行している。ここには、大地の形成を海底への持続的な堆積によって捉える連続的な自然理解から、火山の影響による突発的な変化を認める非連続的な自然理解への移行がなされているように見えるのである。

『コスモス』のみならず、総じてアレクサンダーの自然理解は、観察者としての姿勢に貫かれたものであった。アレクサンダーが熱心に取り組んだ「自然図譜」、あるいは『コスモス』の最初の章の標題「自然享受の多様性」、さらには「植物の観相学」といった表現が示すように、そこには常に「記述」や「享受」といった観照者の態度が保持されている。何よりも「コスモス」という古代ギリシア以来の理念の内には、観照者によって捉えられる宇宙の美的調和の思想がその底流として流れているのである。自然に対するアレクサンダーの観相学的な感性は、それを的確に描き上げる表現力と相俟って、そうした「コスモス」の理念を実現することに貢献している。しかしながら、こうしたアレクサンダーの美質は、観察者としての主観そのものへの反省の欠如という弱点と裏表の関係にもある。観察者の関与そのものは自然の理解に対してどのような意味をもち、認識は世界理解の成立にとってどれほど構成的な役割を果たすのかといった問題設定は、アレクサンダーには見られないものであった。こうした哲学的・超越論的思考の欠落が、アレクサンダーの「生命力」理解をさらに曖昧なものにしているとも言えるだろう。そして、人間の世界理解・自然理解に対する哲学的・超越論的な反省は、兄ヴィルヘルムが、言語という主題を通して積極的に取り組んだ課題にほかならない。

二　ヴィルヘルム・フォン・フンボルト

(1)　ヴィルヘルムの知的形成

アレクサンダーとヴィルヘルムの兄弟は、ともに幼少期から邸宅に招かれた家庭教師による教育を受けると同時に、青年時代には、フランスからの影響で、当時ベルリンでも多く開かれるようになったサロンに積極的に参加している。二人のフンボルトの精神形成にとっては、こうした知的環境が後々まできわめて強く影響している。当時のベルリンでは、啓蒙主義の理念に従って、その中心人物であるモーゼス・メンデルスゾーンがサロンを開いていたが、その歿後は、ユダヤ人医師マルクス・ヘルツとその妻ヘンリエッテが開くサロンが、ユダヤ系の知識人を含む知的エリートの共同体を形成していた。フンボルト兄弟はこうした環境の中で啓蒙主義の空気に触れ、多くの思想家・政治家と友誼を結ぶのである。フリードリヒ・シュレーゲルやシュライエルマハー、フランス密使ミラボーなど、その顔ぶれを見るなら、そこには啓蒙主義とロマン主義といった形式的な区別や、文化と政治の境界なども関係なく、さらにはユダヤ主義・反ユダヤ主義などの政治的イデオロギーに対しても冷静な距離を保つ知的な共同体が息づいていたのを見ることができる。それは知的に沸騰するような刺激的な環境であると同時に、濃密な人間関係が結ばれる場所であった。ヴィルヘルムもこのヘンリエッテのサロンで、妻となるカロリーネに出会い、シュレーゲルもまたドロテアと親密な関係をもち始める。

ヴィルヘルムは弟と同じく、始めにフランクフルト、次いでゲッティンゲンに学び、ゲッティンゲンでは古典学者C・G・ハイネにギリシア語・ラテン語の才能を認められ、親しく交流するまでになる。このハイネの邸宅に暮らしていた娘テレーゼの夫が、アレクサンダーを調査旅行に同行させたフォルスターであった。自由主義的理想を抱き、のちに革命家となるフォルスターとの交流は、ヴィルヘルムにとっても大きな意味をもっていた。当時すでに哲学に関心をもち、カント『純粋理性批判』（一七八一年、第二版一七八七年）や、公刊されたばかりの『実践理性批判』（一七八八年）を繙読していたヴィルヘルムを、ヤコービと引き合わせたのも、このフォルスターであった。

フランス革命が勃発した一七八九年には、かつての家庭教師J・H・カンペとともに、革命直後のパリを見るためにフランスに入り、襲撃されたバスティーユ宮殿をも訪れている。理性主義の勝利に熱狂するカンペに対して、ヴィルヘルムの反応はむしろ冷ややかなものであった。理性のみを盲信する革命のあり方と、短兵急に事を進める革命後の政治体制に対して危惧を抱いたためである。その後の恐怖政治が証明するように、ヴィルヘルムのこの危惧はやがて現実のものとなる。

一七九一年から裁判官としての実務に就くとともに、外交参事官の資格をも獲得している。人間への関心を抱きながら、単純な理想主義に陥ることなく、きわめて冷徹な眼差しで現実を捉えるヴィルヘルムの姿勢は、こうした経歴とともに培われていったと思われる。パリを訪れた際にも、監獄・孤児院・身元不明者の死体収容施設などを見学して回っているように、理性による管理と監視、あるいは社会矛盾の諸相を観察しようとする態度もまた、啓蒙主義的な理性理解の枠を超えるものであった。しかし裁判官としては、担当した刑事事件に関して思い悩むことも多く、そこに自らの適性を認めることができず、間もなく辞任することになる。その後、カロリーネとの結婚を挟み、公職から離れて本格的に古典研究に取り組むとともに、その傍らで、裁判官としての経験を通して国家や社会の問題に関心を深め、国家論「国家活動の限界を決定するための試論」（一七九二年）を著している。これは、国家の介入を可能な限り斥け、個人の自由を保障しようとする自由主義の宣言であり、その立場は、行政官・外交官として活躍する後年にいたっても変わることがない。

一七九四年にはイェナに移り住み、シラーとの交流が始まり、またそれを介して、ゲーテを始めとするイェナ知識人とも親交を深めることになる。こうした環境の中、ヴィルヘルムは『アガメムノン』の翻訳に勤しむことになり、シラーとともに美学的問題に熱心に携わる。この時期、すでにフライベルク鉱山の監督長を務めていたアレクサンダーも、ヴィルヘルムを通して、これらイェナ知識人と関わり、ゲーテの「形態学」の構想などに刺激を受け、自らの生命理解を深めていく。その論考「生命力、ロドスのゲニウス」も、シラーが主催する雑誌『ホーレン』に一七九六年に発表されたものである。ベルリンのサロン、そしてイェナの知的サークルなど、フンボルト兄弟が呼吸していたのは、こうした生きた知性を取り巻く空気であった。そこには「見えない大学」とでも言える知のネットワークが張り巡らされていたのである。

一七九七年にパリに移住したヴィルヘルムは、その地でさらにフランスのサロンに触れ、「観念学派《イデオローグ》」の思想家たちと積極的に交流することになる。「アカデミー・フランセーズ」の継承機関である「フランス学士院」を定期的に訪れるだけでなく、「観念学派のポール＝ロワイヤル」と呼ばれていたオートゥイユのエルヴェシウス夫人邸のサロンや、ディドロの娘のサロンを通じて、観念学派の指導的存在であるデステュット・ド・トラシーとも交流をもっている。何よりも、観念学派にとって指導的な思想家と仰がれていたコンディヤックの著作に触れ、人間精神の発達過程を感覚主義的に考察するその構想に関心を寄せている。知識の形成にとっては社会的・言語的条件が大きく関与するものと考えるコンディヤック、および観念学派の主張は、ヴィルヘルムにとって言語と思考の関係を深く考察させる機縁となったのである。言語に対する考察がここに本格的に始まり、シラーとの書簡、あるいは残されたパリ時代の日記や断章の内にも、そうした関心を強く窺わせるものが散見されるようになる。一七九九年、アレクサンダーが中南米への大調査旅行に旅立った年には、ヴィルヘルムもバスク地方を含むスペイン旅行に赴いており、この際に行われたバスク語の調査を通じて、言語によって思考様式や精神の発達形態が異なることをさらに強く確信するようになる。そしてこのバスク語研究の成果は、アーデルングとファーターの言語百科事典『ミトリダテス』に寄稿される。

世紀が改まるとともに、ヴィルヘルムの生活は再び公人として多忙を極めたものになる。一八〇二年にはプロイセン王の命を受け、ローマ駐在大使として外交官の任に就くが、一八〇六年にプロイセンがナポレオン率いるフランス軍に対して屈辱的な敗北を喫したため、一八〇八年にプロイセンに帰国する。ヘーゲルが『精神現象学』を書きあげ、イェナに入城するナポレオンを目撃したのは一八〇六年のことであった。一八〇九年、国家顧問官に任ぜられたヴィルヘルムは、教育行政の官庁を統一した「宗務公教育庁」において教育改革に当たることになる。こうして敗戦国プロイセンの立て直しのために、ヴィルヘルムはシュタイン＝ハルデンベルクの改革に協力し、その文化行政の活動の中で、ベルリン大学の創設とベルリン・アカデミーの改革に着手する。ベルリン大学の創設は、講演『ドイツ国民に告ぐ』（一八〇八年）において人間教育の必要を訴えていたフィヒテとともに、普遍的教養の理念に従って「見えない大学」を可視化し、恒久的な施設として制度化することを目指すものであった。そのためにこのベルリン大学は、ナポレオンによって支持された「総合技術学校《エコール・ポリテクニク》」、あるいはフリードリヒ・ヴィルヘルム三世が計画した「総合高等教育施設」といった国家的組織とは異なり、教師・学生の自由な自治組織である「大学」として構想されたものである。そこでは、国家による介入を避け、大学の自治独立を謳い、実益や社会的役割といった外的条件に左右されない人文主義的・反実用的な知的共同体が目標に掲げられる。その共同体は、「国家におけるあらゆる形式的なものから解放され」、「学校から〔基本的知識の学校〔ギュムナジウム〕のみならず、実用的知識を教える学校〔単科専門学校〕からも〕断固として明確に切り離されるべきもの」とされるのである〔フンボルト「ベルリン高等学問施設の内的および外的組織の理念」〕。

翌年再び外務省に戻ってウィーン大使を務め、ナポレオン失脚後のヨーロッパの体制を決定するウィーン会議にも出席している。メッテルニヒ体制によって保守化するヨーロッパに危惧を抱きながら、その後イギリス大使を経て、一八一九年にはプロイセンのハルデンベルク内閣に入閣する。保守化の路線を推し進め、国家統制を強めようとする「カールスバート決議」に反対し、閣内の政治闘争に巻き込まれ、閣僚の職を免じられる。こうして一八二〇年以降は、再びテーゲルの邸宅に戻って言語研究を再開し、アカデミーでの講演を含め、歿するまでの一五年間は学問的活動に専念する。ベルリン大学設立において人文的教養の理想を掲げ、国家行政においては国家の介入に対して精神の自立性を主張し続けたヴィルヘルムにとって、言語研究こそ、そうした人文主義的・自由主義的な精神理解を哲学的に可能にする基礎学だったのである。

(2) 言語論と超越論的思考

言語に関する哲学的考察という面では、ヴィルヘルムの試みはもとよりけっして孤立したものではない。十八世紀から十九世紀にかけて、言語に関する哲学的考察は、言語起源論という仕方で一世を風靡し、多くの主要な思想家がその問題に携わっているからである。コンディヤックの感覚主義的な言語起源論やルソーの『言語起源論』(一七八一年)、イギリスではモンボドー『言語の起源と発達について』(一七七三―一七九二年)を代表とする起源論、アダム・スミスの『言語の起源と形成に関する考察』(一七六一年)、イタリアでは、言語の起源を原初の時代の詩歌に求めたヴィーコの『新しい学』(一七二五年)などが続々と現れていた。ドイツでは、ハーマンの言語論、ジュースミルヒの言語神的起源論(言語神授論)、および言語起源に関するヘルダーのベルリン学士院懸賞論文によって、言語をめぐる多様な議論が展開されている。

ベルリン時代の師エンゲルの講義を通じて、ヴィルヘルムはヘルダーの言語起源論に触れていた。言語の起源に関して「内省」(Besonnenheit)という自己意識の働きを強調するヘルダーの考えが、意識と言語の関係を重視したヴィルヘルムの言語論にもその影を落としている。加えて、言語に対するヴィルヘルムの考察にとっては、パリで親しく交流した観念学派が、言語の社会的・歴史的条件に対する洞察という点で大きな意味をもっていた。しかしそれと同時に、ヴィルヘルムが感覚主義的な言語理解に飽き足らない思いを抱いていたのも事実であり、パリ時代の日記には、しばしばそうした不満が記されている。「そこには、形而上学の要石、すなわち感情、あるいはより正確には自我の事行（Thathandlung des Ichs）が欠けている」と記されているが、この「事行」という術語からも、ヴィルヘルムが、意識の能力と言語成立を結びつけたフィヒテの「言語能力と言語の起源」（一七九四／九五年）に共感を示し、言語についての超越論的反省の必要性を痛感していたことが窺える。

「言語は明らかに、われわれの精神活動全体を（われわれの振舞いに即して）主観的に表出するが、それはまた同時に、われわれの思考の対象である限りでの対象を産出する」（シラー宛書簡）。このように言語活動と認識対象の成立を並行して捉えようとするところから、ヴィルヘルムは、一方で唯名論的な記号論から、また他方では象徴論的な言語神秘主義からも距離を取り、言語と認識の相関関係という超越論的な言語理解を展開することになる。言語は事物を表示する単なる「記号」でもなければ、事物が顕現する「象徴」でもなく、むしろ自己意識と対象認識の中間にあって、その両者を原理的次元で媒介する現象なのである。「したがって言語は、人間が自己自らと世界とを同時に形成するような手段、あるいはむしろ、人間が何らかの世界を自身から切り離すことで人間が自らを自覚するような……手段なのである」(同上)。観念学派が「観念」という表象の次元において知の成立を捉えていたのに対して、ヴィルヘルムは、言語現象に注目することによって、自己意識の成立と対象世界の構成を超越論的に捉え直そうとするのである。『カヴィ語論序論』において、「言語そのものは成果《エルゴン》ではなく活動《エネルゲイア》である」と語られるのは、まさに言語の活動的性格を強調し、表象の空間には解消しえない言語的理性の能動性を力説するためであった。

言語を知の成立場面に即して超越論的に理解しているとはいっても、それはかならずしもカントの超越論的哲学に全面的に忠実だということを意味しない。なぜならヴィルヘルムにとって、言語とは知性の活動であると同時に、カント的な意味での超越論的な形式とは異なり、それ自体が感覚的対象として実在する個々の個別言語にほかならないからである。カントとフィヒテにとって経験的な言語現象は、あくまでも理性の活動の二次的表現にとどまるものであったのに対して、ヴィルヘルムにおいては、現実に存在する個別言語こそが、同時に世界理解全体にとって超越論的な可能条件として機能するものにほかならない。そのためヴィルヘルムにとって言語は、主観と対象を架橋する「中間領域」でありながら、同時にそれ自体が経験的対象として知覚しうる「媒体」という位置づけをもつことになる。

「媒体」という語が、元来ギリシア語の文法用語「中動態」を意味し、能動態と受動態との中間に位置する一種の再帰的表現を意味していたように、「媒体」としての言語は、そこにおいて能動性と受動性がともに形成される精神の自己関係の場となる。「さまざまな感官のもつ活動性は、精神の内面的な行為と総合的に結びつかなければならず、さらに表象はこうした結合から自らを解き放ち、主観的な力に対抗して対象になりきり、今度は対象として新しく知覚されながら、主観の中へと還帰していく。こうした働きのためには、言語が不可欠なのである」(『カヴィ語論序論』)。つまり、能動的な主観性はその言語活動において自らを対象化していくが、その表現を主観自身が理解することによって、再び言語的対象を内面化していく。このような外在化と内在化の再帰的運動としての精神の活動は、それ自体がすでに言語によって媒介され、言語的媒体の内で遂行される。こうしてヴィルヘルムにおいて言語とは、精神の自己理解、および主観と客観との相互的成立を可能にする超越論的な制約とみなされると同時に、それ自身が経験的に実在する「媒体」と捉えられる。つまり言語現象とは、超越論性と経験的実在性の双方の側面をもち、その両者の次元を交流させる「媒体」とも考えられるのである。そのため、個別的言語に対する経験的研究は、単に言語の多様な様相を実証的に確認するにとどまらず、そこに人間精神の多様な条件を洞察することに繋がる。経験的な言語の多様性、つまり各国語の存在は、この媒体の多様な様相を示しており、そこからは人間精神とその世界観の多様性が帰結する。こうしてヴィルヘルムは、個別的言語に対する経験的・実証的研究を通して、多元的な世界理解を具体化し、その多彩な様態を博捜していく。言語の多様性は、意思疎通の障碍となるため、古くは「バベルの塔」の神話によって悲劇として受け取られていたが、ヴィルヘルムにとっては、むしろこの言語の複数性こそが、人間の世界理解の多様性と豊かさの証しなのである。

個別的言語それぞれの特性とその多様性を、世界観の形成にとって本質的なものとみなすことで、ヴィルヘルムは、経験的次元と超越論的次元が複雑に絡み合う場面に足を踏み入れることになる。こうしたヴィルヘルムの言語論は、コンディヤックや観念学派が展開した表象の空間を離れ、カント＝フィヒテ的な超越論的哲学の理解を踏まえたうえで、その超越論的着想に一種の捩れを導入するものでもあった。超越論的な次元が個別言語という経験的対象として現象するといったこの捩れの動きにともなって、言語という媒体は、カント＝フィヒテ的な超越論的形式には見られない独自の厚みと濁りを帯びていく。現実的経験における変化や多様性を含んだ言語という媒体は、あたかも一個の生命体であるかのように、世界との相関の内で、経験の要素を取り込みながら、それ自身の姿を変えていくのである。このような変化の生きた様相は、超越論的形式としての「時間」でもなければ、感覚主義的・経験主義的意味での「発生」でもなく、ヴィルヘルムの語る「精神の発展」、すなわち「歴史」の次元の誕生を告げるものでもある。このように見るならば、言語を「活動《エネルゲイア》」と呼んだヴィルヘルムの有機的な言語理解は、アレクサンダーが「生命力」と名づけた自然の生態学的理解とも共鳴するものをもっている。

言語を有機的な創造的過程と捉えるヴィルヘルムの感覚は、十八世紀の生物学において徐々に主流になりつつあった「後成説」を反映するものでもある。生命の誕生に関しては、生命体の卵の中には次世代の生命体が含まれ、その生命体の中にはさらに次世代の卵が含まれるといった入れ子状の生命連鎖を想定する「前成説」と、両性の生殖活動によって次世代の新たな生命が誕生するとみなす「後成説」の論争が続いており、ヴィルヘルムがゲッティンゲン大学時代にアレクサンダーとともに師事したブルーメンバッハは、その「後成説」の代表的な支持者であった。その影響もあってか、ヴィルヘルムは後にシラー監修の『ホーレン』誌に「性の区別、および有機的自然におけるその影響について」（一七九四年）を寄稿している。この論考においては、両性の結合の内に新たな飛躍を産む生産性が認められており、自然の非連続的で創造的な理解が示されていた。こうした有機的生命の理解をモデルにしたと思われるヴィルヘルムの言語論もまた、言語の活動の内に「活動《エネルゲイア》」という精神の創造的発展と飛躍を導入するものであった。

十八世紀から十九世紀にかけての時代は、アレクサンダーが関わった地質学における「水成説」と「火成説」の論争、そしてヴィルヘルムに影響を与えた生物学における「前成説」と「後成説」の議論など、時間理解・歴史理解に関わる思想上の変化が各分野で同時並行的に生じていた時期でもあった。それはまさに、連続的な時間理解に支えられた滑らかで均一な十八世紀の表象空間から、偶発的な断絶を含む創造的な展開の領域への移行、つまりは自由と必然性、能動性と受動性が絡み合う歴史の次元への移行でもあった。無時間的で抽象的な超越論的形式でもなければ、自然主義的な意味での連続的発生とも異なるこの領域は、もはや「一覧表《タブロー》」として見渡すことのできないほどの起伏に富み、「百科全書」という一元的な配列の構想がもはや追いつくことのできない地点に達しようとしている。その点で、ヴィルヘルムの言語論は、「百科全書」の構想に根差しながらも、自らの内部からその構想を瓦解させる契機を孕んでいたとも言えるかもしれない。

結語　百科全書の衰退

弟アレクサンダーが、自然を対象として『コスモス』という百科全書的な理念を展開したように、兄ヴィルヘルムは言語と不可分の仕方で構成される人間精神の総合的解明を思想上の課題とした。大地の変成をアレクサンダーが模索したのと並んで、ヴィルヘルムは言語の発生という問題を通じて、人間の知性の変成を問うのである。そして、アレクサンダーが現代でも用いられる気候の分類法などを残しているように、言語学においてヴィルヘルムも、孤立語・膠着語・屈折語・包合語などの言語分類を発案している。『コスモス』出版の際には、社会問題にまでなるほど多数の購入希望者が殺到し、またヴィルヘルムの言語研究は後代の言語学にとっての指標となるなど、先駆者としての彼らの功績は計り知れないものがある。それにもかかわらず、百科全書的な精神に導かれながら実証的研究を行ったフンボルト兄弟の影響は、その後急速に衰えていく。現代の自然科学と言語学の双方にとって、フンボルト兄弟の名前は、歴史上の記念碑として語り継がれはするものの、その位置づけはもはや草創期の挿話《エピソード》の一齣にとどまっており、彼らの理念そのものが現代の研究に直接に活かされることはない。

十八世紀から十九世紀初頭という期間は、実証的な知識の蓄積と、人文的な知の体系化とが共存していた時代であった。アレクサンダーの内には、実証に徹した経験主義者と、豊かな文学的表現によって自然を雄渾に描写する文人が同居し、ヴィルヘルムの内にも、社会や国家を見つめる冷徹な現実主義者と、古典的教養に支えられた人文主義者が共存しているように、一人の人物の内に「二つの文化」（スノー）が平衡を取りながら併存していたところに、この時代の特徴があると言えるだろう。フンボルト兄弟の百科全書の構想は、二人の卓越した能力とともに、実証的経験主義と人文主義の絶妙な平衡によって初めて可能になったものである。そのため、やがて諸学の専門化が加速し、人文的精神が衰えることで、この百科全書の理念は後退を余儀なくされていくのである。

第四章　知の秘教的結合術、あるいはアレクサンドレイアの美徳

一　博識と驚異

「芸術の分野において、博識とは一種の敗北である。博識が照らし出すのは繊細を極めたものではなく、それが追求するのは、いささかも本質的でないものである。博識は自分の産み出した仮定を感覚の代わりに置き、眼前にある驚異よりも、その異常な記憶を優先してしまう」（ヴァレリー「博物館の問題」）。知識の膨大な蓄積は、一つひとつのかけがえのない経験を平らに均し、未知のものとの奇跡的な邂逅をありきたりな情報へと変換し、異他的な驚異を見慣れた風景の一部に組み込んでしまうのではないかという思いが、博識というものに対してヴァレリーが抱いた懸念であった。確かに、一切を平然と自分の知識の内に収めてしまう博識は、目

前の経験がもつ類い稀な力を削ぎ、生々しい現実の輝きを曇らせてしまうところがある。博識や学識に対するこのようなイメージは、古色蒼然たる知識を盲目的に追求する文献学に対して、若きニーチェが侮蔑の念を籠めて、「書物の塵埃と誤植のために失明の憂き目に遭うアレクサンドレイア型人間」と呼んだ感覚にも通じるだろう。特にインターネットやCD-ROMといった電子データを含め、さまざまな知識を瞬時に掻き集めることのできる現代においては、博識の価値はますます下落していると言えるかもしれない。

しかしながら、一見すると相反するかに思える博識と驚異という両極が、ときとして稀有な仕方で出会い、「反対物の一致」さながらに衝撃的な結びつきを見せる瞬間がある。もちろん、「博覧強記」と呼ばれる知識の量的な嵩や、「マニアック」と言われる知識の希少性などは、もはやそれ自体何ら驚くべきものではない。むしろ、すでに誰にとっても容易にアクセス可能な大量の情報を使って、一見結びつかないデータ同士を繋ぎ合わせ、常識では思いも寄らない連合を鮮やかに浮かびあがらせる感性に対してこそ、博識と驚異が一致する僥倖が訪れる。ここで問題となるのは、ニーチェが非難した「アレクサンドレイア型知性」を逆手に取り、それを一個の美徳へと逆転させることで、博識の内に驚異を招き寄せ、書物を他者との出会いの場とする独自の技法《メチエ》をもった著者たちである。それは、当然のことながら、通常の学問の世界では対処に困る「厄介者」ということにもなろうし、その著作は書店や図書館でも分類不能な、言葉の本来の意味での「パラドクス」を形成する。そのような怪物的大著のひとつに、まずはマリオ・プラーツ『官能の庭』（一九七五年）を挙げてみよう。

二　プラーツ『官能の庭』

邦訳（ありな書房刊）にして七〇〇頁を越すこの著作には、ただ情報を検索して羅列するたぐいの「博覧強記」からは到底予想しえない、意想外にして電撃的な出会いが随所に仕掛けられている。『官能の庭』の頁を開いた者は、通常の学問や芸術の区分では考えることができない異様な出会いの連続にまずは圧倒されることだろう。例えば、近代地層学の嚆矢《はしり》とされる『地球の聖なる理論』（一六八〇―八九年）のトマス・バーネットが、錯綜する文体で知られる『壷葬論』（一六五八年）のトマス・ブラウンと並べられ、その隣にダンテが据えられるかと思えば、連想ははるか十九世紀のチャールズ・ラムにまで及ぶ。あるいは、十七世紀の「人体解剖標本の専門家」ズンボを論じるなかで、ゴシック・ロマンの代表作『マンク』（一七九六年）が引き合いに出され、古代ローマの作家ルカヌスと十九世紀アメリカのメルヴィルとが時代を跳び越えて隣接し、オルテガを介してジャコビアン・ドラマ『モルフィ公爵夫人』（一六二三年）が召喚される。『官能の庭』の読者には、一つひとつの主題を丁寧に追うよりも、むしろ次々と繰り出される連結の手妻に酔い痴れ、独特の疾走感とともに連想の飛躍と接続を堪能することが要求されている。

しかし本書の主題が「マニエリスム・エンブレム・バロック」であることを思えば、それはあまりに当然のことである。マニエリスムとは、ルネサンスの末期、一五二七年の〈ローマ掠奪〉《サッコ・ディ・ローマ》に象徴されるきわめて不穏な時代にあって、前代未聞の災厄の渦中で生まれた一群の芸術を指す。古典的・ルネサンス的規範から逸脱するその文化は、二つの未曾有の大戦によって刻印される二十世紀初頭に反写実主義的なシュルレアリスムが生まれたのを思わせる。そうした非古典的・反美学的なマニエリスムは、異様な比率で人体を描いたパルミジャニーノや、過度の装飾に溢れた官能的なフォンテーヌブロー派の芸術家を輩出し、やがては、人工的な言葉遊びに満ちた形而上詩のジョン・ダンやクラショー、反自然的な物質性を表現したブロンズィーノ、圧倒的な明暗対比法《キアロスクーロ》を駆使するカラヴァッジョなどに代表されるバロックの時代へと流れ込んでいく。そのような感性は、「いまだ固定されざるもの、動揺してやまないもの、越境するもの、美しくも歪みあるもの、自在無碍なる言葉の暗喩、驚愕のあまり感覚を麻痺させるもの、さらには強烈な刺激によって感覚の共振を呼び起こすもの」に魅了され、そうした珍奇な美的理念を徹底して追求していった。

通常の美意識からすれば「芸術」と呼ぶのが躊躇われるほど雑多で混乱を極めたこれらの思想・美術は、正攻法の学術的な手続きによって組み伏せることのできるものではない。「イメージや語彙が豊富すぎる書物、あまりにもびっしりと事物を盛り込んだ絵画、イシサンゴの群のようにごちゃごちゃと混みいった彫像、過剰に装飾された建築、心を掻き乱す調べに満ち満ちた音楽」といったものが、この異様な美的感性の特徴を表している。古典的秩序などはものともせず、あらゆるものを貪欲に取り込み、その作品は破綻と断絶に満ちた混乱としか見えない。こうした作品群に対して、困惑の末に与えられた名称が、「マニエリスム」や「バロック」なのである。ここに示されるような精神性を扱うには、乙に澄ました学術的な「方法論」はあまりにも無力である。なぜなら、マニエリスム・バロックの横溢する生命力は、けっしてひとつの領域に収まることなく、かつてE・ドールスが『バロック論』（一九三五年）で語ったようなひとつの「時代精神《アイオーン》」として、時代と地域を超えて瀰漫し、分野にかかわらずさまざまな領域に発現するからである。その精神性とは、「芸術表現に多様性、運動性、〈不一致の一致〉を導入し、ジョルダーノ・ブルーノが〈宇宙の可逆的転換〉と呼んだものに形象を与え、〈小心翼々たる入念さ〉に〈気高い無頓着〉を優先させると同時に、〈規矩を逸脱した優美さ〉を獲得しようとする」ものである。こうした主題を扱うには、著者自らがマニエリスムの感性を体現し、圧倒的な知識を背景としたうえで、それらの隠れた繋がりや思いもかけないものの出会いを演出して見せなければならない。撞着語法《オクシモロン》をその叙述の文法としている『官能の庭』は、あたかもこうしたマニエリスムの精神性を自らに感染させ、テクストの中でそれを培養し増殖させ、さらには腐爛させているかのようである。こうした感性を具体化したプラーツの『官能の庭』は、歴史上のマニエリスム・バロックの時代にとどまらず、そうした感性が現れる場所を時代と地域の如何を問わず、領域を横断しながら接合していく。著者の感性によって嗅ぎ取られた「類似《アナロジー》」を元に、魔術的な手腕で彩り豊かな「布置」を描き、「反対物の一致」を具現していくこうした技倆は、まさに博識に裏づけられた驚異とも言えるものとなっている。そこでは、「一つの文章をコンテクストから切り離しておよそ的外れな意味を付与」したり、「自己の感性に少しでも似通ったところのあるテクストを残らず発掘する」魔術的手法が存分に発揮され、「認知の衝撃」が駆使される。

そうした「認知の衝撃」の系譜を、プラーツ自身が追っている繋がりのままに辿ってみよう。ユイスマンス『さかしま』(一八八四年)のデゼサントから始まり、T・S・エリオットによる形而上詩の再評価、ダン、クラショー。形而上詩的感性の現代的蘇生としてのボードレール、ランボー、シュルレアリスムなどはまだまだほんの小手だめし、さらに遡ってバロック的感性の先駆者としてモンテーニュ、その十九世紀的後継者としてのチャールズ・ラム、そしてそれらの綺想を予言する多元的才能としてのディドロ、そのディドロが模範とした『トリストラム・シャンディ』（一七五九―六七年）のローレンス・スターン、そしてタッソ、ペトラルカの後継者たち、ユーフュイズム、絵画の分野ではフォンテーヌブロー派、パルミジャニーノ、さらには奇怪な巨人群像で知られる「ボマルツォの奇園」、綺想《コンチェット》の理論家としてのバルタザール・グラシアン、『アリストテレスの望遠鏡』（一六五四年）のテサウロ……。このような目くるめくような繋がりを押さえるなら、エンブレムやインプレーザといった、通常の美術史では傍流に追いやられがちなジャンルが前面に出ているのも、この同じ感性に由来することが分かってくる。なぜなら、このエンブレムやインプレーザこそ、絵画という視覚芸術と、詩文といった言語芸術という互いに異なったジャンル同士をぶつかり合わせ、そこに新たな衝撃的意味の産出の場を見届ける、綺想に満ちた認識論的実験だったからである。

三　エンブレムとインプレーザ

エンブレムやインプレーザとは、「画文混淆《エクフラシス》」という独自の修辞的伝統の中にあって、抽象的観念や特定の格言などを図像として表すものであった。「詩は画の如く」（Ut pictura poesis）という古典的なモットーを文字通りに体現したエンブレムの文化は、こじ付けをも怖れずに、類似という類似を繫ぎ合わせ、元々は関連のないところに強引に結合を産み出していく。例えば、プラーツの議論では取り上げられないほど初歩的な例であるが、「哲学」を表すエンブレムとして、胸元にギリシア文字のΘ（Th）、裾にΠ（P）をあしらった階段上の衣装を纏い、書物を片手に掲げ、周囲に雲を浮かべた女性が描かれる――なぜなら「哲学」は、理論（Theoria）と実践（Praxis）を扱い、論理という「階段」を辿って、下位の学科から上位の形而上学にまでいたる「天上の」学問であるから。これがエンブレムの基本的な発想の仕方であり、ここからいわゆるアレゴリーや図像学《イコノロギア》というものが展開されることになる。例えば、ラファエッロの「アテナイの学堂」にはなぜ階段が描かれているのか、そして中央にいるプラトンとアリストテレスがなぜそれぞれ『ティマイオス』（理論の書）と『ニコマコス倫理学』（実践の書）を小脇に抱え、その背後にはなぜ雲が浮かんでいるのかは、ここから謎解きのように見えてくるという寸法である。しかしこの種の図像学的読解の手法は、エンブレムやアレゴリーをある種の定型として範例化するために、それらが本来もっている起爆力を削いでしまう惧れがあるのも確かである。図像を読み解く範例として確立されたエンブレムは、いわばすでに死んで化石化したエンブレムである。しかしながら、プラーツが注目しようとするのは、そのような図像学的読解の定式として取り込まれる以前に、エンブレムなりアレゴリーなりが力をはらんで生まれてくる状況そのもののほうである。一つひとつは児戯に類する着想が積もり積もって、大規模な意味の組み替えを招来するそのありさまにこそ、プラーツの感性は共鳴する。意味が地滑りを起こし、本来並ぶはずのない地層同士が隣り合い、出会うことのありえないもの同士が火花を散らしてぶつかり合う——そうした異様な邂逅の秘儀こそがエンブレムやアレゴリー出生の秘密なのである。

エンブレムやアレゴリーといったものは、芸術理論の中でも長いあいだ、人工的で作為的なものとして、美の顕現である「象徴」に劣る二次的な表現とみなされてきた。特に、象徴を理念の感性的具現化と捉えるロマン主義的芸術観にとっては、エンブレムやアレゴリーは読解の規約によって辛うじて成立している他愛のないお遊びと考えられてきたのである。しかし二十世紀に入り、エドウィン・ホーニヒ『黒い綺想《ダーク・コンシート》』（一九五九年）や、R・テューヴ『アレゴリー的想像力』（一九六六年）、さらにはこれもまたきわめつけの奇書と言えるA・フレッチャー『アレゴリー』（一九六四年）などを通して、その復権が図られてきた。言語上のメタファーにも、手垢がついて決まり文句《クリーシェ》と化した「死んだメタファー」がある一方で、言語の創造性の秘密を体現するような、いままさに生成しつつある「生きたメタファー」（metaphor vive）があるとしたリクール『生きた隠喩』（一九七五年）の言い方に倣うなら、ここで注目されるのは、形骸化した寓意像とはかけ離れた「生きたエンブレム」、「生きたアレゴリー」といったものである。それは、「画文混淆《エクフラシス》」の伝統の末裔であるヴィーコに事寄せながらグラッシが説く「形象の力」であり、形象と言語が絡み合うことで想像力が活性化される綺想《コンシート》の経験である。とはいうものの、エンブレムやアレゴリーを表すのに「生きている」という有機体の比喩を使うのは、かならずしも実態を言い尽くしてはいない。有機体がもつ全体的な調和や統合と比べると、エンブレムやアレゴリーは、むしろ部分と全体との不調和、具体的なものと普遍的なものとの葛藤を特質としているのであり、その点ではベンヤミン『ドイツ哀悼劇の根源』（一九二八年）が示す「廃墟」でもあり、ディディ＝ユベルマンが才気溢れる『残存するイメージ』（二〇〇二年）でヴァールブルクに託して語った「亡霊」だからである。生成するエンブレムやアレゴリーは、その生成の力をむしろ死の側から借り受けている。死の廃墟から救い出された互いに無縁の廃品から、その組み合わせによって、新たな未曾有なる異貌の生を紡ぎ出す意味の錬金術が、死の蒼い馬に乗って跳梁する。

プラーツのような書き手にとっては、歴史でさえ、このような異質なものの同時並列の場にほかならない。歴史の遠近感を狂わせて、懸け離れた時代をあたかも同時代であるかのように隣接させる目くるめく感覚によって、バロックと現代とが数世紀を隔てて事もなげに結びつく。もちろん、プラーツに先立ってこうした感性を共有する一群の著者たちが存在する。それは、思想や芸術の連関をめぐる膨大な知識をアレゴリー的技巧遊戯《テクノペグニア》で結合し、文化の隠れた地下茎を辿る洞窟学《スペレオロギー》によって、非有郷《ユートピア》の地図を描いた「アレクサンドレイア型知性」の学徒たちである。『官能の庭』の冒頭の文章で、「芸術における奇矯なものや異様なものに関する多くの書物」という個所に註で真っ先に挙げられている『幻想の中世』（一九五五年）の著者バルトルシャイティス、あるいはマニエリスムの復興という点で先鞭をつけた『文学におけるマニエリスム』（一九五七年）、『迷宮としての世界』（一九五九年）のグスタフ・ルネ・ホッケなどがそれである。その標題も『アベラシオン』（一九五七年）という著作をもつバルトルシャイティスは、文化史の中で「錯視《アベラシオン》」のさまざまな様相を炙り出し、風景に見える模様をもった岩石やら、動物観相学やら、それまでの美術史から排除されてきた主題を縦横無尽に論じ、また「言語錬金術ならびに秘教的組み合わせ術」の副題をもった『文学におけるマニエリスム』のホッケは、古代アレクサンドレイアで流行した言語遊戯を元に、その系譜をまさに「結合術《アルス・コンビナトリア》」さながら、時代と言語を超えて蒐集し、驚愕の風景を言語的に構築してみせる。それはまさに言語を煉瓦として作られた精緻きわまりない迷宮である。

　アレクサンドレイア型の知性とは、透徹した思考に裏打ちされて、複雑怪奇な迷宮を作り上げた神話的な技術者ダイダロスの後裔である。ホッケによれば、怪物ミノタウロスを封じ込めるためにクレタ島の迷宮を作り上げたダイダロスは、同時に知性によって呼び覚まされる快楽を陶酔へと変えるディオニュソスでもあり、また迷宮から自らを救い出すアリアドネでもある。アレクサンドレイアの美徳は、「ディオニュソス＝ダイダロス＝アリアドネの星間譜《コンステラツィオーン》」を形成し、極度の人工性と形態なき陶酔の結合によって救済という悲喜劇を生み出す。こうしたアレクサンドレイア型知性によって産み出された著作に呼応するには、読者もまたその同じ感性を宿し、読書という行為によって自らが作り出す迷宮の中を彷徨わなければならない。それはあたかも、名工ダイダロスが、自ら製作した迷宮の内にミノス王によって幽閉された故事を思い起こさせる。驚異に出会うにはその迷宮の外に出る必要はない。なぜなら、怪物ミノタウロスという他者は、まさにこの迷宮の奥にこそ潜んでいるからである。

あとがき

本書では、「人文学」と称しうる思考のいくつかの断面を切り出し、その一隅を照らし出すことを試みた。最後に本書にまつわる二点のことに触れておきたい。

第一には本書で用いた隠喩についてである。本書では、「人文学の星間譜《コンステラツィオーン》」（第Ⅱ部・第Ⅲ部副題）といった表現をはじめ、いくどか星間譜・星座の比喩を用いることになった。思えば、星座とは不思議な現象である。天に輝く星々のあいだに何らかの形象を浮かび上がらせ、神話的物語を投影するその技法は、直接に与えられた自然現象の結果ではなく、人間の構想力の産物である。しかも、星座を構成する一つひとつの光点は、現実には文字通り天文学的な空間によって隔てられ、時間的にも直前の過去から、はるか数千・数万年単位の過去といった多様な時間を刻印している。したがって、星座を図示した星間譜とは、空間的な奥行きと時間的な隔たりを一挙に圧縮した平面であり、二次元に転写された四次元なのである。星々の輝きの偶然の配列を手がかりに、形象と神話を透かし見て、星座という詩を読み取ろうとする人間古来の構想力の働きは、ベンヤミンも気づいていたように、地域と歴史を連繫させる人文学的な思考と相性が良いらしい。

第二は表紙カバーの図像についてである。表紙を飾ったボッティチェッリ『書斎のアウグスティヌス』（一四八〇年）は、ギルランダイオの『書斎のヒエロニュムス』と対をなして、フィレンツェのオニサンティ教会のために描かれた作品である。ラテン語訳聖書「ヴルガタ」の翻訳者ヒエロニュムスと並ぶアウグスティヌスは、修辞学の古代的伝統をキリスト教に接合し、古代の人文学的教養を総合したという意味で、修辞学と解釈学の守護者である（H・I・マルー『アウグスティヌスと古代教養の終焉』）。このアウグスティヌスの肖像が、ルネサンス期の代表的画家ボッティチェッリによって描かれているのも、異なった文化同士の共鳴と緊張を端的に表している。天球儀や数学的図表があしらわれた書斎で天を仰ぐアウグスティヌス像を、多様な学知の総合と葛藤の形象、文化の歴史的伝承と変容のアレゴリーと見ることもあながち不可能ではないだろう。

本書収録の論考の初出典は以下のとおりである。

第Ⅰ部　言語・歴史・形象

第一章　起源と歴史――フンボルトにおける媒体としての言語

『思想』九四九（二〇〇三年五月号）岩波書店、二〇〇三年、九七―一七四頁。

第二章　可能性としての人文主義――グラッシとアウエルバッハの文献学的思考

『思想』一〇二三（二〇〇九年七月号）「ドイツ人文主義の諸相」、二〇〇九年、六六―一〇五頁（原題「可能性としての人文主義――グラッシとアウエルバハにおける文献学的思考」）。

第三章　生の修辞学と思想史――ブルーメンベルクの隠喩論と歴史論

渡邊二郎監修／哲学史研究会編『西洋哲学史再構築試論』昭和堂、二〇〇七年、一二一―一五九頁（原題「生の修辞学と思想史――ブルーメンベルクと『近代の正統性』」）。

第四章　絶対媒介の力学性と象徴性――田辺元のバロック哲学

『思想』一〇五三（二〇一二年一月号）「田辺元の思想」岩波書店、二〇一一年、一一七―一四三頁）

第Ⅱ部　思想史の形象

第一章　思想史のキアロスクーロ――ブルーメンベルクのクザーヌス、ブルーノ解釈をめぐって

あとがき

『ソフィア』五一-四（二〇〇二年）、四七二―四八八頁。
第二章　近代理性のオデュッセイア――ブルーメンベルク『近代の正統性』について
ブルーメンベルク『近代の正統性』村井則夫訳、法政大学出版局、二七三―二九八頁（原題「近代理性へのオデュッセイア――『近代の正統性』解題」）。
第三章　哲学的文化史から形象論へ――哲学と図像
『哲学の歴史』別巻「哲学と哲学史」中央公論新社、二〇〇八年、二五九―二六七頁（原題「哲学的文化史から形象学へ――哲学と図像」）。

第Ⅲ部　知の結合術

第一章　近代知と方法――シモニデスの裔と、痕跡を追う猟犬
『創文』四三八号、二〇〇一年一二月、六―一〇頁（原題「近代知と方法――シモニデスの裔、あるいは痕跡を追う猟犬」）。
第二章　知の劇場――蒐集された宇宙、「驚異の部屋《ヴンダーカマー》」
『哲学の歴史』別巻「哲学と哲学史」中央公論新社、二〇〇八年、六―二五頁（原題「蒐集された宇宙――「蒐めること」と「読むこと」」）。

第三章　自然と言語の百科全書——フンボルト兄弟
　加藤尚武編『哲学の歴史』七「理性の劇場——一八—一九世紀　カントとドイツ観念論」中央公論新社、二〇〇七年、四六一—五八三頁。
第四章　知の秘教的結合術、あるいはアレクサンドレイアの美徳
　『中央評論』二五六号（二〇〇六年）「《他者》と出会うためのブックガイド」、四九—五五頁（原題「知の秘教的組み合わせ術、あるいはアレクサンドレイアの美徳」）。

＊

　初出典一覧から窺えるように、本書はさまざまな機会に促され、関心の赴くままに書き継いだ論文・論考を集めて、若干の加筆や統一を行って一冊としたものである。それぞれの論考は、多くの論点をめぐって響き合うとはいえ、扱っている対象や時代もまちまちである。「人文学の可能性」という大きな標題を名乗りながら、その主題に関わるわずか数名の思想家たちを点綴したにとどまるこの雑多な論集は、顧みて自らの非力を憾むほかはない。望むらくは、偶然の産物とも言えるこの論集が、人文学の星座のひとつなりとも発見する縁《よすが》になればと思う。

本書の慎ましくも無謀な試みに理解と共感をもって、公刊を促していただいた知泉書館・小山光夫氏に心より謝意を表したい。また校正や索引作成への助力を惜しまず、協力を賜った伊藤敦広氏（作新学院大学女子短期大学部）に、この場を借りて感謝したい。

著　者　識

村井 則夫（むらい・のりお）

1962 年東京に生れる，上智大学文学部哲学科卒業後，上智大学大学院哲学研究科博士後期課程満期退学。現在，明星大学人文学部教授，博士（哲学）。

〔著書〕『解体と遡行 —— ハイデガーと形而上学の歴史』、『ニーチェ —— 仮象の文献学』（知泉書館，2014 年），『ニーチェ —— ツァラトゥストラの謎』（中公新書，2008 年）

〔共著〕『始まりのハイデガー』（晃洋書房, 2015 年），『ハイデガー読本』（法政大学出版局，2014 年），A. Denker et al. (Hgg.), Heidegger-Jahrbuch 7: Heidegger und das ostasiatische Denken (Verlag Karl Alber, 2013), Y. Nitta, T. Tani (Hgg.), Aufnahme und Antwort. Phänomenologie in Japan I (Königstein & Neumann, 2011), 『哲学の歴史』（中央公論社，2007-2008 年）他。

〔訳書〕ブルーメンベルク『われわれが生きている現実』（法政大学出版局, 2014 年），ニーチェ『喜ばしき知恵』（河出文庫 2012 年），シュナイダース『理性への希望』（法政大学出版局 , 2009 年），リーゼンフーバー『近代哲学の根本問題』（知泉書館, 2014 年），同『中世哲学における理性と霊性』（知泉書館，2008 年），ブルーメンベルク『近代の正統性 Ⅲ』（法政大学出版局，2002 年），リーゼンフーバー『中世思想史』（平凡社，2003 年），トラバント『フンボルトの言語思想』（平凡社，2001 年），他。

〔共編〕『西田幾多郎全集』第 14-16 巻（岩波書店，2004-2008 年）。

〔人文学の可能性〕 ISBN978-4-86285-232-8

2016 年 4 月 25 日　第 1 刷印刷
2016 年 4 月 30 日　第 1 刷発行

著者　村井則夫
発行者　小山光夫
製版　ジャット

発行所　〒113-0033 東京都文京区本郷1-13-2
電話03（3814）6161 振替00120-6-117170
http://www.chisen.co.jp
株式会社 知泉書館

Printed in Japan

印刷・製本／藤原印刷

人名索引

アースレフ Hans Aarsleff, 1925-　10, 11, 73
アーデルング Johann Christoph Adelung, 1732-1806　13, 385, 401
アーペル Karl-Otto Apel, 1922-　34, 157
アイスラー Rudolf Eisler, 1873-1926　315, 354
アウエルバッハ Erich Auerbach, 1892-1957　83, 93–96, 112–17, 119–22, 124, 125–29, 132, 133, 138–42, 145–50, 154, 159, 160–62, 164, 165, 356
アウグスティヌス Augustinus, 354-430　36, 77, 139, 203, 206, 267, 293, 320, 325, 332, 333, 341, 428
アッカーマン Jacob Fidelis Ackermann, 1765-1815　62
アドルノ Theodor Adorno, 1903-1969　194, 231, 317, 331
アリストテレス Aristoteles, BC384-322　25, 26, 75, 97, 181, 186, 203, 234–46, 251, 256, 294, 301, 306, 308, 328, 340, 375, 376, 419, 420
アルチンボルト Giuseppe Arcimboldo, 1527-1593　314
アルドロヴァンティ Ulisse Aldrovandi, 1522-1605　374, 376, 378
アンセルムス Anselmus Cantuariensis, 1033/34-1109　297
アンブロシウス Ambrosius Mediolanensis, 340-397　5
アンペール André-Marie Ampère, 1775-1836　361
イーザー Wolfgang Iser, 1926-2007　169, 314
イェイツ Frances Amelia Yates, 1899-1981　337, 351, 365
イェーガー Werner Jaeger, 1888-1961　92, 96, 105, 162
インペラート Ferrante Imperato, 1550-1625　374
ヴァールブルク Aby Warburg, 1866-1929　175, 220, 221, 350–52, 357–79, 422
ヴァイグル Engelhard Weigl, 1943　312
ヴァレリー Paul Valéry, 1871-1945　255, 258, 260, 262, 263, 265, 361, 370, 413

ヴィーコ Giambattista Vico, 1668-1744　7, 93, 96, 106, 108–15, 117–23, 125, 126, 128, 129, 133, 136, 145, 148, 158–60, 346, 347, 349, 354, 356, 403, 422
ヴィラモーヴィッツ＝メレンドルフ Ulrich von Wilamowitz-Moellendorff, 1848-1931　162
ウィンケンティウス（ボーヴェの）Vincentius Bellovacensis; Vincent de Beauvais, ca.1190-1264　101
ヴィンデルバント Wilhelm Windelband, 1848-1915　168, 170, 219, 348
ヴィント Edgar Wind, 1900-1971　351
ヴェーバー Max Weber, 1864-1920　158, 319, 348
ヴェッツ Franz Josef Wetz, 1958-　311
ヴェルナー Abraham Gottlob Werner, 1749-1817　389, 395
ヴェルフリン Heinrich Wölfflin, 1864-1945　348
ウォリス Robert M. Wallace, 20C　317
ヴォルテール Voltaire, 1694-1778　170, 190, 345, 381
ヴォルフ（生理学者）Caspar Friedrich Wolff, 1733-1794　64
ヴォルフ（哲学者）Christian Wolff, 1679-1754　11, 387
ヴォルフ（文献学者）Friedrich August Wolf, 1759-1824　86, 129–34, 137, 382, 384,
ウルフ Virginia Woolf, 1882-1941　124, 147
エヴァンズ Robert John Weston Evans, 1943-　375
エッカーマン Johann Peter Eckermann, 1792-1854　386
エリアーデ Mircea Eliade, 1907-1986　156, 357
エリオット Thomas Stearns Eliot, 1888-1965　418
エルヴェシウス Claude-Adrien Helvetius, 1715-1771　12, 400
エンゲル Johann Jakob Engel, 1741-1802　10, 11, 387, 403
オイケン Rudolf Eucken, 1846-1926　354
オッカム William of Ockham, 1288-1347　203, 207, 224, 294, 295, 304, 329, 340
オリゲネス Origenes, ca.184-ca.254　139
オルテガ José Ortega y Gasset, 1883-1955　416
オング Walter J. Ong, 1912-2003　363

カエサル Gaius Iulius Caesar, BC100-44　144

ガダマー Hans-Georg Gadamer, 1900-2002 79, 130, 149, 165, 169, 186−88, 224, 286, 318, 323, 353, 354, 362, 366
ガッサンディ Pierre Gassendi, 1592- 1655 377
カッシーラー Ernst Cassirer, 1874-1945 74, 106, 169, 173−80, 184, 186, 200, 220−22, 288, 321, 337, 349−51, 355
カトー（ウーティカの）Marcus Porcius Cato Uticensis, BC95-46 144, 164
カミッロ Giulio Camillo, 1480-1544 376
カラヴァッジョ Michelangelo Merisi da Caravaggio, 1571-1610 285, 416
ガリレオ Galileo Galilei, 1564-1642 377
ガレノス Galenos, 129-ca.199 375
ガレン Eugenio Garin, 1909-2004 106, 156
カント Immanuel Kant, 1724-1804 8, 9, 11, 15, 16, 18, 20, 21, 31, 32, 40, 41, 44, 49, 54, 55, 64, 67, 69, 76, 168, 169, 173, 177, 178, 214, 218, 228, 237−40, 244, 258, 262, 266, 345−48, 351, 353, 388, 392, 398, 405, 407
カンパネッラ Tommaso Campanella, 1568-1639 376
カンペ Joachim Heinrich Campe, 1746-1818 398
キケロ Marcus Tullius Cicero, BC106-43 84, 85, 99, 110, 111, 151, 158, 168, 182, 363, 364, 371
ギヨーム・ド・ロリス Guillaume de Lorris, 1205-1240 139
キルケゴール Søren Aabye Kierkegaard, 1813-1855 231
ギルバート Neal Ward Gilbert, 20C 363
キルヒャー Athanasius Kircher, 1601-1680 374−76
クィンティリアヌス Marcus Fabius Quintilianus, 35-100 111
クーン Thomas Samuel Kuhn, 1922-1996 171−73, 175, 219, 286−88, 318, 322
クザーヌス Nicolaus Cusanus, 1401-1464 285, 290, 296−98, 300−06, 309, 310, 335−39, 341, 342, 366, 367, 369
クック James Cook, 1728-1779 388
グラシアン Baltasar Gracián, 1601-1658 308, 419
クラショー Richard Crashaw, 1613-1649 416, 419
グラッシ Ernesto Grassi, 1902-1991 83, 93−103, 105−13, 115, 128, 129, 132−38, 145, 147−50, 154−57, 162, 163,

165, 356, 422
グリーンブラット Stephen Greenblatt, 1943- 374
クリステヴァ Julia Kristeva, 1941- 256, 279
グリム Jacob Grimm, 1785-1863 115
クルティウス Ernst Robert Curtius, 1886-1956 93, 112, 133, 156, 175, 313
グレゴリウス（ニュッサの） Gregorius Nyssenus, 335-394 5
グレゴリオス（リミニの） Gregorius de Arimino, 1300-58 206
クローチェ Benedetto Croce, 1866-1952 112, 348
ゲーテ Johann Wolfgang von Goethe, 1749-1832 90, 122, 151, 167, 225, 349, 386, 391, 399
ゲーレン Arnold Gehlen, 1904-1976 181
ケネー François Quesnay, 1694-1774 382
ケプラー Johannes Kepler, 1571-1630 375, 377
コイレ Alexandre Koyré, 1892-1964 301
ゴーガルテン Friedrich Gogarten, 1887-1967 319
コーリー Rosalie L. Colie, 1924-1972 276, 337
コールリッジ Samuel Taylor Coleridge, 1772-1834 382
コナースマン Ralf Konersmann, 1955- 357
コルフ Hermann August Korff, 1882-1963 88, 89, 153
コンディヤック Étienne Bonnot de Condillac, 1714-1780 7, 11, 12, 14–16, 20, 25, 45–47, 50, 67, 73, 75, 400, 403, 407
コンドルセ Nicolas de Condorcet, 1743-1794 382

サヴィニー Friedrich Carl von Savigny, 1779-1861 384
サルターティ Coluccio Salutati, 1331-1406 107
サルトル Jean-Paul Sartre, 1905-1980 103
シービオク Thomas Sebeok, 1920-2001 368
ジェイ Martin Jay, 1944- 317
シエイエス Emmanuel Joseph Sieyès, 1748-1836 11
シェリング Friedrich Wilhelm Joseph Schelling, 1775-1854 127, 233, 249, 258, 394
シモニデス Simonides, 556-468 361, 364
ジャン・ド・マン Jean de Meung, 1240-1305 139
ジュースミルヒ Johann Peter Süssmilch, 1707-1767 7, 403
シュタイン Heinrich Friedrich Karl

vom und zum Stein, 1757-1831
401
シュタインタール Heymann Steinthal, 1823-1899 10, 49, 77
シュピッツァー Leo Spitzer, 1887-1960 112
シュミット Carl Schmitt, 1888-1985 195, 223, 320
シュライエルマハー Friedrich Schleiermacher, 1768-1834 129–31, 134, 384, 397
シュレーゲル（兄）August Wilhelm Schlegel, 1767-1845 51, 115
シュレーゲル（弟）Friedrich Schlegel, 1772-1829 8, 55, 56, 87, 90, 115, 131–34, 152, 162, 382, 397
シュレーゲル（妻）Dorothea Schlegel, 1764-1839 397
ジョイス James Joyce, 1882-1941 147
ジョンソン Samuel Johnson,1709-1784 7, 71
シラー Friedrich Schiller, 1759-1805 19, 25, 26, 61, 399, 400, 404, 408
ジンメル Georg Simmel, 1858-1918 168, 348
スターン Laurence Sterne, 1713-1768 419
スタイナー George Steiner, 1929-94
スタフォード Barbara Maria Stafford, 1941- 160, 382
スタンダール Stendhal, 1783-1842 125
スノー Charles Percy Snow, 1905-1980 411
スピーゲルバーグ Herbert Spiegelberg, 1904-1990 353
スピノザ Baruch de Spinoza, 1632-1677 205
スミス Adam Smith, 1723-1790 7, 403
ズンボ Gaetano Zumbo, 1656-1701 415
セネカ Lucius Annaeus Seneca, BD4/AD1-65 307
ソクラテス Sokrates, BC 469-399 97, 134, 182, 298
ソシュール Ferdinand de Saussure, 1857-1913 30

タッソ Torquato Tasso, 1544-1595 419
田辺元 227–46, 248, 249–52, 254–68, 270–81
ダランベール Jean le Rond d'Alembert, 1717-1783 101, 361, 381
ダン John Donne, 1572-1631 273, 309, 364, 416, 419
ダンテ Dante Alighieri, 1265-1321 107, 126–28, 142–44, 146, 147, 161, 165, 333, 334, 364, 415
タンピエ (E.) Étienne Tempier,

?-1279　294, 328
チェージ候 Federico Cesi, 1585-1630　374
チェンバーズ Ephraim Chambers, 1680-1740　381
ツヴィングリ Huldrych Zwingli, 1484-1531　179
ティオニュシオス・アレオパギテス Dionysius Areopagites 5C　309
ディディ＝ユベルマン Georges Didi-Huberman, 1953-　422
ディドロ Denis Diderot, 1713-1784　7, 12, 101, 381, 400, 419
ティリヒ Paul Tillich, 1886-1965　319
ディルタイ Wilhelm Dilthey, 1833-1911　130, 205, 331, 353
デカルト René Descartes, 1596-1650　108–10, 112, 113, 171, 181, 206, 207, 212, 346, 361–64, 370
テサウロ Emanuele Tesauro, 1592-1675　111, 308, 376, 419
デステュット・ド・トラシー Antoine Destutt de Tracy, 1754-836　12, 400
デッラ・ポルタ Giambattista della Porta, 1535-1615　375
テニエス Ferdinand Tönnies, 1855-193　244, 246, 247
テューヴ Rosemond Tuve, 1903-1964　422
テュルゴー Anne Robert Jacques Turgot, 1727-1781　7
テルトゥリアヌス Tertullianus, 155-220　139
テレンティウス Publius Terentius Afer, BC195-159　84
ドゥ・カンジュ Charles du Fresne, sieur du Cange, 1610-1688　372
ドゥルーズ Gilles Deleuze, 1925-1995　271, 280, 281, 307, 318
ドーム Christian Wilhelm von Dohm, 1751-1820　387
ドールス Eugenio Dórs, 1882-1954　291, 292, 417
ドジェランド Joseph-Marie de Gérando, 1772-1842　13
トラバント Jürgen Trabant, 1942-　52, 75, 78
トレルチ Ernst Troeltsch, 1865-1923　159, 348
ドロイゼン Johann Gustav Droysen, 1808-1884　58

ニートハンマー Friedrich Immanuel Niethammer, 1766-1848　87, 88
ニーブール Barthold Georg Niebuhr, 1776-1831　384
ニコルソン Marjorie Hope Nicolson, 1894-1981　281, 353
西田幾多郎 1870-1945　227, 234, 276, 277

ニュートン Isaac Newton, 1642-1727　250
ヌージェント Thomas Nugent, 18C　12
ノヴァーリス Novalis, 1772-1801　382, 389

ハーヴェイ William Harvey, 1578-1657　63
バーダー Franz von Baader, 1765-1841　389
バーネット Thomas Burnet, 1635-1715　6, 415
ハーマン Johann Georg Hamann, 1730-1788　10, 403
ハイデガー Martin Heidegger, 1889-1976　96–100, 102–06, 108, 115, 128, 135, 150, 155–57, 161–63, 169, 176–81, 183, 184, 186–88, 195, 196, 198, 208, 218, 221, 223, 238, 239–41, 243, 244, 255, 267, 277, 353, 362, 370
ハイネ Christian Gottlob Heyne, 1729-1812　397
ハイム Rudolf Haym, 1821-1901　10, 11, 337
ハイムゼート Heinz Heimsoeth, 1886-1975　337
バイライス Gottfried Christoph Beireis, 1730-1809　388
パウルゼン Friedrich Paulsen, 1846-1908　88
バシレイオス（カイサレイアの）Basilius Caesariensis, 330-379　5
ハットン James Hutton, 1726-1797　6
パノフスキー Erwin Panofsky, 1892-1968　165, 351
バフチン Mikhail Bakhtin, 1895-1975　308
ハラー Albrecht von Haller, 1708-1777　63
ハリス John Harris, 1666-1719　381
バルザック Honoré de Balzac, 1799-1850　125, 128
ハルデンベルク Karl August von Hardenberg, 1750-1822　401, 402
バルトルシャイティス Jurgis Baltrušaitis, 1903-1988　423
ハルナック Adolf von Harnack, 1851-1930　200, 201
パルミジャニーノ Parmigianino, 1503-1540　416, 419
ヒエロニュムス Hieronymus, 347-420　139
ピコ・デラ・ミランドラ Giovanni Pico della Mirandola, 1463-1494　107
ビュフォン Georges-Louis Leclerc de Buffon, 1707-1788　378, 382, 394
ピラネージ Giovanni Battista Piranesi, 1720-1778　377
ファーター Johann Severin Vater,

1771-1826　13, 385, 401
ファラデー Michael Faraday, 1791-1867　361
ブイエ Louis Bouyer, 1913-2004　328
フィチーノ Marsilio Ficino, 1433-1499　107
フィッシャー Kuno Fischer, 1824-1907　170, 173
フィヒテ Johann Gottlieb Fichte, 1762-1814　8, 16, 17, 20–24, 26, 29, 30, 67, 74, 75, 382, 384, 401, 404, 405, 407
フィロン(アレクサンドレイアの) Philon Alexandrinus, BC25-AD50　139
フーコー Michel Foucault, 1926-1984　8, 21, 54, 66, 74, 80, 91, 153, 222, 287, 288, 317, 322, 352, 378, 392
フーゴー（サン＝ヴィクトルの） Hugo de Sancto Viktore, 1097-1141　95, 164
ブートルー Émile Boutroux, 1845-1921　348
フーフェラント Christoph Wilhelm Hufeland, 1762-1836　384
フェルディナント一世 Ferdinand I., 1503-1564　375
フォスラー Karl Vossler, 1872-1949　112
フォルスター（夫）Georg Forster, 1754-1794　388, 394, 397, 398
フォルスター（妻）(T.) Therese Forster, 1764-1829　397
フッサール Edmund Husserl, 1859-1938　161, 169, 316, 348, 353, 362, 370
ブッシュマン Johann Karl Eduard Buschmann, 1805-1880　385
ブラーエ Tycho Brahe, 1546-1601　375
プラーツ Mario Praz, 1896-1982　415, 418, 420, 421, 423
ブラウン Thomas Browne, 1605-1682　415
プラトン Platon, BC428-348　28, 106, 107, 110, 121, 134, 135, 149, 156, 167, 182, 200, 201, 233, 245, 246, 248, 249, 251, 256, 291, 325, 374, 375, 420
フランチェスコ一世 Francesco I de' Medici, 1541-1587　374
フリードリヒ・ヴィルヘルム三世 Friedrich Wilhelm III., 1770-1840　401
プリニウス Gaius Plinius Secundus, 23-79　101, 373, 374, 378, 383
ブリンクマン Karl Gustav von Brinckmann, 1764-1847　393
プルースト Marcel Proust, 1871-1922　147
ブルーニ Leonardo Bruni, 1369-1444　107
ブルーノ Giordano Bruno, 1548-

1600　272, 285, 290, 302–10, 335–42, 351, 417
ブルーメンバッハ Johann Friedrich Blumenbach, 1752-1840　64, 387, 408
ブルーメンベルク Hans Blumenberg, 1920-1996　167, 169, 171–76, 179–81, 183–90, 192–201, 204–06, 208–10, 214, 216, 219, 221–24, 281, 285, 286, 288–92, 296, 298, 303, 304, 308, 310–19, 321–24, 326–29, 331, 332, 335, 337, 338, 341, 342, 354–57, 366–68, 392
ブルクハルト Jacob Burckhardt, 1818-1897　175, 191, 223, 347, 350, 351
ブルッカー Johann Jakob Brucker, 1696-1770　170
プルデンティウス Prudentius, 348-413　139
ブルトマン Rudolf Bultmann, 1884-1976　319
ブレーデカンプ Horst Bredekamp, 1947-　357, 377
フレッチャー Angus Fletcher, 1930-　422
フロイト Sigmund Freud, 1856-1939　378
フローベール Gustave Flaubert, 1821-1880　125
ブロンズィーノ Agnolo Bronzino, 1503-1572　416
ブロンメ Traugott Bromme, 1802-1866　394
フンボルト（兄）Wilhelm von Humboldt, 1767-1835　5, 8–11, 13–37, 40, 41, 43–62, 64–70, 72, 75–78, 80, 81, 85, 86, 89, 237, 381, 383, 393, 397, 399–411,
フンボルト（弟）Alexander von Humboldt, 1769-1859　13, 383, 385–97, 399, 400, 408–11
フンボルト（カロリーネ・）Caroline von Humboldt, 1766-1829　397, 399
ベーク August Boeckh, 1785-1867　86
ヘーゲル Georg Wilhelm Friedrich Hegel, 1770-1831　77, 127, 170, 171, 212, 219, 231–33, 235, 237, 244, 249, 257, 258, 262–65, 269, 273, 277, 279, 280, 286, 300, 354, 382, 401
ベーコン Francis Bacon, 1561-1626　58, 334, 376
ヘーフナーゲル Joris Hoefnagel, 1542-1601　375
ベーム Gottfried Boehm, 1942-　357
ベール Pierre Bayle, 1647-1706　101, 125, 206, 361, 381
ペイレスク Peiresc, 1580-1637　377
ペトラルカ Francesco Petrarca,

1304-1374　209, 333, 334, 419
ペトロニウス Petronius Arbiter, 27-66　307
ベルクソン Henri Bergson, 1859-1941　244, 246, 348
ベルクハウス Heinrich Berghaus, 1797-1884　394
ヘルダー Johann Gottfried Herder, 1744-1802　7, 10, 11, 45–47, 78, 83, 84, 115, 122, 151, 152, 345, 346, 349, 354, 403
ヘルダーリン Friedrich Hölderlin, 1770-1843　255
ヘルツ（夫）Marcus Herz, 1747-1803　397
ヘルツ（妻）Henriette Herz, 1764-184　397
ベルティング Hans Belting, 1935-357
ペレグリーニ Matteo Peregrini, 1595-1652　111
ベンヤミン Walter Benjamin 1892-1940　94, 164, 165, 220, 279, 379, 422
ホイジンガ Johan Huizinga, 1872-1945　357
ポオ Edgar Allan Poe, 1809-1849　395
ボードレール Charles Baudelaire, 1821-1867　320, 419
ボーフレ Jean Beaufret, 1907-1982　103, 157
ホーニヒ Edwin Honig, 1919-2011　422
ホッケ Gustav René Hocke, 1908-1985　156, 356, 423, 424
ポット August Friedrich Pott, 1802-1887　10
ボップ Franz Bopp, 1791-1867　8, 384
ホッブズ Thomas Hobbes, 1588-1679　205
ボナヴェントゥラ Bonaventura, 1221-1274　137, 163
ボナンニ Filippo Bonanni, 1638-1723　371
ボネ Charles Bonnet, 1720-1793　63
ホルクハイマー Max Horkheimer, 1895-1973　194, 331
ボンプラン Aimé Jacques Alexandre Bonpland,; Goujaud 1773-1858　390
ボンヘファー Dietrich Bonhoeffer, 1906-1945　319

マイオリーノ Giancarlo Majorino, 1928-　276, 309
マイネッケ Friedrich Meinecke, 1862-1954　348
マクシミリアン一世 Maximilian I., 1459-1519　375
マクスウェル James Clerk Maxwell, 1831-1879　250, 361
マクロビウス Ambrosius Theodosius Macrobius, 4-5C

307
マラルメ Stéphane Mallarmé, 1842-1898 229, 255–58, 260, 262–66, 269, 272, 273, 279, 280, 361
マリーノ Giambattista Marino, 1569-1625 273
マルキオン Markion, 85-160 201, 325
マルクヴァルト Odo Marquard, 1928-2015 312, 314
マルティアヌス・カペラ Martianus Capella, ca.365-440 101
ミシュレ Jules Michelet, 1798-1874 158, 347
ミッチェル William John Thomas Mitchell, 1942- 357
ミラボー Honoré-Gabriel de Riquetti, comte de Mirabeau, 1749-1791 397
ムッサート Albertino Mussato, 1261-1329 107
メーリス Georg Mehlis, 1878-1942 347
メッテルニヒ Klemens Wenzel Lothar von Metternich, 1773-1859 402
メニッポス（ガダラの）Menippos, BC3C 307
メルヴィル Herman Melville, 1819-1891 415
メルカーティ Michele Mercati, 1541-1593 374
メンデルスゾーン Moses Mendelssohn, 1729-1786 397
モンテーニュ Michel Eyquem de Montaigne, 1533-1592 419
モンボドー James Burnett, Lord Monboddo, 1714-1799 7, 403

ヤウス Hans Robert Jauss, 1921-1997 169, 314, 354
ヤコービ Friedrich Heinrich Jacobi, 1743-1819 398
ユイスマンス Joris-Karl Huysmans, 1848-1907 418
ユーバーヴェーク Friedrich Ueberweg, 1826-1871 170, 336
ユクスキュル Jakob von Uexküll, 1864-1944 101
ユング Carl Gustav Jung, 1875-1961 352

ライエル Charles Lyell, 1797-1875 6
ライプニッツ Gottfried Wilhelm Leibniz, 1646-1716 11, 63, 75, 185, 271, 281, 307, 315, 377, 382, 387
ライマールス Hermann Samuel Reimarus, 1694-1768 312
ラヴジョイ Arthur Oncken Lovejoy, 1873-1962 175, 313, 352, 353
ラカン Jacques Lacan, 1901-1981

317
ラグランジュ Joseph-Louis Lagrange, 1736-1813　361
ラファエッロ Raffaello Santi, 1483-1520　420
ラプラス Pierre-Simon Laplace, 1749-1827　361
ラム Charles Lamb, 1775-1834　415
ラムス Petrus Ramus, 1515-1572　363, 364, 365, 366, 376
ランケ Leopold von Ranke, 1795-1886　103, 156, 347
ラントグレーベ Ludwig Landgrebe, 1902-1991　370
ランボー Arthur Rimbaud, 1854-1891　419
リクール Paul Ricœur, 1913-2005　356, 422
リッケルト Heinrich Rickert, 1863-1936　168, 237
リッター Joachim Ritter, 1903-1974　315, 316, 354
リヒテンベルク Georg Christoph Lichtenberg, 1742-1799　172
ルカヌス Marcus Annaeus Lucanus, 39-65　415
ルクレティウス Lucretius, 99-55　190
ルソー Jean-Jacques Rousseau, 1712-1778　7, 47, 403
ルター Martin Luther, 1483-1546　107, 179, 180
ルドルフ二世 Rudolf II., 1552-1612　375, 377
ルルス Raimundus Lullus, 1232-1316　376
レヴィ＝ストロース Claude Lévi-Strauss, 1908-2009　287
レヴィ＝ブリュール Lucien Lévy-Bruhl, 1857-1939　244, 245
レーヴィット Karl Löwith,1897-1973　195, 220, 223, 321
ロータカー Erich Rothacker, 1888-1965　315, 354
ロック John Locke, 1632-1704　12, 14, 25, 27, 73, 75
ロッシ Paolo Rossi, 1924-　5, 366
ロンバッハ Heinrich Rombach, 1923-2004　358

作品名索引

ア　行

カ　行

サ　行

タ　行

ナ　行

ハ　行

マ　行

ヤ～ワ　行

事 項 索 引

ア 行

カ 行

サ　行

タ　行

ナ　行

ハ 行

マ　行

ヤ～ワ 行